KB153920

촛불시민혁명
승리의 기록

고 백남기 농민, 고 박종철 열사
1700만 촛불시민들에게 바칩니다

촛불시민혁명 승리의 기록

2016.9.25. 백남기 농민 사망부터
2017.5.10. 문재인 대통령 당선까지
촛불시민혁명 230일의 대장정을 기록하다

시민 전상훈 지음

깊은샘미디어

촛불과 함께 한 모든 날이 행복했다

2017년 5월 18일 광주민중항쟁 제37주년 기념식에서 문재인 대통령과 참석자들이 손에 손을 잡고 '임을 위한 행진곡'을 제창하는 감격적인 영상을 보며 이 글을 쓰고 있다. 촛불시민혁명으로 박근혜를 몰아내지 못했다면 올해 5.18기념식에서 이런 감격을 맛볼 수 없었을 것이다. 내년 기념식에서도 이런 감격을 누릴 수 있을지도 장담하기 어려웠다. 그래서 우리는 1차촛불부터 23차촛불까지 그리고 대선에서 승리할 때까지 끈질기게 촛불을 들었다.

2016~2017 대한민국 촛불시민혁명은 세계사의 유례 없는 시민명예혁명이다. 가을, 겨울, 봄의 세 계절을 거리에서 맞으며 촛불을 들었다. 그 어떤 폭력과 유혈사태도 없는 평화혁명이었다. 하지만 무너진 나라를 바로 세우자는 의지와 각오만큼은 그 어떤 혁명보다 비장하며 끈질겼다. 230일간 타오른 1700만 촛불은 구시대를 부수는 몽둥이이자, 새시대를 여는 횃불이었다.

촛불시민혁명은 갑오농민혁명 이래 3.1독립혁명, 4월민주혁명, 5월광주항쟁, 6월시민항쟁으로 이어진 패배한 혁명, 미완의 혁명이라는 근·현대 150년의 묵은 난제를 푼 '승리한 혁명'으로 역사에 기록될 것이다. 패배와 좌절의 역사를 더 이상 되풀이할 수 없다고 다짐한 촛불시민들의 역사의식이 승리의 원동력이었다. 건국절 제정 기도, 국정교과서 강행, '위안부' 졸속합의는 역설적이게도 시민들의 역사의식을 일깨운 자양분이었다.

근대의 가장 위대한 발견은 개인이다. 독립된 인격체로서 스스로를 자각한 한 사람 한 사람이 촛불을 들고 광장으로 모였다. 나와 내 가족의 존엄을 지키는 유일한 길을 대한민국 공동체의 존엄을 지켜내는 투쟁에서 찾았기에 더 많은 시민들이 함께 했고, 고래심줄보다 질기게 광장을 지켰다. 다수자 혁명이라는 근대혁명의 승리공식이 대한민국 촛불시민혁명을 통해 완성됐다.

촛불시민혁명에 헌신한 분들 가운데 가장 먼저 기억할 분들이 있다. 박근혜 정권 내내 앞장서서 싸운 분들이다. 참사의 진실을 밝히기 위해 싸운 세월호 가족들과 시민 서명·피켓지기, 백남기의 벗 농민들, 소녀상을 지켜낸 대학생들, 국정교과서를 거부한 청소년들, 악덕기업과 부패권력에 맞서 싸운 노동자들. 전국 각지에서 이름없이 싸운 풀뿌리 시민들. 그들의 온기가 폭정 앞에 침묵하던 시민들을 뜨겁게 했고 혁명의 촛불을 점화시켰다. 정의의 필봉을 세운 언론인, 내부자 고발에 나선 공직자들과 시민들, 박영수 특별검사팀과 헌법재판관들 또한 기억해야 할 이름들이다. 촛불집회를 시종일관 질서있고 힘차게 이끈 '박근혜정권퇴진 비상국민행동'에서 헌신한 수많은 일꾼들에게도 찬사를 보낸다. 무릎걸음으로 나갈지라도 "이게 나라냐! 정의가 이긴다!"를 외치며 촛불을 치켜들고 청와대로 청와대로 행진하던 촛불시민들이 있었기에 우리는 마침내 승리할 수 있었다.

이 책은 2016년 9월25일부터 2017년 5월10일까지 230일에 걸친 촛불시민혁명의 전 과정을 담았다. 2013년 이래 시민사관(史官)을 표방하며 현실의 역사를 기록하는데 힘을 기울여온 필자가 동시대를 기록한 사초(史草)라는 의미를 담고 있다. 이 책은 모두 7장으로 구성됐다.

1장은 고 백남기 농민의 사망(2016. 9. 25.)부터 제1차촛불(2016.10.29.)까지의 숨막히는 혁명 전야를 다뤘다. 백남기의 시신을 지키는 한 달간의 투쟁을 촛불시민혁명의 예고편이자 축소판으로 정의하였다.

2장은 제1차촛불부터 4차촛불(11.19)까지 혁명 발발기를 다뤘다. 촛불시민들이 처음부터 박근혜퇴진을 분명한 목표로 내걸며 여론의 절대적 지지를 얻고 그 힘으로 야당들을 견인하는 과정의 다이나미즘을 담았다.

3장은 5차촛불부터 국회 탄핵소추안 가결까지를 다뤘다. 박근혜의 하야 거부로 탄핵 절차를 밟는 것이 불가피해진 상황에서도 촛불항쟁을 지속하여 야당은 물론 새누리당 의원 50여명까지 탄핵을 찬성하도록 견인하는 역동적인 과정을 담았다.

4장은 새해 초반 전열을 정비한 친박 세력의 반동 공세와 이를 분쇄하는 시민항쟁의 전개과정을 다뤘다. 박영수 특검이 청구한 이재용 구속영장이 기각되며 위기감이 고조됐을 때 "특검 힘내라" 싸움으로 위기를 극복하는 시민들의 투쟁을 담았다.

5장은 박근혜 파면과 구속까지의 2차 승리과정을 다뤘다. "박근혜없는새봄"을 열망하는 시민들의 간절함과 승리의 확신이 넘쳐나던 시기의 장면들을 담았다.

6장은 촛불 대선의 전 과정을 다루며 문재인 대통령의 당선과 취임으로 맺었다. 새 정부에게 민주개혁을 위해 삶터와 일터에서 작은 촛불을 든 촛불시민들과의 대연대를 주문했다.

7장은 필자가 30년 전 대학생으로서 체험한 6월항쟁을 기록한 내용이 담겨있다. 독자들이 촛불시민혁명과 6월항쟁의 전개과정을 비교해본다면 유익하리라.

각 장의 본문은 필자의 페이스북 포스팅 가운데 추린 것이며, 각 장별 요약 서문을 통해 독자들에게 촛불시민혁명의 전개과정을 일목요연하게 이해하는데 도움을 드리고자 했다.

촛불시민혁명의 승리는 오랜 시간 우리를 짓누르던 패배와 좌절의 DNA 대신 승리의 DNA를 시민의 심장에 아로새겼다. 광장의 촛불이 삶터와 일터의 작은 촛불이 되어 민주개혁을 위한 소중한 자산이 되기를 소망한다.

촛불과 함께 한 모든 날이 행복했다. 촛불시민혁명에 참여해 승리한 것은 내 인생 최고의 영광이었다. 대한민국의 주권자로서 민주개혁의 대장정에 촛불시민들과 계속 함께 할 것이다.

2017년 5월 25일
광화문광장에서
시민 전 상 훈

촛불시민혁명 승리의 기록

혁명 전야!
내가 백남기다!

백남기를 지켜냈다 이젠 대한민국을 지켜내자

그림 김주대

백남기를 지켜냈다 이젠 대한민국을 지켜내자

돌이켜보면 백남기 농민의 사망(2016. 9. 25.) 이후 한 달간 그의 시신을 지키려는 시민들의 완강한 투쟁과 승리는 촛불시민혁명의 예고편이자 축소판이었다.

백남기 님의 사망 직후 서울대병원은 엄숙한 장례식장이 아니라 일촉즉발의 긴장감이 흐르는 전쟁터같은 분위기였다. 경찰병력이 병원의 출입문을 막고 시민들을 불심검문하는 1980년대 군사독재 시절의 모습을 연출했다.

경찰의 심상찮은 움직임에 병원 안에서 그를 지키던 시민들이 앰블런스를 에워싸며 시신을 영안실로 모셨다. 수 백명의 시민들이 생업을 거두고 병원으로 달려갔다. 나도 이날 경찰의 불심검문을 피해 병원으로 들어갔다.

아니나다를까 박근혜의 경찰은 마각을 드러냈다. 사망 다음 날 시신 압수·부검영장을 청구했다. 경찰은 주치의 백선하가 발급한 '병사'라는 사망진단서를 근거로 내밀었다. 경찰의 직사 물대포에 피격당한 후 10개월간 깨어나지 못한 채 연명치료만 받던 환자의 사망원인이 '외인사'가 아닌 '병사'라니.

서울대병원은 아버지 백남기를 지켜내려는 수만 명의 아들딸 백두산, 백도라지, 백민주화로 가득찼다. 시신을 강탈해 사인마저 조작하려는 박근혜정권의 잔인함에 더 이상 물러설 곳은 없었다. 농민과 대학생들이 서로를 잇는 쇠사슬을 두르고 영안실 앞을 지켰다. 시민들은 촛불을 들고 어깨를 걸었다.

"자매님 얼른 와. 예수님은 성당에 있지 않아. 이곳에서 아파하고 계셔." 가냘픈 몸으로 촛불은 든 어느 수녀님이 성도에게 한 전화는 공동체 시민의 양심을 깨우는 외침이었다.

연인원 수만 명의 시민들이 함께 했다. 아니 5천만 모두가 그를 지키는데 힘을 모았다는 표현이 옳았으리라. 조문객들을 대접하는 밥차에서 쓸 물품이 모자란다고 하자 장례식장 마당엔 시민들이 보내주신 식료품이 태산을 이뤘다. 설거지로, 청소로, 야간지킴이로, 물품지원으로, 새벽기도로, 시민 모두가 각자의 방식으로 백남기를 지켰다. 한 달 간의 이 아름다운 모습, 촛불시민혁명 5개월의 예고편이자 축소판이지 않은가.

나는 부검영장이 청구된 날 이렇게 기도했다. "하나님, 인간의 힘만으로 안되겠어요. 천벌을 내려주세요." 나 뿐이랴. 모든 사람들이 그렇게 기도하지 않았나. 하늘의 백남기 님과 천지신명께서 결국 스스로 돕는 우리들을 돕기 시작했다.

3년 반 악마의 칠흑성으로 버티던 박근혜정권이 '최순실 게이트'로 뿌리채 흔들리기 시작했다. 정유라의 부정에 맞선 이화여대 교수·학생 투쟁이 10월20일 총장 사퇴로 마무리되며 기름을 끼얹었다. 분노는 하늘을 찔렀고, 승리의 기운이 몰려왔다.

10월26일 백남기를 지켜낸 날, 우리 모두 외쳤다.

"백남기 어르신을 지켜냈다. 이젠 대한민국을 지켜내자!"

촛불시민혁명의 먼동이 터오고 있었다. 하늘의 백남기 농민께서 온화한 웃음으로 징을 치며 우리를 격려하셨다.

제1장
혁명 전야, 내가 백남기다!

2016년 9월 25일 일요일

오후 3:57 서울대학교병원에 있습니다.

백남기 선생님, 지켜드리지 못해 죄송합니다. 생명과 평화의 땅에서 부디 평안하십시오. 대통령과 경찰은 사죄하라. 물대포 조준 발포를 명령한 책임자 처벌하라. 경찰 병력은 서울대병원에서 즉각 철수하라. 경찰은 고인의 시신 탈취 기도를 중단하라.

오후 9:00 라이브방송
백남기를 살려내라 추모 촛불집회(서울대병원)
우리가 고 백남기 농민의 아들딸이 됩시다.
우리가 백두산, 백도라지, 백민주화가 됩시다.

오후 11:42
국민이 적이냐. 비무장 시위대를 물대포 직사해서 또 죽이겠다는거냐. 인간 말종들과 같은 하늘 아래 사는게 정말 부끄럽다. 개·돼지만도 못한 것들, 심판의 광장에서 보자.

2016년 9월 26일 월요일

오전 12:15
아빠는 세상의 영웅이고픈 사람이 아니야. 마땅히 해야할 일을 한다고 생각하며 행동한 사람이야. (고 백남기 님의 막내따님 백민주화 씨의 말씀)

오전 1:47
서울중앙지검 형사3부(부장검사 김후균)는 백남기 농민 시신 부검영장을 26일 자정에 청구했다, 경찰의 부검영장 신청 1시간 만에 내린 결정이다. 법원은 26일(월) 오전 중 영장발부 여부를 결정한다. 부검에는 검사와 피의자, 변호인이 참여할 수 있다.
유족은 통지만 받을뿐 참여 규정은 없다. 경찰과 검찰의 민낯을 보았다. 이제 법원의 민낯을 볼 차례다. 법원, 어찌할건가.

오전 8:24
하나님, 인간의 힘만으로 안되겠어요.
나쁜 놈들, 천벌을 내려주세요

오전 10:02
정승집 개가 죽으면 문상객이 문전성시라고 했던가. 이 말을 실증하는 사례를 지금 보고 있다. 재벌로부터 삥 뜯은 돈이 현재까지 774억이다. 미르재단 486억, K스포츠재단 288억.

오전 10:39 서울대학교병원에 있습니다.

김제동 씨가 오늘 새벽 고 백남기 님을 조문했다. 시신 탈취를 막기 위해 빈소를 지키는 학생들에게 빵 음료를 나눠주었다. 김제동 씨는 "고맙다. 정말 멋지게 살고 있다"며 학생들에게 감사의 인사를 하며 함께 자리를 지켰다. 우리 시민들은 뭘 할건가?

오후 4:52

이. 기회에 야당 예행연습 지대루 해보거래이.
정. 의장 사퇴 전에 단식 풀면 니 똥꼬에 털 난대이.
현. 새누리 지도부 듀오 '김밥' 정진석 '단식' 이정현, 홧팅!
(농림장관 해임안 국회 가결에 항의하는 이정현 단식에 부쳐)

오후 8:00

압수할 물건: 이한열의 사체 (이한열 사체 압수수색 영장)
1987년 7월5일 새벽 2시5분 이한열이 사망했다. 시신의 온기가 가시기도 전에 경찰이 들이닥쳤다. 그들은 법원이 발부한 압수·수색 검증영장을 내밀었다. 영장엔 '압수할 물건:이한열의 사체 1구'라고 쓰여있었다. 서울지검 검사 유성수가 영장을 청구하였고, 서울지법 판사 박삼봉이 영장을 발부했다. 박삼봉은 "야간집행도 가함"이라며 친필로 썼다. 최루탄에 직격당해 숨졌음은 천하가 아는 일 아니던가. 연세대 학생, 인턴, 레지던트들이 온몸으로 경찰들을 막았다. 전두환정권의 경찰, 검찰, 법원이 하나가 되어 최루탄에 의한 사망이라는 흔적을 없애기 위해 시신을 탈취하고 화장하려는 패륜에 단호히 맞섰다. 아침녘 분노한 학생들이 몰려오자 경찰은 물러났다. 시신을 빼앗겨 뼛가루

만 돌아온 박종철만 서러웠다.

오늘 법원이 백남기 님의 시신 압수영장을 기각했다. 그러나 경찰은 재청구를 공언한다. 물대포에 직사당해 317일간 숨만 쉬다가 사망한 분을 부관참시하려는 공권력의 패륜을 결코 용납할 수 없다. 내가 백남기다! 우리가 백남기다!

오후 10:12

우리네 삶은 왜 이리 서러운지... 하늘은 왜 야속한지...

백남기 선생님, 부디 생명과 평화의 땅에서 평안하십시오.

오늘 JTBC뉴스룸 엔딩음악, 버스커버스커의 '가을밤'

2016년 9월 27일 화요일

오전 12:48

경찰과 검찰이 기어이 26일 밤 11:30분에 백남기 님의 시신에 대한 부검영장을 다시 청구했다. 이가 뿌득뿌득 갈린다.

오후 3:42

서울대병원 백남기 농민 사망진단서의 '오류'를 고발한다

1. 선생님의 '원(原)사인'은 외력에 의한 '급성 경막하출혈'이다. 경찰의 물대포에 맞아 발생한 '두개골 골절'과 '외상성 뇌출혈'이 출발점이다. 317일째 장기입원 중에 '급성신부전'이 합병증으로 왔다. 그리고 '심폐정지'가 되어 '사망'했다. 진단서 '사

망원인' 란은 이렇게 잘 정리되어 있어서, '사망의 종류' 란에
'외인사(外因死)'로 표기된 줄 알았는데...

2. 서울대병원은 '사망의 종류'를 '병사(病死)'로 표기했다. 대
한의사협회와 통계청의 사망진단서 작성지침은 병사/외인사 구
분 시 '원 사인'에 따르라는 것이다. 그런데 '외인사'가 아닌 '병
사'로 표기했으니 오류다. 우리나라 최고 병원이 이런 초보적
오류를 저질렀다. 단순한 오류일까라는 의심이 들 정도다.

3. 경찰·검찰은 '병사' 사망진단서를 빌미로 삼았다. "병원에
올 때는 '지주막하 출혈'로 기록되었으나, 죽을 땐 급성신부전으
로 인한 심정지로 사망진단됐다. 그래서 부검을 통해 사인을 분
명히 해야 한다." 경찰은 서울대병원 '엉터리' 사망진단서를 이
용했다. 사망 당일 시신압수수색영장을 청구했다가 기각당하자,
어젯밤 다시 압수수색영장을 청구하는 집요함을 보인다.

4. 서울대병원의 사망진단서는 단지 단순한 '오류'일까? 사인
이 명백한 시신을 이따위 엉터리 진단서를 빌미로 반드시 부검
하겠다는 경찰의 저 패륜적 행태를 보며 서울대병원의 사망진단
서 발급에 관계된 의료진들을 전면적으로 조사하는 것이 마땅하
다는 생각에 이르렀다.

5. 서울대병원은 엉터리 사망진단서 발급경위를 밝혀라. 박근
혜 대통령 주치의를 역임한 의료계의 권위자인 서창석 서울대병
원장은 이 사망진단서에 대해 해명하라. 의료진은 히포크라테스
선서의 마지막 구절을 기억하라. "비록 위협을 당할지라도 나의
지식을 인도에 어긋나게 쓰지 않겠노라."

*이 글은 전문의 여러 분의 검토와 승인을 받았습니다.

오후 8:23 서울대학교병원에 있습니다.

고 백남기 어르신을 만나려 이어지는 조문행렬 고 백남기 어르신을 지키려 촛불을 밝힌 시민들 "아담아, 네가 지금 어디 있느냐?" (창세기 3:9) 내가 백남기다! 법원은 부검영장 기각하라!

2016년 9월 28일 수요일

오후 3:39 서울대학교병원에 있습니다.

경찰과 검찰이 오늘 오전 11시20분쯤 고 백남기 님의 시신 압수수색 및 부검영장을 보강하는 자료를 법원에 다시 제출했다. 두 번째 보강자료 제출이지만 사실상 세 번째 청구인 셈이다. 직사 물대포에 맞아 사망한 것이 분명한데도 부검 과정에서 다른 사망원인을 "만들어보겠다"는 패륜적 의도가 뻔하다.

성창호 영장 전담 판사님, 어제 영장을 반려할 때 유가족과 협의한 자료를 제출하라고 검찰에게 명했습니다. 그러나 오늘 제출된 보강자료에는 그것이 없습니다. 유가족은 부검을 하지 말아달라는 탄원서를 제출했습니다. 애닯은 호소를 외면하지 마십시오. 권력의 브레이크 없는 패륜에 철추를 내려주십시오.

오후 8:49

법원, 기어이 백남기 어르신의 시신 부검영장을 발부했다. 어르신을 두 번 죽이려 한다. 이 패륜정권을 역사와 국민은 결코 용서치 않으리라. 내가 백남기다! 나부터 잡아가라!

오후 11:06 서울대학교병원에 있습니다.

고 백남기 님의 유가족 기자회견(밤 10시 40분)

"경찰 손에 돌아가신 아버지의 시신에 다시 경찰 손을 닿게 할 수 없다. 사인이 명확한만큼 부검은 필요치 않고 동의할 수도 없다." 질의응답 시간에 기자들 중 누구도 질문을 못했다.

지금 1000명이 넘는 시민들이 백남기와 함께 하고 있다.

2016년 9월 29일 목요일

오후 1:01

<라이언 일병 구하기>는 이제 그만 잊어라.

<최순실 딸냄 구하기>가 목하 진행 중이다.

이대 동문 여러분, 학생 여러분, 명예를 지켜주소.

오후 9:28 서울대학병원에 있습니다

[지원 요청] 백남기 선생님께서 돌아가신 일요일부터 시민들이 자발적으로 운영하는 밥차가 조문객들에게 식사를 제공하고 있다. 하루에도 1천 여명 이상에게 밥과 라면을 제공한다. 사태가 장기화되며 비용부담이 크게 늘어나고 있다. 시민들께서 아래 다섯가지 품목을 구입해 보내주시기 바란다. 송금은 별도로 받지 않는 점을 양해해달라고 하신다.

☆품목 (1)햇반 (2)컵라면 (3)김치 (4)생수 (5)종이컵

☆주소 서울대병원 장례식장 1층 밥차 백남기농민 지킴이 앞

2016년 9월 30일 금요일

오전 12:35

경찰이 백남기 선생의 유족들에게 '등기우편'으로 부검 절차 협의를 요구하는 공문을 보냈다. 직접 빈소를 찾아 예를 갖추면 덧나냐? 등기우편, 문자메시지, 전화… 죄 지은 것들이 제 발 저려서 막 나가는구나. 인면수심의 상종 못할 종자들…

오전 10:00

전경련이 오늘 아침 청와대와 최순실의 개입 의혹을 받고 있는 재단법인 미르와 K스포츠를 해산하고 새 통합재단을 만든다고 발표했다. 778억 모금과정에서 비선 실세와 청와대 권력이 개입한 것을 암묵적으로 인정한 셈이다. 즉, 오늘 발표는 차기 정부가 진상조사를 할 경우를 대비한 전경련의 '대가리 자르기'이자 '피해자 코스프레'다. 이는 증거인멸 행위, 즉 범죄다.

오전 11:46

재벌들 "권력에 삥 뜯겼을뿐". 공무원 "지시대로 했을뿐".

이따위 '피해자 또는 약자 코스프레'는 모두 거짓말이다. 부당한 줄 알면서도 따르고, 그 댓가로 이익을 챙겼잖아. 공무원은 승진, 재벌들은 이권이나 범죄 무마를 챙겼거든. 정부의 지침이라도 반헌법적, 범죄적 행정에 협조하면 권력자와 함께 공동정범으로 처벌된다. 재벌과 공무원 여러분, 똑바로 처신하시라.

오후 3:25

백남기 님 빈소 밥차에 택배가 쏟아집니다. 뭉클합니다. 너무 많이 와서 정리마저 힘들다고 합니다. 다시 요청드릴 때 보내주십시오. 이게 바로 우리네 공동체의 삶입니다. 고맙습니다.

오후 5:37

<눈물로 알립니다> 현재 서울대병원으로 물품후원이 이어지고 있습니다. 후원에 감사드립니다. 다만 물품후원이 너무 많아 다시 요청드릴 때까지 물품후원은 참아주시길 부탁드립니다.

아울러 장례비용과 진상규명 투쟁비용 등 마련을 위한 재정 후원과 서명운동, 그리고 매일 저녁 7시 촛불문화제는 계속되고 있으니 지속적인 후원과 참여를 바랍니다. 후원물품을 보내주신 시민들께 다시 한번 유족과 투쟁본부의 감사 말씀을 전합니다.

2016년 10월 1일 토요일

오전 10:40

'미르' 잡으러 가자! 문서만 파쇄하면 증거 인멸될까? 전경련·재벌 직원, 관련 공무원들의 기억은 파쇄 못한다. 이 사건 관련자 중에 양심에 찔린 사람들은 관련 자료를 살뜰하게 챙겨놨을 것이다. 끝이 보인다. 미르(용) 잡으러 가자!

오후 4:27 라이브방송

고 백남기 님 추모와 세월호참사 900일 기억 국민대회와 추모 행진(종로) 내가 백남기다! 내가 세월호가족이다!

오후 8:24 종로 르미에르빌딩에 있습니다

백남기 농민께서 경찰의 물대포에 맞아 쓰러진 종로1가 길거리에 간이로 영정을 모셨습니다. 경찰은 헌화도 막고 영정조차 막았습니다만 뚫어냈습니다. 국가폭력에 희생된 백남기 선생님을 기억합니다. 내가 백남기다! 우리가 백남기다!

2016년 10월 2일 일요일

오후 1:29

'미르' 잡으러 나간다 (1)

" '재단법인 미르'라고 들어봤는지 모르겠다. 한국 문화를 전 세계에 알리겠다며 정부가 주도해 세운 조직이다. 16개 기업이 486억원을 출연했다. 몇몇 기업에 물었다. 미르에 왜 돈을 냈나고. 답은 "내라니까 냈다"였다. 누가 내라고 했느냐고 다시 물었다. "다 아시면서"라는 꼬리 없는 답이 돌아왔을 뿐이다." (2015.11.19. 김정호 한국경제신문 수석논설위원 칼럼)

#미르사냥 시리즈는 계속된다. 미르의 정체 밝혀낼 때까지...

오후 5:05

새누리, 노부모마저 이용해먹다니. 새누리당 대변인의 비장한 발표 "구순이 되어가는 이 대표의 부모가 곡기를 끊고 있다"

거짓말 탄로나자 오후엔 말바꿨다. "자식 걱정에 밥이 제대로 넘어가지 않는다는 이야기였다" 이 후레아들들을 어찌할꼬...

오후 8:19 낙산 한양성곽에서 서울대병원을 바라보며

나는 패배자들을 사랑한다. 뜨거운 연대의식을 느낀다. 몇몇을 제외하곤 우리 대부분이 패배자 아닌가. 몇 사람으로부터 배우는 성공방정식도 소중하지만, 수많은 사람으로부터 배우는 실패의 교훈이 더 값지다. 힘내라 친구야! 힘내십쇼 동지 여러분!

2016년 10월 3일 월요일

오후 9:32

레지던트 권 모씨가 9월 25일 작성한 사망진단서에는 "진료부원장 신찬수 교수, 주치의 백선하 교수와 상의해 작성했다"는 메모가 있었다. 의사 권○○ 레지던트의 양심선언을 촉구한다. 한 번 사는 인생, 하늘을 우러러 부끄럽지 않게 살자.

오후 11:36

"정의는 강자의 이익에 따라 만들어진 것이다" (소피스트 트라시마코스) 기원전 5세기의 궤변론자들이 2500년 만에 서울의대에서 부활했다. "출세를 위해 필요한 변론술과 백과사전식 지식을 가르치는 일을 직업으로 삼은 궤변론자"들을 2500년 만에 다시 만났다. 의사로서 누릴 양심의 자유? 인간이라면 마땅히 갖춰야 할 "인간에 대한 예의"로부터 시작함을 깨닫기 바란다.

2016년 10월 4일 화요일

오전 1:16
백OO, 너를 낳은 어머님께서 미역국 드신걸 잊지마라

오전 9:35
'미르' 잡으러 나간다 (2)
'TV조선'의 '특종'이다. 권력집단도 균열되기 시작했다. "미르재단 이사장을 맡았던 김형수 연세대 교수 부부가 2013년부터 4년간 50억원의 국가보조금을 받았다. 부부가 감독과 연출을 맡고, 한번 받은 용역을 재탕해 또 용역을 따냈다. 김 교수는 2012년 인천아시안게임 앞두고 개폐막식 공연기술을 개발한다며 27억원을 받았다. 그런데 정작 써 먹지도 못하고 본 공연은 다른 업체가 맡았다." #미르사냥 시리즈는 계속된다.

오전 11:29
본디오 빌라도, 매일 수십억 명으로부터 저주받는 인간
세세무궁토록 저주받는 인류사의 가장 불행한 인물은 단연

본디오 빌라도다. 크리스찬 수십억 명이 <사도신경>을 욀 때마다 빌라도는 지옥에서 불의 형벌을 당한다. 유대의 제사장과 지도자들이 예수를 죽이라 요구하자 빌라도는 그들에게 예수를 넘겨주고 "손을 씻었다." 자기 죄를 부인하는 행위였지만, 역사는 그의 살인죄뿐만아니라 그의 기만행위마저 기록했다.

호랑이는 가죽을 남기고, 사람은 이름을 남긴다고 했다. 위명을 남기지 못할지언정 악명은 남기지 말아야 한다. 어제 의사 몇몇이 스스로 저주의 무덤을 팠다. 손은 씻었을지언정 죄업만은 결코 씻지 못한다. 세세무궁토록 저주받을 더러운 이름들...

*그림: 손을 씻는 빌라도 (알브레히트 알트도르퍼 그림)

오후 5:33

오늘 서울중앙지검 국정감사에서 김진태가 말했다. "물대포 맞고 바로 뼈가 부러지냐? 상상하기 힘들다" 상상이 힘들다굽쇼? 물대포 함 맞아보고 말해보쇼. 인간의 탈을 쓴 자로서 이따위로 말하다니... 내가 봐도 이 자가 인간임을 상상하기 힘들다.

오후 11:22

휴일인 개천절에 기자회견한 두 명의 서울의대 교수, 의료윤리와 의학상식에서 벗어난 사망진단을 강변한 백선하 교수만 의사가운을 입고 나왔다. 패션코드를 활용한 '신뢰' 이미지 조작 시도다. 영화계와 광고계서 놀아야 할 인재가 병원서 썩고 있다.

2016년 10월 5일 수요일

오후 3:25

서울중앙지법원장의 '조건부 부검영장'에 따르면 경찰의 시신 탈취와 강제부검 같은 '하이에나' 짓은 '불법'이다. 그럼에도 부검을 강행하려 한다면 '수천만의 백남기'를 물대포로 쏘아 쓰러뜨려야만 할 것이다. 내가 백남기다! 우리가 백남기다!

2016년 10월 6일 목요일

오전 2:40

사랑하는 벗이여, 열흘 후 보름달이 뜹니다. 열흘, 숨을 꽉 참아도 금방 오는 시간입니다. 숨 막혀도 참고, 이 꽉 깨물고 기어이 이겨냅시다. 승리는 마침내 우리의 것입니다.

오후 4:25

시중에 널린 소위 위인전이란 책에는 엄청난 함정이 숨겨져 있다. 우리는 위인들의 삶과 어록에 감동한다. 위인들을 따라 살겠다고 다짐한다. 하지만 허접한 위인전들을 읽노라면 위인에 대한 찬양이 처음부터 끝까지 이어져 구토증마저 느낄 지경이다. 어린이들이 읽는 책들은 더 심하다. 나도 불행하게도 그런 책들을 읽고 자랐다. 막장 드라마는 웃어넘길 수 있지만 이런 책을 읽고 자라는 아이들을 생각하면 등골이 오싹하다. 세상을 지배해 온 세력들은 위인들의 입을 빌어, 위인이라는 배우를 내세워 그들의 입맛에 맞는 세상의 질서와 규율을 강요하고 설파한다. 심지어 위인들이 말하지 않은 것을 어록으로, 행동하지 않은 것을 멋진 일화로 창작하기까지 한다. 사람 사이에 자연스럽게 발생하는 차이를 차별의 근거가 된다고 암암리에 주입시킨다. 이런 찌라시 위인전에는 결코 눈길도 주지 않아야 한다.

오후 11:24

'미르' 잡으러 나간다 (#미르사냥 시리즈 3) 차은택은 불과 3일 만에 재벌들로부터 486억을 "삥 뜯는" 신기록을 세웠다. 박정희도 전두환도 3일 만에 이루지 못한 기록이다. 그럼 차은택이 '미르(용)'일까? '이무기' 수준도 안되는 일개 광고인이 3일 만에 불황에 신음하는 30대 재벌로부터 486억을 삥 뜯어 황금 여의주를 품은 '미르'였다고 믿을 수 있나? 차은택이 미르라면, 대한민국은 나라가 아니라 판타지 영화의 무대일뿐이다.

2016년 10월 7일 금요일

오전 10:13

진짜 헬은 차리리 공평한 곳이다. 죄 지은 사람만 벌을 받지 않는가. 헬조선이 오히려 불공평한 곳이다. 죄 없는 사람이 더 고통받는 곳이니 말이다. #그런데최순실은? #미르사냥

2016년 10월 8일 토요일

오후 6:32 낙산공원 서울성곽에서 서울대병원을 바라보며
오후8시부터 낙산공원 야외무대에서 <낙산실빛음악회2016>
열립니다. 음악회의 사회를 보고 백남기 어르신 지키러 갑니다.

2016년 10월 9일 일요일

오후 10:37

서슬 퍼런 전두환 파쇼 치하에서도 의사로서의 양심을 지킨
분들이 있었다. 남영동 대공분실 509호실에 가장 처음 도착해
시신을 검안한 중앙대병원 내과전문의 오연상, 물고문에 의한
사망임을 알아채고 동아일보에 증언했다. 부검을 맡은 국립과학
수사연구소 황적준 박사도 '공무원' 신분임에도 '물고문에 의한
외인사'임을 부검보고서에 '용기있게' 기록했다.

'물대포에 의한 외인사'가 아니라 '신부전증에 의한 병사'라고
진단서를 쓴 의사, 그는 왜 고인을 두 번 죽이려 할까?

"내가 지난 317일간 수술하고 치료해온 환자입니다. 후송 당
시부터 외상성 충격으로 사실상 뇌사상태였고, 1차 수술 후에도
호전되지 않아 연명치료만 하다가 사망했습니다. 주치의로서 제
양심을 걸고 부검할 필요는 전혀 없다고 말씀드립니다."

백선하 씨, 이런 말을 도대체 왜 못하는 겁니까?

2016년 10월 10일 월요일

오전 11:37

1년차 초짜 검사도 일망타진할 수 있겠네... 검사 여러분, 자녀들 보기에 부끄럽지 않게 수사하소. 하늘을 우러러 부끄럽지 않는 것까진 바라지 않을테니. #그런데최순실은? #미르사냥

오후 1:23

옆을 보라! 옆을 돌아보라! 앞만 보지 말고, 위만 보지 말고! "함께"는 "서로를 향한 믿음", "든든하게 어우러짐"이다.

오후 8:31

세계 의회정치 역사상 초유의 '국무위원 필리밥스터'로 의회주의를 유린하고도 여의도 영웅 행세를 하며 거들먹대는 '김밥투정 의원'이 망언을 쏟아냈다. 세월호 피해자와 백남기 농민을 남의 나라에서 도적질하는 중국어선들과 감히 비교하다니. 앞으로 김밥 실컷 먹게 해줄테니까, 그 입 다물라! #그런데최순실은?

2016년 10월 11일 화요일

오전 9:02

물대포에 맞아 숨진 농민의 사인은 "병사(病死)"다. 민정수석

아들의 운전병 선발 이유는 "코너링이 좋아서"다. 미르·K스포츠 재단은 비선실세가 주도한 게 아니라 "전경련이 자발적으로 모금한 것"이다. "탁 치니 억 하고 죽었다"는 5공식 변명을 믿으라는 투다. 권력 내부자들 말고는 국민 그 누구도 승복 못한다.

오후 8:33

♧이동섭 의원: 백남기 농민의 선행 사인은 물대포가 맞느냐?

♤백선하 교수: (물대포에 맞은 걸) 확인 못했다. 응급실에서 CT만 확인했고, 사망까지의 상태를 보고 (병사로) 판단했다.

백선하는 오늘 국감에서 모든 의사들이 자신이 두 눈으로 보지 못한 외인사가 장기투병으로 합병증으로 이어지면 모두 병사라는 궤변을 늘어놨다. 그에게 묻는다. 물대포 직사 영상 안 봤나? 후송 119구급차량에도 물대포가 직사되는 영상을 안 봤나?

2016년 10월 12일 수요일

오전 10:05

'박근혜의 신성가족'끼리 모여 사는 가상현실을 깨부수려면, 묻고 또 물어야 한다. 공개적으로 묻지 못한다면 바람벽에라도 악으로 깡으로 소리질러야 한다. #그런데최순실은?

오후 11:57

나도 문화예술인이다. <놀라온 오케스트라>의 대표다. 그런데 왜 문화예술인 블랙리스트에 내 이름이 없냐. 내가 그렇게 만만하게 보이냐. 나도 블랙리스트에 올려라.

2016년 10월 13일 목요일

오전 9:49

전경련 직원이 드디어 입을 열었다. 권력의 '내부자' 중에는 실무자들이 있다. 전경련과 대기업 직원, 정부기관 실무자들이 있다. 그들이 나서야 한다. 밥줄보다 중헌 것이 있다. 부모님 가르침 잊었나. 이제 양심의 증언이 봇물 터지듯 쏟아질 것이다.

오후 10:33

이쯤 되면 야당은 총력전 펴야 한다. 초대형 권력형 비리인 미르재단 파헤치지 못하면 정권교체 못한다. 사즉생으로 싸워라. 나도 시민으로서 사활 걸고 싸우겠다. 벗이여, 함께 갑시다!

2016년 10월 14일 금요일

오전 11:39

인간에게 맥없이 조련당하는 맹수들의 모습이 애잔하다. 이화여대 교수·학생·동문 여러분, '순실에게' 조련당하면서도 가만히 있으렵니까? '미르에게' 조련당하는 걸 거부하며 저항하다 쓰러진 백남기 농민을 기억하시고 결자해지에 나서 주십시오.

*사진: Wildlife Photographer 2015 싱글 이미지 수상작

오후 3:03

저항가수 밥 딜런. 노벨상과 미국자유훈장을 수상했지만, 한국가수였다면 문화예술인 블랙리스트에만 올랐으리라. 그의 노래처럼 "세상이(대한민국이) 변하고 있다." 희망을 가져라. <The times they are a-changin> 기회는 다시 오지 않는다. 오늘의 패자가 내일의 승자가 된다. 세상은 변하기 때문에.

오후 5:05

대통령 지지율이 취임 후 최저(26%)로 곤두박질쳤다. 부정평가도 최고(59%)로 치솟았다. 영원한 철밥통이란 없다. 83%에서 6%, YS를 보라. 갤럽 주간조사는 추세읽기에 도움되는 기초자료, 매주 리뷰하면 지역·연령별 정치성향 변화추세가 보인다.

오후 9:09

'나의 아버지 백남기(My father Baek Nam-gi)' 영상 1억뷰 캠페인에 참여하시고 널리 공유해주세요. 5분 영상 중 2분20초 경 가족모임에서 백남기 님께서 '임을 위한 행진곡'에 맞춰 춤추는 모습을 보노라니 생명과 평화를 향한 그의 간절한 열망을 새삼 느낍니다. "아빠는 되살릴 수는 없어도 이 땅의 정의는 꼭 되돌려 놓을게." #내가백남기다!

2016년 10월 15일 토요일

오후 7:24 서울대학병원 장례식장에 있습니다.

[주말 먹방] 세상에서 가장 든든한 1식3찬 밥상. 10.25까지 유효한 부검영장을 앞세우고 경찰들이 언제 침탈할 지 모르기에 많은 시민들이 밤낮없이 지키고 계신다. 시민들이 보낸 정성이 가득하다. 든든하게 먹고 힘내서 시대의 의인을 지켜내야 한다.

2016년 10월 16일 일요일

오후 5:41

머슴 차은택 날려서 주인 최순실 구하라 #전감록 10:17

2016년 10월 17일 월요일

오전 12:14

정유라에게 특혜 베푼 이대 총장님과 교수님은 사죄하십시오. 법적 처벌도 당연히 받으셔야죠. 정유라와 함께 수강한 의류학과 학생이 교수에게 보낸 항의편지 읽어보십시오. 수요일엔 이대 교수님들이 항의시위를 한답니다. 결단을 내리세요.

오후 11:12

미르재단 행동총책 차은택 뒤엔 '회장님' 최순실이 있었다. 전모가 드러나자 최순실이 짐승처럼 울부짖는다. "내가 뭐 잘못했나. '나라' 위해 열심히 '뜻' 모았잖았느냐." 시민이 최순실에게 답한다. "너는 '너를' 위해 돈을 갈취했다" 시민은 '이무기' 최순실에게 묻는다. "누가 미르냐? 누가 미르냐? 누가 미르냐?"

2016년 10월 18일 화요일

오전 12:51

최순실은 이무기일뿐. 누가 미르냐?
순실총장 내쳐야 이대가 순대 안될긴대 #전감록 10:18

2016년 10월 19일 수요일

오전 12:38

이대 나온 여자, 이대 다니는 분들이 타락한 총장과 부정한 권력에게 한 방 쎄게 날려주리라 믿는다. 오늘 오후 이대 교수들이 창학 130년만에 처음으로 데모한다. 재학생과 동문도 함께한다. 총장이 해임되거나 사퇴하지 않을 경우 릴레이 1인시위를 이어간다고 한다. 응원한다. #이대는순대되기를거부하라

오후 12:14

이재용, 순실승마장 손떼야 갤놋8 잘될끼다 #전감록 10:19

오후 2:33

진주민란(1862) 역사에서 현단계 시민운동의 갈 길을 본다

1862년 임술년에 주로 삼남지역에서 71개의 민란이 일어났
다. 임술민란이다. 그중 가장 규모가 크면서도 다른 민란들을
선도한 것이 진주민란이다. 수만 명의 백성이 참여한 진주민란,
임술년에 갑자기 폭발한 것일까? 진주민란은 12년 전부터 작은
불씨를 키워가며 백성들의 분노를 서서히 규합하고 있었다.

1850년 진주의 양민 박수익이 '환곡'이 가혹하다며 상소를
했는데, 조정은 박수익을 처벌한다. 1859년 진주의 백성 수십
명이 집단으로 상경하여 환곡의 가혹함을 비변사에 호소한다.
비변사는 이를 접수했지만, 아무런 후속대책도 내놓지 않았다.
1861년 5월, 새로 부임한 진주 목사 신억이 환곡을 추가징수하
기로 했으나 백성들이 연명으로 조정에 상소문을 올렸다. 이에
신억은 환곡 추가징수를 포기한다. 1861년 10월, 새로 부임한
진주목사 홍병원은 환곡의 실태를 조사한다. 서류상 4만7386석
의 환곡이 백성에게 대여한 것으로 되어있었다. 그러나 현장조
사를 해보니 60%에 해당하는 2만8649석을 전 목사 박승규 등
의 탐관오리들이 중간에서 착복한 것으로 드러났다. 홍병원은
착복된 수량만큼 백성들에게 탕감해달라고 조정에 건의했으나,
조정은 8000석만 탕감하고 2만석은 거둬들이라고 명한다.
1861년 11월, 홍병원은 조정의 명을 좇아 환곡의 추가징수를
결정한다. 다만, 백성들의 의견을 듣는 흉내를 내려고 '향회'를

소집해 논의하도록 하는 술수를 부렸다. 백성들은 추가징수의 부당함을 진주목과 경상감영에 호소했으나 지방관아는 꿈쩍도 하지 않았다. 1862년 1월, 설상가상으로 경상우병영도 환곡 추가징수를 결정한다. 경상우병영은 서류상 4만석의 환곡을 백성에게 빌려줬다고 되어 있었으나, 60%인 2만4000석은 탐관오리들이 중간에 착복한 것으로 드러났다. 지금까지 상소와 호소 등 '착하게' 자신의 뜻을 밝혀온 백성들은 더 이상 참을 수 없었다. 1862년 1월29일, 양인 유계춘이 진주 일대의 백성들에게 수곡장시(水谷場市)에 모여 관아의 부당조치에 대한 백성들의 대응방안을 논의하는 도회(都會)를 열자고 사발통문을 돌린다. 1862년 2월6일, 수곡장시에서 300여명의 백성이 모여 도회를 열었다. 환곡 보충을 위한 세금 추가징수의 부당함에 대한 백성들의 총의를 모았다. 그러나 그 다음날 진주 관아는 주모자인 유계춘을 체포한다. 1862년 2월18일, 진주 백성들이 수만 명이 봉기했다. 이들 농민 시위대는 스스로를 '초군(樵軍)'이라 부르면서, 머리에 흰 수건을 두르고 손에는 몽둥이나 농기구를 쥐고서 진주성을 포위했다. 그들은 시위에 불참하는 자에게는 벌전(罰錢)을 받았고, 반대하는 자는 집을 부서 버렸다. 다른 지역의 농민들도 속속 이 대열에 가담해 그 세력이 수만 명에 이르게 되었다. 이에 놀란 진주목사와 경상우병사가 환곡 추가환수를 포기한다는 각서를 썼지만, 농민군은 경상우병사를 습격하여 탐관오리들을 여럿 죽였다. 뿐만 아니라 가혹하게 지대를 받던 부호들의 집 126호를 파괴하고 재물을 빼앗아 나눴다. 결국 조정의 진압군에 의해 3개월간에 걸친 치열한 전투 끝에 진주민란은 끝이 났다. 농민 측은 효수(梟首) 10명, 귀양 20명, 곤장 42명, 미결

15명이었고, 관리 측은 귀양 8명, 곤장 5명, 파직 4명, 미결 5명이었다. 진주민란은 임술민란의 기폭제가 되어 임술년 한 해에만 71회의 민란이 일어났다. 흉년에 관아에서 빌린 곡식을 추수가 끝나면 고율의 이자까지 얹어 말없이 갚아온 착한 백성들이었다. 그런데 탐관오리들이 환곡의 60%를 중간에서 횡령착복한 것이 드러났는데, 이를 백성들이 더많은 세금으로 부담하라고 하니 아무리 착한 백성들이라도 참을 수 없었다. 결국 백성들은 수백년간 개·돼지 취급받은 것에 대해 농기구를 들고 저항했다. 그들이 할 수 있는 최선의 조직력을 발휘하여 저항했다. 시위에 불참하는 백성들에게는 벌금을 매겨가면서 스스로의 대열을 강력하게 조직하고자 했다. 비록 무력에서는 그들은 패배하였지만, 그 패배가 영원한 패배는 아니다. 진주민란을 필두로 한 임술민란이 우리역사 최대규모의 항쟁인 갑오농민혁명과 기미삼월혁명의 토대가 된 것을 기억해야 한다.

지난 4년간 우리 시민운동은 매우 평화적으로, 매우 신사적으로 우리의 요구를 주장해왔다. 그러나 최순실 일당의 권력형 비리에는 더 이상 물에 물탄 듯 싸우지 않을 것이다. 미르의 실체를 밝혀낼 때까지 우리 시민들은 불퇴전의 각오로 싸울 것이다. 오늘 3시 이화여대 교수들이 창학 130년 이래 최초의 교수데모를 한다. 큰 물꼬가 활짝 열리는 역사적 순간이다. 함께 싸우자!

오후 3:35 라이브방송
해방이화 힘내라! 이대 교수님들, 창학 130년만에 데모!
총장 사임은 쥐꼬리, 미르 머리 잘라야지 #전감록 10:19

2016년 10월 20일 목요일

오전 1:29

수업에 결석한 정유라에게 학사경고가 불가피하다고 전화했다가 지도교수에서 잘린 이대 체육과 교수가 드디어 입을 열었다. 거짓은 참을 이길 수 없다. 진실이 이긴다.

오전 9:24

이화여대 바꿨느냐 이제부턴 대한민국 #전감록 10:20

오전 10:51

유신 폭압을 갈라친 <이화여대 면도칼 사건> 아시나요. 박정희 유신 망령이 한반도를 음습하게 배회하던 1979년이 시대적 배경이다. 서울의 어느 남녀공학 종합대학 총학생회에 우편물이 하나 배달된다. 봉투를 열어보니 면도칼만 하나 달랑 있다. 겉봉의 발신자에는 '이화여대 총학생회'라는 여학생의 글씨가 쓰여있었다. 편지를 뜯어본 이 학생회 간부는 심한 모멸감과 자괴감에 빠진다. 남자에게 던지는 최고의 모욕, "차라리 그걸 짤라라!"가 아닌가. 유신 시대 내내 데모 한 번 일어나지 않은 대학들에게 '이화여대 총학생회' 이름으로 일제히 면도칼이 배달됐다고 전해지는 '이화여대 면도칼 사건'이다.

　'이화여대 면도칼 사건'은 유신 말기 대학가를 떠돌던 '유비통신'을 타고 전국으로 번져갔다. 이런 사실이 있었는지는 그 누구도 증언한 바 없다. 그러나 이화여대가 여느 남녀공학 대학보다 더 힘차게 반유신 투쟁에 앞장섰었기 때문에 이화여대 면도칼 사건은 단지 '유언비어'가 아니라 '팩트'로 받아들여졌다.

오늘 이화여대 총장이 사퇴했다. 이대가 40년만에 다시 '면도칼'을 국민들께 보냈다. 이 면도칼, 우리는 어디에 쓸건가?

오후 10:23

순실 딸에게 특혜를 준 이화여대 교수 여러 명이 텔레그램에 줄줄이 가입. 당신들 죄는 하늘이 알고 땅이 알고 제자들이 안다.

2016년 10월 21일 금요일

오후 6:06

경찰은 '빨간우의'의 신원을 1년 전 이미 확인했다. 그런데도 백남기 농민 사망 직후 부검영장을 청구할 때 '신원불명의 가해자'로 거짓 표기하여 영장을 받아냈다. 결국 백남기 농민이 피격된 작년 11월14일 이후 한 달만에 '빨간우의'의 신원을 경찰이 확인해놓고도 이와 관련된 조사를 하지 않은 이유가 드러났다. 백남기 농민이 사망할 경우 '빨간우의' 카드를 써먹으려 한 것이다. 경찰의 더러운 민낯이 드러난 제71주년 경찰의 날이다.

오후 7:36

손석희, 만부부당의 용맹을 갖춘 우리시대 쟁인(爭人).
천자에게 쟁신(爭臣) 7인이 있으면 그가 비록 무도하여도 천하를 잃어버리지 않는다. 제후에게 쟁신 5인이 있으면 그 나라를 잃어버리지 않는다. 대부에게 쟁신 3인이 있으면 그 집을 잃어버리지 않는다. [효경 간쟁 장]

지난 4년, 그 누구도 권력의 무도함에 쟁(爭)하지 못할 때 용기있게 쟁(爭)한 그가 있어 이 나라는 앞으로 나아가고 있다.

손석희, 만부부당의 용맹과 지략을 갖춘 우리시대 쟁인. 부디 수많은 언론인과 지성인들이 그의 뒤를 잇기 바란다.

2016년 10월 22일 토요일

오전 12:15 한양성곽 낙산공원에서
고통 속에서도 세상은 아름답다.
걸음을 멈추기엔 너무 이르다. 계속 나아가자. 함께!

오후 8:31
경상도의 콘크리트 방어선도 무너졌다. 60대 이상의 방어선만 남았다. 심봉사멘크롬 눈 좀 번쩍 뜨이소. 어르신들 몽니 땜에 나라 절딴나겠심다. "대통령 못한다" 64%, "대통령 잘한다" 25%

오후 11:07
백남기부검 칼날, 순실미르 해부에나 쓰라.

2016년 10월 23일 일요일

오전 2:01

<그것이 알고싶다> '살수차의 진실'을 제작한 배정훈PD가 방송 직후 트위터를 통해 '대한민국 청와대'의 '당신'에게 진실 앞에 겸허한 사과를 요구했다. 그는 '세월호의 진실'도 제작했었다. 배정훈PD와 SBS 제작진에게 감사와 격려를 보낸다.

오후 1:49

15기압 물대포를 15m 거리에서 얼굴에 맞아야 입닥칠 5인방
1.강신명 전 경찰청장 2.이철성 현 경찰청장 3.김진태 새누리당 국회의원 4.이용식 건대의대 교수 5.주옥순 엄마부대 대표

오후 3:19 서울대병원에 있습니다.

오늘 서울대병원 백남기 농민 장례식장에 오신 어느 수녀님께서 자매 신도에게 전화하셨습니다. "자매님 얼른 와. 예수님은 성당에 있지 않아. 이곳에서 아파하고 계셔."

우리가 백남기와 함께 있습니다. 우리가 손을 맞잡고 있는 한 들개와 늑대들의 침탈은 결코 성공하지 못할 것입니다.

오후 10:30 서울대병원에 있습니다.

밤10시 현재 1천명의 백남기가 백남기 님과 함께하고 있다. 경찰들은 백남기 선생님을 두 번 죽이지 말라. 살인 물대포만으로도 이미 죽을 죄를 지었잖았는가. 상부가 시신탈취 명령해도

부당한 명령에 불복종하라. 대법원은 유가족 동의없는 부검은 무효라고 했다. 밤은 깊어가지만 새벽은 어김없이 밝아온다.

2016년 10월 24일 월요일

오전 9:12

밤새 경찰들은 침탈하지 못했다. 앞으로도 침탈하지 못한다. 1000명의 백남기가 백남기 님을 밤새 지키는 이 나라, 대한민국에 희망이 있다. 내일 25일이 시신 압수영장 종료일이다.

오전 10:36

박통, 개헌하잔다. 최악의 위기라는 자백이다.

개헌논의 빠져들면 순실미르 도망친다 #전감록 10:24

오후 4:51

야당은 싸워라!!! 1987년 4월13일 전두환이 장기집권을 위한 호헌 조치를 발표했다. 제1야당 신민당의 사쿠라들이 이에 호응했다. YS와 DJ는 신민당을 깨고 통일민주당을 창당했다. 4.13 이후 불과 8일 만인 4월21일 선명야당 창당했다. 2016년 오늘 중대 국면을 맞이했다. 전두환 호헌, 박근혜 개헌... 똑같은 개소리다. 더민주당, 국민의당, 정의당은 단호하게 결단하라. 야당의원단이 박근혜퇴진 시민항쟁 대열 맨 앞에 서서 싸워라!

2016년 10월 25일 화요일

오전 12:00

대한민국이 '비밀대통령' 통치 하에 있었다니. 이런 '합리적 추론'을 하지 않을 수 없다. 나라의 수치다. 최순실이 1급 국가기밀까지 빼돌리지 않았는지 조사하라. #최순실비밀대통령

오전 11:38

박근혜 호가 난파를 시작하자 쥐들이 먼저 도망친다. 탄핵 외치는 일베! 대통령 해명 요구하는 새누리! 이제 때가 왔노라!

오후 10:34

1909.10.26. 안중근 의사, 이또 히로부미 사살!

1979.10.26. 박정희 유신독재 종식!!

2016.10.26. 최순실박근혜 하야하기 딱 좋은 날!!!

2016년 10월 26일 수요일

오전 1:24

백남기 어르신을 지켜냈다. 이젠 대한민국을 지켜내자.

오전 9:50

중앙과 조선, 박근혜를 정면 비판하는 1면 머릿기사 올렸다. 물은 찼고, 달은 기울었다. 이제 새 세상을 설계할 시간이다.

오후 2:01

대한민국 국민의 3대 명령

1. 대한민국 대통령에게 명령한다. 헌법과 법률을 위배한 박근혜는 하야하라! 2. 대한민국 국회에 명령한다. 최순실게이트 특검 의결하라! 3. 대한민국 공직자들에게 명령한다. 최순실박근혜의 지시에 불복종하라! 2016.10.26. 대한민국 국민 전상훈

2016년 10월 27일 목요일

오후 3:34

너희들의 더러운 손으로 틀어막는다고 청년의 외침이 중단될 줄 아느냐. 풀들과 돌들까지 소리쳐 외치리라. (영상: 부산 벡스코 지방자치박람회에서 박근혜에게 항의시위하는 대학생들)

오후 3:52

영생교 교주 최태민의 천도제에 304명의 목숨을 공물로 바쳤다고 쓴 찌라시가 돈다는데, 그 찌라시는 최순실 일파들의 역공작입니다. 이 시간 이후 찌라시 내용을 일체 입에 담지 맙시다. 사실인양 말하는 자들은 최순실파 요원으로 취급합니다.

오후 7:44

청와대가 방송을 막으려 JTBC를 세무조사로 협박했으나, 손석희 사장이 버텼다 (더민주 최민희 전 의원) 오늘도 손 앵커가 뉴스룸을 멋지게 마친 후 "내일도 저희들은 최선을 다하겠습니다" 클로징멘트로 박근혜의 오금을 저리게 해주리라 믿는다.

오후 10:10 광화문광장에 있습니다.

신통방통 청년들의 "박근혜 하야 시굿선언". 재기발랄 시민들의 "순siri, 르혜, 유라" 풍자. 박근혜 하야 투쟁이 유쾌하게 시작되고 있다. 땅밑 마그마가 분노의 용암으로 분출되고 있다.

2016년 10월 28일 금요일

오전 12:59

1% 지지율 정권, 1% 기득권 비호의 결과다.

두려워말라. 우리가 그네들보다 많다. #전감록 10:28

오전 10:54

'60대 이상'의 콘크리트 방어선마저 무너졌다. 심봉사 눈 뜬 기적이다. 1주 내에 1% 지지율 보리라, '대통령 못한다' 78%, '대통령 잘한다' 14% (1주 전 갤럽 조사는 "64% Vs. 25%")

오후 3:00

순siri가 태블릿은 자기 것이 아니라고 부인했다. 그런데 저 재수없는 네 셀카들은 발이 달려 안에 들어갔냐? 어따 대고 약을 파는데. 선무당질 그만하고 은팔찌 차고 순순히 죄값 치러라.

오후 7:41 서울파이낸스센터 앞 서울민중대회에서

물이 들어왔다. 배 띄우고 노 저어라! 쇠가 달궈졌다. 망치로 쳐 바로 펴라! 오늘은 몸푸는 날, 내일 청계광장 본 게임이다.

2016년 10월 29일 토요일

오전 12:07

박근혜, 청 수석 일괄사표 지시. 지가 사표내면 간단한데. 세상이 천지개벽했는데도 여전히 제왕 흉내를 내는구나.

오후 5:54 2호선지하철안에 있습니다.

청계광장으로 출전하는 전철 안에서 피켓 시위 중이다. 박근혜 하야 피켓을 바라보는 시민들 표정이 자못 진지하다.

오후 8:32 제1차 촛불집회 청계광장에 있습니다

성난 국민들이 청와대를 포위했다. 4.19 후 처음으로 시민들이 세종대로를 점령했다. 박근혜는 즉각 하야하라.

이게 나라냐!
박근혜는 하야하라!

박근혜 탄핵 시계는 11시 59분

그림 전승일

박근혜 탄핵 시계는 11시59분

백남기와 이화여대를 지켜낸 싸움의 승리는 이명박 박근혜 치하에서 누적된 시민의 패배의식을 씻어내는 씻김굿의 역할을 톡톡히 해냈다. 여기에 언론의 최순실 비리 관련 특종보도가 이어지며 시민의 분노 게이지가 극한으로 치솟았다.

10월25일 전후의 여론조사에서 박근혜의 지지율은 10%대로 무너졌다. 탄핵(31.1%)과 하야(37.9%)를 합친 여론(69%)이 현직유지(23.9%)를 압도했다.

"물이 들어왔다. 배 띄우고 노 저어라!" 11월12일 예정된 민중총궐기까지 기다릴 이유가 없었다. 예정에 없던 10월29일 집회, 나중에 '1차촛불집회'로 불리는 집회는 이렇게 시작됐다.

민심의 용암이 분출될까? 10.29집회 전날 밤, 치료불가능한 낙관주의자인 나조차도 기대 반, 걱정 반으로 전전반측했다. 그러나 시민은 위대했다. 3만 명의 인파가 청계광장을 가득 메웠다. 전화도, 와이파이도, LTE도 터지지 않았다. 지난 9년간 열린 집회 가운데 가장 맹렬한 승리의 불길을 내뿜었다.

1차촛불의 승리는 '침묵하는 다수'에게 자신감을 불어넣었다. 11월5일 2차촛불에 1차촛불의 10배인 30만 시민이 모여 '박근혜 퇴진'이 '현실의 목표'임을 선언했다.

촛불시민혁명의 대장정은 이렇게 시작됐다.

다수자 혁명! 시민의 압도적 참여와 행동만이 승리의 필요충분조건이었다. 그리고 6.29 같은 기만술책에 넘어가지 않겠다는 주권자의 각성이 또한 승리의 필요충분조건이었다. 몽둥이는 더 이상 필요하지 않았다. 촛불이 몽둥이였고, 피켓이 방패였다.

제3차촛불은 기념비적인 대첩이었다. <퇴진행동> 법률가들의 분투로 백만촛불은 광화문광장에서 촛불파도를 이룬 후 광화문과 경복궁역을 휩쓸며 청와대 턱밑에까지 이르렀다.

백만촛불의 주역은 누구였을까? 중고생이었다. 교복을 입은 수천 명의 청소년들이 "이게 나라냐!"를 외칠 때 기성세대는 목이 메었다. 블랙리스트 문화예술인들이었다. 광장에 텐트를 치고 퇴진까지 무기한 농성을 시작했다. 단체에 소속되지 않은 시민이었다. 내가 강남역에서 점심피켓팅을 시작하고 3차촛불에서 '시민나팔부대'를 창설한 것도 무소속 시민의 참여확산을 위해서였다. 다양한 무소속 시민부대가 광장에 집결했다.

그러나 역대 최저 5% 지지율의 박근혜는 백만촛불 앞에서도 하야를 거부했다. 노무현 정부의 인사를 국무총리 후보로 선임한 후 청와대 관저로 다시 숨어버렸다.

혁명이 갈림길에 섰다. 항쟁이냐, 탄핵이냐.

이 갈림길에서 시민은 또 다시 위대한 선택을 했다. 촛불집회를 계속하며 항쟁을 지속하되, 박근혜를 헌법적 절차에 따라 탄핵하여 파면하기로 길을 정했다. 3차촛불까지 관망하던 민주당과 국민의 당이 박근혜 즉각퇴진을 당론으로 채택하고 탄핵 대열로 합류한 것, 새누리당의 비박 세력이 탄핵 대열에 합류한 것. 주권자혁명에 제도정치권이 견인된 대사건이었다.

박근혜 탄핵 시계가 11시59분을 가리키고 있었다.

제2장
혁명 발발, 박근혜는 하야하라!

2016년 10월 30일 일요일

오전 12:01

시민혁명이 시작됐다. 새시대 여는 거대한 혁명이 시작됐다.
근혜 하야! 새눌 해체! 시민들의 항쟁이 밤새 계속되고 있다.
가을의 전설 이루고/훈훈한 겨울 맞으세/벗들아 함께 해보세

오전 9:14

최순실, 오늘 아침 7시30분 인천공항으로 비밀 입국
나라 농락하며 똥배를 채운 저질 선무당, 국가반역자 잡것!!!

오후 12:22

'개인 독재'의 외피를 쓴 '체제 독재'가 문제의 본질. '근혜
하야'와 '새눌 해체'를 함께 외치며 이뤄내야 한다. 불평등체제
의 전위세력 새누리당과 전경련을 해산시킨 후 자유주의와 진보
주의 세력들이 수권하여 협력·경쟁하자. 민주당, 정의당, 국민의
당은 시민들의 "박근혜 하야 투쟁"에 동참하라!

오후 2:56

10.29집회(훗날 1차촛불로 불린다)에서 무엇을 배웠나?
많이 모일까? 긴급하게 소집된 집회 아니던가. 그러나 걱정은
기우였고, 수만 명이 운집했다. 하지만 승부를 내기에는 부족했
다. 왜일까? 지도부의 무능 때문? 프로그램의 구태의연함? 집회
평가글이 여럿 올라오고 있다. 주최측이 '전략적으로' 이끌지
못했다는 평이 많다. 그러나 근본대책에 대한 의견은 안보인다.
"광화문에서 시청까지 백만 시민을 집결시키는 방법" 말이다.

비무장 시민항쟁의 승리는 다수의 참여행동에 달려 있다.
SNS의 외침은 승리의 단초일뿐 행동만이 최종 승부수다. '절대
강자'에게는 '전략'이 필요 없다. 압도적 전력으로 '절대약자'인
상대를 쓸어버리면 된다. 전력이 비등하거나 상대에 크게 못 미
칠 때 약자를 승자로 만들 수 있는 지혜를 '전략'이라고 부른다.
수십만 명이 운집한 2004년 탄핵반대 집회 사진을 보라. 광화문
광장은 막혀 텅 비어 있다. 광장까지 꽉 채우자. 11월엔 30배
60배 100배로 모여 결판내자. 1백만이 모일 수 있는 '전략'을
함께 짜보자. 함께 의견 나누고, 좋은 전략은 널리 확산시키자.

2016년 10월 31일 월요일

오전 9:33

"어휴 지겹다 지겨워... 아직도 대통령이냐" (70대 시민)
2014년 오늘 국회에서 세월호 가족들에게 눈도 돌리지 않은

매정한 자. 국민에게 레이저 쏘아댄대로 고스란히 돌려받는 중이다. 뿌린대로 거두는 법이다. 이제 거둘 때가 되었다.

오후 12:15

2004탄핵반대, 2008광우병, 2016박근혜하야 시위 비교

1. 2004 탄핵반대 촛불시위. 탄핵반대 촛불시위의 목표는 명확했다. "헌법재판소 탄핵 각하"였다. 거기에 4월 총선에서 탄핵세력을 물리치고 탄핵반대 세력이 국회 다수의석을 장악할 수 있도록 탄핵반대 세력의 대오를 정돈하는 것이었다. 다만, 헌재가 탄핵을 각하하며 객관적 상황이 절대적으로 유리해졌으나, 당시 여당인 열린우리당의 삽질(정동영의 노인폄하 발언 및 공천과정에서의 파당성 등등)로 총선에서 압승하지 못하고 '차떼기뇌물 탄핵 정당' 한나라당의 명줄이 연장됐다.

2. 2008년 광우병 촛불시위. 광우병 촛불 때 시위의 목표는 '이명박 하야'가 아니었다. 이명박의 독주와 불통에 대해 경고하며, 무너진 시민사회와 야당 세력을 추슬러 2012년 총선과 대선의 승리를 준비하는 것이었다. 당시 이명박에 대한 지지도가 취임초 52%에서 광우병 촛불 이후 21%로 급전직하(한국갤럽 조사)했지만, 이명박의 하야 여론이 다수가 되지는 못했다. 광우병 촛불의 최절정기이던 2008년 6월10일 CBS와 리얼미터가 실시한 '이명박 퇴진 여부' 여론조사에서 "사태가 심각한 만큼 대통령이 물러나야 한다"는 의견이 40.6%였고, "헌정질서를 위해 정권 퇴진 운동까지는 무리한 요구"라는 응답이 52.7%였다. 광우병 사태 직후부터 이명박 퇴진만을 고창하던 세력은 의기는 넘쳤으되, 세상을 읽는 눈은 부족했던 것으로 판명났다.

3. 2016 박근혜하야 시위. 지금은 2016년이다. 우리 국민들은 4년간 정말 볼 것, 못 볼 것 다보고 꾸욱 참아왔다. 세월호, 메르스, 국정교과서, '위안부'합의, 사드 배치, 백남기 농민 사망 등등... 그러다가 근혜순실게이트에서 마침내 폭발했고, 견고하던 박근혜 지지율이 마침내 10%대로 무너졌다. 지난주 여론조사에서는 탄핵(31.1%)과 하야(37.9%)를 합친 여론이 69%에 달하고, 현직유지 의견(23.9%)을 압도한 것으로 나타났다. 게다가 26일에 비해 지금은 10.29집회를 거치며 고양기로 계속 치닫고 있지 않은가. 당면 시위의 목표는 "박근혜 하야"가 분명하다. 국민의 분노는 극에 달했고, 노인과 경상도의 방어선도 완전히 무너진 상태다. 노 대통령은 이 상황을 보고 이렇게 말할 것이다. "지금 상황에서 대통령 하야를 외치지 않으면 기분 나쁩니다"

4. 무엇을 할 것인가. 그렇다면 순조롭게 이 목표를 달성할 수 있을까. 낙관은 이르다. 지금의 '형세'를 판단해보건데 '형(形. 객관적 상황)'은 무르익었는데, '세(勢. 주체적 역량)'가 최대한의 힘을 발휘할 수 있도록 조직되지 못했다. 시민사회운동은 미약하고, 야당들은 갈팡질팡한다. 이 문제를 극복해야만 시민명예혁명을 성공리에 달성할 수 있을 것이다.

오후 2:47

문제는 '박근혜'다. '최순실게이트 프레임'에 빠지지 말라.

검찰이 오늘 3시 순실이를 화려하게 등장시킨다. 시민의 눈과 귀를 박근혜가 아닌 순실이에게 붙들어매려 한다. 우리는 순실이를 눈으로 보고 후속뉴스는 주의깊게 살펴보되 순실이와 관련된 이야기는 SNS에 쓰지마라. '박근혜 게이트'에만 집중하라.

오후 7:44

이경재 변호사님, 아니 이경재 검사님, 저 기억하십니까?

30년 전 이 검사님이 수사하여 기소했던 서울대 학생 전상훈입니다. 변호사님, 국기문란의 주역을 변론하는 어려운 일을 맡으셨군요. TV에서 기자회견하는 변호사님을 보고 고개를 갸웃거리다 30년 전 일이 주마등처럼 떠올라 이렇게 글을 씁니다.

그런데 변호사님, 스무살 정유라가 세월의 풍파를 견뎌낼만한 나이가 아니라고요? 우리 사회가 그 정도는 이해할 만한 아량이 있지 않냐고요? 그런 아량이 넘치는 분이 1980년대 스무살 전상훈을 비롯한 수백명의 대학생들을 국보법과 집시법 위반으로 인정사정없이 구속하는 공안검사로 명성을 떨치셨습니까?

30년 전 푸른 수의에 오랏줄에 수갑을 차고 검사실에 들어섰을 때 고향 대구 선배에 대학 선배라고 아는체 해주시는 것 까지는 괜찮았는데, 좋은 대학 나왔으니 출세해서 세상에 이름을 남겨보라는 당신의 그 주제 넘는 훈계는 당시에도 구역질을 참아내기 어려웠습니다. 그 시대가 유신독재와 군사독재에 부역하던 공안검사가 군사독재에 맞서 민주화운동을 하다가 구속된 대학생을 그런 식으로 훈계할 자격이나 있던 시대였습니까? 유신시대에 검사가 되어 전두환 노태우 정권 내내 공안검사로 이름을 날리던 분이 지금은 대한민국의 국기를 뒤흔든 피의자의 변호인으로 활약하고 계시는군요.

그 어떤 범죄자도 변호받을 권리가 있기에 이 변호사님이 최순실 일당을 변호하는 것에 대해서는 비난할 마음이 추호도 없습니다. 그러나 국민의 원성이 자자한 피의자에 대해 변호인이랍시고 인정과 도량을 이야기하는 건 역겹습니다. 최순실과 정유라로 인해 큰 상처를 받은 정유라의 전 지도교수 이화여대 함 모 교수님, 정유라와 함께 수업을 들은 이화여대 학생들, 그리고 정유라가 재학한 청담고 교사와 학생들의 고통을 아신다면 이 상황에서 함부로 인정과 도량을 이야기하지 마십시오.

오직 법률기술자인 당신이 자랑하는 법률 지식으로만 의뢰인의 형을 감경시키는데만 몰두하십시오. 역사적 사건의 증인이 되셨으니 모쪼록 진실에만 의거하여 최순실 일당을 변론하십시오. 쌀쌀한 날씨에 건강 유의하십시오. 훗날 뵙게 될 때는 소주 한 잔 함께 나눌 수 있으면 좋겠습니다. 전상훈 드림

2016년 11월 1일 화요일

오전 10:22

박근혜가 힘이 빠지자 즉시 본색을 드러내는 재벌, "권력에 삥 뜯겼다"며 피해자 코스프레를 한다. 그러나 다 안다. 소소한 "수백억 뇌물"로 "수조원 이권"을 챙기려 한 재벌들의 속내를. 정경유착이란 우아한 말조차 어울리지 않는다. 썩은 권력과 썩은 자본, 양아치들끼리의 협잡질이다. 정치권력뿐만아니라 경제 권력도 바꿔야한다. 대한민국 2016년 11월은 대청소 기간이다.

오후 1:24 광화문광장에 있습니다

박근혜 하야 투쟁이 봇물처럼 터지기 시작했다.

1.최후통첩! 11월12일 정오까지 박근혜는 하야하라!

2.세월호가족은 박근혜를 더이상 대통령으로 부르지 않겠다.
3.역사교과서 국정화는 즉각 중단되어야 한다!
4.어버이연합 따위! 어르신들이 앞장서서 박근혜를 몰아내자.

오후 3:58
박근혜 지지율 9.2%... 김영삼 이후 첫 한 자릿수. 외환위기를
초래한 것 만큼 국민분노가 크다. 박근혜 수사하라(80%). 검찰
못믿는다(76%). 우리 국민들의 눈은 얼마나 매서운가. 하야 찬
성(67.3%)은 반대(29.8%)를 압도했다. 박근혜, 이제 결단하라!

오후 5:50
퇴근혜! 일은 죽어라 안하면서 왜 죽치고 있는데?
6시 칼퇴근도 아깝다. 지금 당장 퇴근혜! 내일부터 출근 마!

오후 8:45
박근혜정부 장관과 수석 대다수는 대통령과 독대 한 번 못하
고 전화지시만 받았다. 도대체 누가 3년8개월간 대통령과 독대
를 독점했나? 문고리비서 3인방, 3급행정관 윤전추. 박근혜 서
열은 비서관 행정관 밑에 수석·장관이었던 셈. 향후 수사에서
밝혀지겠지만 최순실 일당이 청와대를 무상으로 드나들며 독대
를 독점했을 가능성이 높다. 겉으론 장관·수석이지만 실제론 하
인 취급당하고도 부끄러움을 느끼지 못하는 자들, 한심하다. 대
통령 전화받았다고 전화기에 절은 하지 않았나몰라.

2016년 11월 2일 수요일

오전 11:56

양아치들의 폭탄 돌리기. 경제 양아치 전경련 이승철이 검찰 수사에서 안종범이 모금을 지시했다고 진술을 바꿨다. 이에 권력 양아치 안종범이 반격했다. "대통령─최순실이 직거래했다. 난 심부름만 했다." 권력을 쥐고 있을 땐 힘센 놈 흉내내더니만 막판에 몰리니까 양아치 본색을 드러낸다. 이승철은 안종범에게, 안은 박에게 폭탄을 돌린다. 박근혜는 뭐라고 발뺌할까? 박근혜를 수사하라! 대한민국 2016년 11월은 대청소 기간이다.

오후 1:32

김병준 씨, 박근혜의 총리라뇨? 인간적 도의로라도 이러면 안되죠. 박근혜 정부의 마지막 순장조로 기록되는 치욕을 당하고 싶습니까. 총리 임명 거절하고 99% 국민의 편에 서십시오.

오후 6:14

박근혜 정권 2015년 10월부터 현재까지의 외교안보 이슈, 나라를 깡그리 망가뜨렸다. (1) 한일 정부간 '위안부' 졸속 합의 (2) 개성공단 전격 폐쇄 (3) 북한의 핵실험과 탄도미사일 발사 (4) 한반도 내 싸드 배치 (5) 한일 군사정보보호협정 체결 추진.

외교안보수석이 대통령과 독대 한 번 못했다면 누가 이 중대 사안 결정에 영향력을 행사했나? 최순실이 박근혜와 독대해서 결정했나? 보수가 외교와 안보에는 유능하다고? 도대체 이 나라를 어디까지 비참하게 만들거냐. 이러다가 대한민국이 중동 같은 전쟁터가 돼 망할 것 같다. 외교와 안보까지 깡그리 망가뜨린 박근혜를 당장 하야시켜야 한다. 국민이 끌어내려야 한다.

오후 6:58 라이브방송 광화문광장에서
이게 나라냐! 박근혜 하야촛불 매일7시 광화문 파이낸스센터

오후 9:10
헌정 중단 막기 위해서 하야하지 못하겠다고? 박근혜가 대통령에 있는게 가장 큰 헌정공백 아니냐. 지난 4년 헌정 유린하고 공백을 만든 장본인이 '외치 대통령'을 하겠다고? 개와 소가 웃는다. 더이상 나라 망가뜨리지 말고 순순히 물러나라.

오후 10:25
박근혜는 이제 사면초가다. 총리마저 야당과 협의없이 임명했다. 시민이 야당까지 박근혜 하야 대열로 견인 중이다. 시민과 야당이 뭉치기 시작했으니 박근혜하야 시계는 11시59분이다. 위대한 대한민국 국민이어서 자랑스럽다. 조금만 더 힘내자.

2016년 11월 3일 목요일

오전 11:13
고 백남기 농민 영결식, 11월5일(토) 오후2시 광화문광장

70 평생을 생명과 평화의 일꾼으로 헌신하신 백남기 농민, 5천만 국민이 함께 모여 그의 마지막 길을 배웅해드립시다.

오후 12:45 강남역 11번출구에서 첫 점심피켓팅
직장인 여러분, 점심시간 박근혜 하야! 함께 피켓팅합시다. 청년들은 물론 중년과 노년의 지지도 뜨거웠다. 시민들과 눈을 맞추고 하이파이브를 하며 힘을 얻었다. 손으로 피켓 만들어 점심시간에 피켓팅 함 해보시라. 각자의 자리에서 할 수 있는 걸 해보자. 생활공간에서의 작은 참여가 하야의 큰 물결이 된다.

오후 4:55
청와대 그녀 휴대폰 번호 아는 분 없어요? 대통령직 해고통보 문자 보내려고요. 어제 황교안총리에게 문자로 해고통보했다네요. 내가 보낼 해고통보 문자는 이렇습니다. "박근혜 방빼!"

오후 5:51
이승환 만세!!! 나도 돈 벌어서 내 빌딩에 저렇게 현수막 걸고 싶다. 일단 박근혜하야 시킨 후 돈벌어 빌딩 사는 걸로...

오후 10:24
누가 위기의 대한민국을 구할 절대반지를 가지고 있을까? 바로, 우리들. 민주공화국 대한민국의 주권자, 시민이다. 민주공화국의 주권자로서 스스로의 힘을 믿어야 한다.
*개기일식 다이아몬드 반지(2012.11.14 호주 퀸즈랜드)

오후 11:15

대통령이라고 쓰고 양아치라고 읽는다. 박정희 전두환 노태우 이명박으로 면면히 이어지는 양아치 대통령 계보에 박근혜도 이름 올렸다. 내일 오전 담화문? 하야 성명 읽고 청와대 방 빼라!

2016년 11월 4일 금요일

오전 12:29

오늘밤, 음력 10월 초닷새에 뜬 초승달. 보름달이 뜨기 전 열흘 안에 우리 꿈도 이뤄지겠지요. 평안한 밤 되십시오.

오전 9:23

노무현의 책사와 김대중의 가신을 방패로 삼아 대통령직을 연명하려는 꼼수에 속을 국민은 없다. 칠푼이를 배후조종하는 세력이 오늘 담화로 마지막 반전을 시도하는데, 불에 기름을 더 부을뿐이다. (1)대통령직 사임선언과 자연인 박근혜의 검찰수사 자청 (2)차기 정부로의 평화적 이양을 위한 국민 및 국회와의 협의 절차 개시. 이 두 가지가 국민들이 명령하는 마지노선이다. 꼼수와 눈물로 우롱하지 말고 국민의 명령에 복종하라.

오전 10:06

서울대 85학번 동기 여러분, 박근혜 하야 투쟁에 함께합시다. 30년 전 6월항쟁의 거리를 뜨겁게 누비던 스무살 청춘들이 어느덧 지천명의 중년이 되었습니다. 비록 미완이었지만 6월항쟁의 승리의 기억을 공유하는 우리는 자랑스러운 6월항쟁 세대입니다. 그러나 우리가 각자의 생업 현장에서 땀흘리며 가족을 부양하는데 몰두하는 동안 조국의 민주주의와 국민생존은 나락으로 떨어지고 있습니다. 박근혜 일당의 국정농단으로 민생이 파탄나고 남북관계는 악화되었으며, 이 나라는 세계인들의 웃음거리로 전락하고 말았습니다. 민주공화국 대한민국 주권자로서 분연히 일어서야 할 때가 왔습니다. 30년 전 분루를 삼켰던 기억을 교훈 삼아 박근혜 하야와 민주정부 수립을 향해 국민과 함께 어깨를 걸고 행진할 때가 되었습니다.

서울대 85학번 동기 여러분, 우리 함께 행동합시다. 이에 서울대 85학번의 뜻있는 동기들이 아래의 사항을 제안드립니다. 함께 뜻을 모아주시기 바랍니다. 1.박근혜 하야와 민주정부 수립 성명서를 서울대 85학번 연명으로 발표한다. 2.완성된 성명서를 85학번 각자의 SNS를 통해 동시에 발표한다. 3.서울대 85학번 명의의 박근혜하야 투쟁기금 계좌를 개설하여 모금한다. 모인 기금은 민중총궐기투쟁본부에 공식적으로 전달한다. 4.11월5일 오후2시 고 백남기 농민 장례식과 오후4시 국민대회, 11월12일 민중총궐기에 가족과 함께 참여해 힘을 모은다.

오전 10:51

"하야" 민심에 "배째"로 맞선 박근혜... #닥치고하야

4년 차 지지율로는 역대 최저인 5% 짜리가 "안보위기, 경제위기에 국정을 중단할 수 없다"고 한다. 안보·경제 위기, 박근혜 때문 아닌가. 검찰수사 중이라 진상 밝히지 못하겠다는건 말 맞

추겠다는 뜻이다. 민심에 맞서는 박근혜, 시민이 끌어내리자.

오후 2:24
박근혜 담화 한 줄 요약 "나에겐 아직 5%지지가 있다. 배째!"
11월5일(토) 오후2시 광화문광장. 백만 시민이 모여 박근혜에게
부끄러움이 뭔지 제대로 느끼게 해주자.

오후 2:49
<박근혜 하야퇴진가> 하야~ 하야하야 하야 하야 하야야~ 하
야~ 하야하야 하야 하야 하야야~ 퇴진아 칭칭나네 퇴진아 칭칭
나네 퇴진아 칭칭나네 퇴진아 칭칭나네 (무한 반복) '아리랑목
동'과 '쾌지나 칭칭나네' 복합 노가바

오후 3:36
10살 ☆이에게 물었다. "가나다라마바사아자차카타파... 파
다음엔 뭐야?" "하야!" 삼척동자도 이제 다 안다. #박근혜하야!

오후 4:49
박근혜는 순실이가 준 대포폰으로만 순실이와 통화했단다.
최순실 장시호는 크게 한탕해 외국으로 도망치려 했단다. 대통
령이 범죄폰인 대포폰을 쓰는 나라, 이게 나라냐!

오후 8:55
이권 챙기고 위법행위 저지른 특정 개인은 박근혜 아닌가?
안타깝고 참담하다. 하늘도 속고 국민도 속았다. 오늘 밤 짐 싸

고, 내일 아침 방 빼라. 국민이 그대에게 베푸는 마지막 아량과 인정이다. 내일 백만 시민이 광화문에 모여 청와대로 간다.

2016년 11월 5일 토요일

오전 12:43

자정이 지난 이 시간, 블랙리스트 문화예술인들이 광화문광장에 하야(下野)를 새기고 무기한 농성 돌입했다. 하야하는 날까지 광장에서 버티겠다고 한다. 영하의 날씨에 경찰 방해로 텐트조차 없이. 변혁이 질곡에 빠지면 예술이 앞장선다고 했던가. 대한민국 대변혁에 앞장선 문화예술인들을 지지한다.

오전 8:16

'이상적인 패배'가 아닌 '현실적인 승리'가 우리의 목표다.

5천만 국민의 생존과 대한민국의 국운이 걸린 싸움이다. 그렇기에 '이상적인 패배'가 아닌 '현실적인 승리'를 목표한다. 시민 명예혁명을 위한 필요충분조건은 시민의 압도적 참여다. 광화문부터 청와대까지 백만 시민이 함께하리라 믿는다.

오전 10:04

★ 데모 초보 시민들을 위한 11.5 데모 꿀팁 10 ★

1.멋지게 또는 이쁘게 보이려하지 말라. 데모에 참가하는 그 자체로 멋지고 이쁘다. 2.광화문의 11월은 초겨울이다. 에베레

스트 끕 등신복 갖춘 분이 많다. 그게 딱이다. 3.등산복이 없다면 롱파카나 롱코트를 입어라. 단, 선두에서 뛸 분들은 날렵한 잠바가 좋다. 4.등산화가 장거리 행진과 방한에 가장 좋다. 방한 부츠도 좋지만, 굽 높은 부츠는 금물이다. 5.목도리 모자 마스크 우의 장갑 핫팩 준비하라. 유사시 채증 방어용, 방한용으로 꼭 필요하다. 6.혼자 참여하면 외롭고 재미없다. 가족 애인 친구 동호인들과 함께하라. 인증샷 꿀잼. 7.4시 집회는 1시간 남짓한다. 시험공부하듯 집중하라. 특급 연사들의 연설과 공연에 박수와 환호로 화답하라. 8."근혜하야 새눌해체"를 지겹도록 반복해 외쳐라. 내가 지겨울 정도가 되어야 비로소 주변에 전파된다. 9.집을 뒤져 응원용 뿔나팔, 소고 등을 챙겨오라. 집회 행진 중에 사기진작용으로 불고 두드려라. 10.한 번만 참여하고는 재미없다며 포기하지 마라. 11.12 집회엔 당신은 어엿한 전문가다. <뱀발> 집회 전 술과 음료를 마시지 마라. 김O대 시인이 10.29 집회에서 소변에 혼났다^^ 2016. 11. 05. 대한민국 대개혁 시작 되는 날 32년 데모 경력의 지천명 시민 전상훈 드림

오전 11:19

눈물로 호소합니다. 2시 백남기 님 장례식, 4시 집회는 합법입니다. 두려워 말고 주저하지 말고 광화문에 오십시오. 더 늦게라도 오십시오. 오늘 시민들은 물러서지 않습니다. 머릿 수가 많아야 명예혁명이 가능합니다. 본인상, 직계상만 아니라면 모두 오십시오. 구호 외치지 않아도, 피켓 들지 않아도 됩니다. 역사의 현장에서 함께 촛불 들고 우리 조국을 지켜냅시다.

오후 12:41

아빠, 나쁜 할머니 오늘 꼭 물리치세요. 우리집 비선실세 늦둥이의 명 받들고 갑니다. 아이들이 행복한 나라 만들기 위해...

오후 1:48

광화문 정부종합청사 앞 경비 경찰대의 숲을 뚫고 박근혜 하야 시민명예혁명의 포문을 열었다. 수만 명의 시민들이 이미 광장에 모였고, 계속 구름처럼 몰려온다. 함께 합시다!

오후 2:05   라이브방송

내가 백남기다! 백남기는 살아있다! 영결식 현장

오후 4:12

소속 단체 없이 개별적으로 오신 벗님들께서는 이순신동상 앞 풀뿌리네트워크 노란깃발로 오세요. 인사 나누고 대한민국 명예혁명으로 함께 전진합시다. 풀뿌리네트워크는 세월호참사 진상규명을 위해 시민들이 자발적으로 결성한 시민모임입니다.

오후 4:36

교보타워에서 촬영한 광화문광장입니다. 광화문광장이 인파로 가득찼습니다. 그러나 더 오셔야 합니다. 도로까지 꽉 채워야 합니다. 늦게라도 오십시오. 명예혁명 대열에 함께 합시다.

오후 11:30

11.5 시민명예혁명 한 줄 요약 #박근혜방빼데모축제

2016년 11월 6일 일요일

오전 2:18

'11.5 시민명예혁명'의 주역은 단연 중고생이었다. 1천여명의 중고생이 시민들의 선두에서 박근혜 하야를 결연하게 외치며 시민들을 감동시켰다. 장강의 도도한 물결은 거스를 수 없는 법, '11.12 시민명예혁명'의 최종적 승리를 기대한다.

오전 3:09

광화문광장 퇴진 캠핑. 문화예술인들이 텐트 28개를 폈다. 명예혁명의 선봉에서 온 몸을 내던진 예술인들에게 경의를 표한다. 다행히 오늘밤은 포근하다. 하늘도 뜻을 함께 하신다.

오후 12:45

사과 드립니다. 어제 제가 안내한 '데모 꿀팁'이 '데모 땀팁'이었다며 벗들로부터 엄청난 항의를 받았습니다. 꿀팁만 믿고 남극탐험대 복장으로 나오셨다가 온 몸이 땀범벅이 된 분들께 심심한 사과의 말씀 드립니다. 아뿔싸, 저 또한 어찌 하늘의 뜻을 알았겠습니까. 하늘까지 나서서 따뜻한 봄날씨를 주실 줄이야. 저 또한 땀범벅이 되었으니 쎄임쎄임입니다.

하지만 벗님 여러분, 온몸은 땀범벅이 됐지만 기분만큼은 최고로 상쾌하고 뿌듯하지 않으셨습니까. 얼마나 많은 시민이 참여할까 반신반의하며 왔다가 그 엄청난 시민의 참여와 뜨거운 열기에 감동받았잖습니까. 한 평생 다시 겪기 어려운 명예혁명의 장엄한 대열에 참여한 것만으로도 정말 행복하시잖습니까.

어제 참여하지 못해 안타까우셨다고요? 하지만 우리에겐 <11.12 시민대행진>이 있습니다. 명예혁명을 완수하는 장엄한 시민대행진에 참여하여 행복한 기운을 함께 느껴 보십시다. 승리할 수 있을까 염려하는 분들이 간혹 있더군요. 하지만 우리는 이미 이겼습니다. 마지막 도장 찍는 절차만 남았을 뿐입니다.

아참, 11일에도 제가 <11.12 명예혁명 데모꿀팁>을 안내해 드릴 겁니다. 그때는 하늘로부터 날씨에 대한 계시를 제대로 받아 상쾌하게 데모하실 수 있도록 해드리겠습니다. 정성을 다하면 우주가 응답하시리라 믿습니다. 벗님 여러분 평안하십시오.

오후 2:39

겨울나기를 위해 꿀 모으기에 분주한 꿀벌, 카메라를 가까이 대도 아랑곳 않고 집중한다. 국화꽃 활짝피고 단풍잎 붉디붉은 이 가을에 우리네도 가을걷이에 집중해야 할터이다. 특히 올 가을엔 꼭 마무리할 일이 있다. 가을의 전설, 대한민국명예혁명!

오후 5:47

우리가 어떤 민족입니까. 우리가 어떤 나라입니까.

가을의 절정, 아름다운 가을 남산을 거닐며 힘을 얻었다

오후 7:21

"개돼지 같은 것들이 어따 대고..." 검찰 소환된 우병우, 집요하게 질문하는 기자들에게 이렇게 앙심 품었으리라. 말하는 태도와 목소리의 톤 모두 오만함이 철철 넘친다. 독선과 오만, 선민

의식에 스스로를 파멸시킨 인간형이다. "노무현 씨 당신은 더이상 대통령도, 사시 선배도 아닌 그저 뇌물수수 혐의자로서 이 자리에 있는 겁니다." 노무현을 능멸한 검사 우병우, 그 댓가도 함께 치르리라. 평생 감옥서 썩으며 반성하거라.

오후 10:04

어제 밤 KT빌딩 앞에서 열린 만민공동회 시민자유발언에 나온 중학생은 "어른들이 우리에게 학생다움을 강요하기 전에 어른다움에 대해서도 한 번 고민해 달라"고 말했다. 우리 아이들이 못난 어른들의 잘못된 정치와 일상생활에서의 꼰대질로부터 얼마나 많은 상처를 받았는지 새삼 느꼈고 깊이 반성했다. 비폭력 명예혁명을 수호하기 위해 수많은 중고등학생들이 경찰 폴리스라인 앞에서 전경들을 등지고 서는 눈물나는 모습도 보았다. 11월12일에도 많은 중고등학생들이 집회에 참여한다고 한다.

이제 우리 아이들을 어른들이 지켜내야 한다. 아이들이 앞장서서 이뤄낸 민주주의 회복의 열매를 뒷짐지던 어른들이 냉큼 따먹는 것은 어른으로서, 인간으로서 도리가 아니지 않는가.

대한민국 명예혁명, 어른들이 앞장서자. 사지 멀쩡하고 숨이 붙어 있는 어른들은 11.12 오후 2시 광장에 모여 우리 아이들이 행복한 대한민국을 만드는데 참여해야 마땅하다.

오후 11:44

박근혜와 최순실은 공범 혐의를 받고 있다. 그런데 왜 검찰은 최순실에게 박근혜의 2차 담화 영상 보여줬을까? 구속된 공범 최순실이 자유 신분인 공범 박근혜가 말하는 걸 보고 입을 맞출

가능성이 높은데 말이다. 공범 사이의 의사소통을 주선하는 검찰의 태도를 지적하지 않는 언론에게도 그 책임을 묻는다.

2016년 11월 7일 월요일

오전 9:11

우병우는 15시간 검찰수사 후 오늘 새벽 귀가했다. 수사팀장인 서울고검장은 우병우에게 차 대접하고, 휴식땐 검사들이 두 손 모으고 그의 말을 경청하고. 우병우가 수사를 받은거냐? 아니면 우병우가 검찰을 조사한거냐? 대한민국명예혁명 핵심과제의 제1조는 우병우 정치검사 라인의 전면 척결이다. 월요일 아침부터 빡치게 하는 사진 올려 죄송합니다.

오전 11:01

지난주에 이어 강남역 11번출구에서 매일 낮 12~1시, 강남 직장인들과 함께 "박근혜 방빼!" 점심피켓팅합니다. 함께 피켓팅하실 분들은 강남역으로 오십시오. 시작하는게 쑥스럽지, 10분만 지나면 상쾌합니다. 오늘부터 "5% 박근혜 새누리 방빼!" 피켓 듭니다. 시민명예혁명 폭풍, 강남에서부터 몰아갑시다.

오후 1:55 강남역 11번 출구에서

"어머님, 불량세입자 박근혜 방 빼야죠?" "(끄덕끄덕)" "직장인 여러분, 박근혜 방 빼야죠?" "네에에~" "학생여러분, 박근혜

방 빼야죠?" "그럼요!(하이파이브)" 의사표현의 방법은 달라도 시민의 의견은 하나로 통일! #박근혜방빼 #1112광화문

오후 5:38
야당이 박근혜의 '영수회담' 제안에 퇴짜를 났다. 박근혜가 야당 요구인 사실상의 권한이양을 수용 못하면 이제 우리 시민사회와 야당 앞에는 딱 한 단계가 남았다. 시민사회와 야당이 6월항쟁처럼 '박근혜퇴진 국민운동본부'로 뭉쳐 11월12일 수백만 시민이 광화문을 완전점령하는 것이다. #1112광화문

오후 7:39
이재용 삼성전자 부회장님, 안녕하십니까. 그대의 대학 2년 선배, 정치학과 85학번 전상훈입니다. 1987년 봄, 그대와 단 한 번 우연히 마주쳤던 기억을 가진 사람입니다.
　그로부터 오랜 시간이 흐른 후 이재용 후배님이 병석에 누운 아버지 이건희 회장의 그룹 경영권을 승계하는 중이라는 소식을 듣고 이재용을 다시 떠올리기 시작했습니다. 그동안 삼성그룹은 세계적 기업으로 성장했지만 구설에 많이 휘말리기도 했었죠. 후배님에게 삼성그룹의 경영권을 물려주기 위해 다양한 편법과 불법이 동원됐다는 소식하며, 후배님 아들내미의 국제학교 입학에 편법이 동원되어 물의를 일으켰다는 소식도 뉴스를 통해 알고 있었습니다. 내 기억에 반듯한 청년이던 후배님이 국내 제일의 기업의 오너가 되는 과정을 지켜보며 솔직히 여러모로 마음이 불편했습니다. 조부께서 일으킨 가업을 손주가 잇겠다는 것을 말릴 사람은 아무도 없지만, 부의 편법 상속과 승계란 우리사

회의 공정과 공평을 해치는 일이라고 생각했기 때문입니다. 그러나 중소기업인으로서 하루하루 힘겹게 사는 처지에 내가 그 문제를 앞장서서 이야기할 수 없었고, 떠다니는 뉴스만 무기력하게 볼 수밖에 없었습니다.

나와 아무 인연이 없는 다른 재벌 3세와는 달리 후배님과는 사소하나마 개인적 인연을 맺었기에 나름대로 작은 애정이 있었습니다. 그런데 어제 밤 SBS뉴스를 보고서는 그 작은 애정마저 순식간에 사라지더군요. 삼성이 정부의 지원을 받는 조건으로 최순실이 독일에 세운 법인에 이미 35억원을 송금했고, 올림픽이 열리는 2020년까지 280억 원을 지원하기로 했다는 동화같은 스토리의 뉴스 말입니다. 이미 미르재단과 K스포츠재단에도 재벌 중 가장 많은 204억원이나 내놓고도 무엇이 모자라 280억을 더 내놓는다니요. 할아버지 이병철 회장이 박정희정권의 특혜를 받아 재벌의 반열에 올랐고, 아버지 이건희 회장 또한 노태우 정권 이후 각 정권으로부터 특혜를 받으며 세계적 기업으로 성장한 삼성의 역사를 국민 모두 또렷이 기억하고 있습니다. 이런 사실을 잘 알고 있기에 후배님은 어른들의 전철을 밟지않으리라 다짐하지 않았었습니까.

그런데 왜 그랬습니까? 손자마저 박근혜 정권의 특혜를 받아 삼성의 이익을 챙기려고 한 것이 진정 사실입니까? 이재용 후배님이 1986년 창단한 삼성승마단의 선수였고, 승마에 대해 애착을 갖고 있다는 건 삼척동자도 잘 알고 있습니다. 그런데 삼성승마단은 해체하고 유독 최순실의 딸 승마선수 정유라에게 수십억 원을 쏟아 부어 세계적 명마와 승마장을 제공했다는 동화 같은 이야기에는 아연실색하지 않을 수 없었습니다. 도대체 무슨 특혜가 더 필요하길래 이런 비상식적인 행동을 한 겁니까?

삼성전자 주주들의 돈을 마음대로 갖다 쓴 횡령죄는 오히려 사소한 것입니다. 공정과 공평이라는 민주공화국의 기본가치를 1등 기업 삼성이 앞장서서 무너뜨린 것은 삼성의 존립근거를 스스로 무너뜨리는 일 아닙니까. 온 국민이 삼성의 소비자인데, 삼성이 국민을 이렇게 배신할 수 있습니까. 이런 어처구니없는 일에 매달리다보니 삼성의 주력 신상품인 갤럭시노트7이 폭탄폰으로 둔갑한 것 아니냐는 세간의 비아냥이 들리십니까.

이재용 부회장님, 지난 11월5일 광화문집회에서 삼성반도체 공장에서 일하다 백혈병에 걸려 세상을 떠난 고 황유미 씨의 아버지 황상기 씨가 수십만 시민 앞에서 피를 토하듯 말씀하신 것 보고받았습니까? 황유미 씨가 백혈병으로 사경을 헤맬 때, 삼성이 황 씨 가족에게 500만원을 건넸다죠. 최순실에게는 수십억 원을 흔쾌히 바치면서 삼성공장에서 일하다 죽어간 노동자에게는 500만원으로 입을 틀어막으려 하다니요. 이병철 회장, 이건희 회장 모두 역대 정권에서 다양한 경제범죄로 여러 차례 사법처리를 받았던 사실을 기억하십니까? 감옥에도 가고, 수천억 원의 벌금도 내고, 부당이익을 장학재단에 기부하는 등 삼성그룹이 겪었던 흑역사를 그대는 벌써 잊었습니까?

이재용 부회장 님, 삼성이 왜 또 이런 범죄행위를 저질렀습니까? 장차 삼성그룹의 회장에 오르려면 경제사범으로 감옥에 반드시 다녀와야 한다는 것이 후배님 집안의 면면한 가풍입니까? 후배님께 마지막 실낱같은 애정을 담아 충고합니다. 피해자 코스프레는 절대 하지 마십시오. '약자'인 삼성이 '강자'인 박근혜 정권에게 돈을 뜯겼다고 언론플레이하자는 참모가 있다면 절대 그 말에 따르지 마십시오. 이 위기를 교언영색으로 모면하려고 하지 마십시오. 만약 금번 사태에 대하여 "삼성이 피해자"라고 후배님이 말한다면 우리 국민 누구도 이재용 씨를 삼성그룹의 경영자로 결코 인정하지 않을 것입니다. 삼성전자를 비롯한 주요 계열사에 엄청난 돈을 투자한 내국인 주주뿐만 아니라 외국인 주주들 또한 당신의 경영권을 결코 인정하지 않을 것입니다. 3대째 이어지는 삼성그룹의 존망이 풍전등화의 처지가 될 것임을 명심하십시오.

작년 메르스 참사 당시 삼성서울병원의 잘못된 대처로 인해 메르스가 창궐했었습니다. 이재용 부회장이 삼성그룹을 대표하여 사과하였습니다. 그런데 공식사과문 발표 전 심야에 비밀리에 병원을 찾아서 유체이탈 식 사과를 했다가 여론의 호된 꾸지람을 듣고 부랴부랴 다음날 정식으로 사과 기자회견을 하는 우를 범하지 않았습니까. 삼성그룹의 제3대 오너가 삼성제품의 소비자인 국민을 대상으로 한 첫 연설이 "메르스 부실대처 사과 기자회견"이라는 치욕의 순간이었음을 결코 잊지 마십시오. 국민 앞에 솔직하게 진실을 털어놓으십시오. 털어놓은 다음에야 법률의 재량, 국민의 아량과 인정을 기대할 수 있습니다.

삼성에 근무하는 많은 선후배들로부터 이재용 부회장이 아주 스마트하다는 칭찬을 귀가 박히도록 많이 들었습니다. 당연하겠지요. 운동으로 단련시킨 튼튼한 체력에 한미일의 최고 대학에서 열심히 공부한데다 아버님과 삼성의 일류경영자들로부터 경영수업을 받으셨으니 당연하지 않겠습니까. 대한민국 경영자 중에 이재용 후배님만한 스펙을 갖춘 사람이 누가 또 있습니까. 그래서 후배님께 충심으로 제안합니다. 금번 사태가 종료된 후 삼성그룹의 오너가 아닌 벤처기업인 이재용으로 한 번 도전해보십시오. 후배님이 막 서른을 넘어서던 2000년에 벤처사업을 했다가 실패한 트라우마가 후배님의 발목을 잡습니까? 그러나 실패는 성공의 어머니라고 하지 않았습니까. 그 후 15년간 엄청난 내공을 쌓은 대한민국 최고경영자 이재용이 벤처기업을 창설하여 미국의 구글과 페이스북을 능가하는 명실상부한 세계최고의 기업을 만드는데 도전해보기 바랍니다. 삼성가 제3대 오너보다 훨씬 더 역사에 당신의 이름을 깊이 새길 수 있을테니까요.

삼성 제품을 많이 쓰는 15년차 중소기업 사장이자 평범한 시민으로서 그대와 실낱같은 인연이 있다는 이유로 후배님께 당부합니다. "삼성의 오너가 아니라 이재용의 이름을 내건 벤처기업의 사장으로 '뛰어 내리세요'. 그대에게 엄청난 도약의 기회가 열릴 것입니다." 뛰어내리라는 말은 이럴 때 쓰는 말입니다.

머지않은 장래에 후배님을 만나 1987년 봄날의 추억을 소곤거리며, 대한민국의 나아갈 길에 대해 진지하게 이야기 나누는 기회가 오기를 기대합니다. 30년 전엔 미처 나누지 못했던 소주도 한 잔 같이 마시면서 말이죠. 1987년 당시 후배님과 만났던 서울대 85학번 벗들은 내일 아침 10시 박근혜 퇴진, 새누리당 해체, 전경련 해체와 재벌특혜 체제 쇄신을 촉구하는 "서울대학교 1985년 입학생 일동"의 시국선언을 발표합니다. 부디 이 난국에서 후배님이 진실을 기초로 현명하게 판단하고 결단력있게 행동하기를 기대합니다. 전상훈 드림

2016년 11월 8일 화요일

오전 10:00

저는 서울대 정치학과 85학번입니다. 지난 주말 서울대85들이 의견을 모아 성명서를 만들고, 이틀만에 543명이 뜻을 함께 했습니다. 오전10시 시국선언을 발표합니다. 6월항쟁에서 이루지 못한 대한민국명예혁명 완수를 위해 거리로 달려가겠습니다.

<서울대학교 1985년 입학 동문 시국선언>

이제 더 이상 긴 말이 필요 없습니다. 박근혜 대통령은 퇴진해야 합니다. 이것이 지난 주말 서울 광화문광장을 비롯하여 전국 각지에서 들불처럼 일어나는 국민의 명령입니다. 헌법의 수호자여야 할 대통령이 사인(私人)을 국정에 개입시켜 헌법 질서를 무너뜨렸습니다. 우리는 통치자의 자격과 도덕적 권위, 정당성을 완전히 상실한 현 대통령이 주도하고 있는 국정수습에 단호히 반대합니다. 대통령 퇴진으로 인한 국정중단 사태보다 현재의 국정이 지속되는 것이 더욱 두렵습니다. 박근혜 대통령은 당장 물러나서 헌정질서 파괴에 대한 법의 심판을 받으십시오.

매일 드러나는 '박근혜-최순실 게이트'의 엽기적 행태보다 더 경악스러운 일은 그들의 초법적 국기문란행위가 지난 4년 간 청와대 정부 여당 대기업 대학에서 거의 아무런 저항 없이 관철되었다는 사실입니다. 대통령과 그 비선 조직이 민주공화국을 유린한 주범이라면, 국정문란의 적극적 옹호자인 새누리당과 각료들, 국민의 눈과 귀를 가려온 제도언론, 법과 정의를 훼손한 정치 검찰, 그 모든 권력의 배후에서 사익을 챙겨온 전경련과 재벌도 모두 공범이라 할 수 있습니다. 국가의 근본을 뒤흔드는 중대 범죄에 가담한 공모자들도 마땅히 책임을 져야 하며 수사 대상에 포함되어야 합니다. 박근혜 대통령 재임기간 동안 국민이 뽑아준 권력이 국민을 희생시키는 일들도 잇따랐습니다. 수학여행을 나선 아이들이 기울어지는 배 안에서 끝까지 기다렸던 국가는 없었습니다. 대통령 공약을 지키라고 요구한 농민과 최소한의 존엄을 바라는 국민의 염원에 현 정부는 물대포와 부검의 칼을 들이대려는 폭력으로 응답했습니다. 박근혜의 퇴진과 함께 세월호 참사 당일 어둠 속에 잠적한 대통령의 7시간 행적이 밝혀져야 하며, 세월호 참사, 공권력에 의한 백남기 농민 사망, 역사교과서 국정화, 개성공단 폐쇄 등 현 정권 하에서 저질러진 국가폭력과 비리의 진상을 규명하고 책임자를 처벌해야 합니다.

6월항쟁 세대였던 우리는 1987년 민주화의 성과가 순식간에 무너지는 것을 참담한 마음으로 목격하고 있습니다. 박근혜 퇴진은 무너진 민주공화국을 바로잡는 새 출발점이어야 합니다. 현 대통령의 집권과 국정농단을 가능하게 했던 사회구조를 바로잡지 않는 한 제2의 '박근혜최순실 게이트'는 언제든 반복됩니다. 이번 사태를 전화위복의 계기로 삼아 민주공화국을 복원하고 퇴행의 늪에 빠진 모든 분야를 혁신해야 합니다. 청년들과 우리의 자녀 세대가 헬조선으로 일컬어지는 세상을 겪는걸 더이상 방치할 수 없습니다. 민주공화국의 주권자로서, 30년 전 젊은날의 약속을 지키려는 6월항쟁 세대로서, 민주주의가 바로 서고 사회 각 분야에서 상식과 합리가 통하는 세상을 앞당기기 위해 각자 처한 삶의 현장에서 최선을 다해 노력할 것입니다.

2016. 11. 8. 서울대학교 1985년 입학 동문 543명 일동

오후 3:03　강남역 11번출구 점심 피켓팅에서

"11월12일, 태어나서 처음 데모하러 갑니다" 오늘 강남역에서 만난 중년 여성이 이렇게 말한다. 오늘 강남역 점심 피켓팅에 참여한 여덟 분 중에도 학창 시절 이후 근 30년만에 거리로 나온 분이 있다. 인생 첫 데모 시민들만 100만명 넘게 모일 것 같은 11.12 범국민 데모, 눈팅도 좋으니 역사적 현장에 꼭 오시라.

오후 5:26

☆11.12 참여자들을 위한 광화문·서울시청 맛집 꿀팁☆

집회 참가는 머쓱하지만 역사적 현장은 눈팅하려는 분들, 가족 지인들과 식사하고 눈팅하시라. 32년 데모하면서 현장 맛집까지 안내하다니. 그만큼 절박한 순간 아닌가. 백만시민 모이자!

오후 8:19

그나마 지금이 방 빼기 좋을 때잖아. 다음 주부터는 엄동설한 몰려온다는데. 2선 후퇴, 총리 국회추천, 몽땅 꼼수잖아. 엄동설한에 쫓겨나면 서러워 우째... 당장 빼거래이~ #1112광화문

2016년 11월 9일 수요일

오전 10:57

"비리 대통령과는 함께 할 수 없다" 비리 폭로 2개월 만에 독일 볼프 대통령은 사임했다. 대한민국도 이제 2개월 다 됐다.

오후 2:25 강남역 11번 출구에서

강남역~신논현역 박근혜 퇴진 시민행진. 풀뿌리는 약하지만 질기고 힘이 있다. 지구에 꼭 필요한 흙을 움켜쥐며 지켜낸다. 우리는 그런 풀뿌리들이다. 다음 생명을 위해 한 줌의 흙 꼭 움켜쥐고 애쓰는 풀뿌리들의 외침을 결코 허투루 듣지 말라.

오후 3:34

시민은 유혈사태 없는 박근혜퇴진 명예혁명을 원한다. 명예혁명을 이뤄낼 가장 유효한 방법은 인해전술뿐이다. 30만도, 50만도 아닌 100만 시민 인해전술로 승리하자. 숨 붙어 있고 팔다리 움직일 수 있는 시민은 모두 광화문으로 오라. #1112광화문

오후 9:16

상현달이 떴습니다. 보름달 바라보며 강강수월래 하십시다.

2016년 11월 10일 목요일

오전 11:00

혼자 하는 시위, 데모는 무기력하고 재미 없습니다. 무소속 시민 여러분, 함께합시다. 11.12 오후1시30분, 대학로 마로니에공원 앞 "대한민국명예혁명" 하늘색 깃발을 찾아오세요. 백만 시민명예혁명에 함께 합시다. 행동하는 양심! 깨어있는 시민! 명예혁명 행진 함께 합시다.

오후 7:35

권력의 혐오스런 민낯엔 내내 입 다물던 자들이 차은택의 민 머리를 조롱하는걸 보니 참 애잔하다. 도대체 뭣이 중헌디...

오후 8:29

"정유라, 자퇴서 제출" 박근혜부터 국민에게 사퇴서 제출해라. 온갖 잡것들이 사퇴해도 정작 사퇴해야 할 자는 그 자리에.

오후 11:21

100만의 함성 일곱 번에 청와대가 여리고성처럼 무너지리라. 법원이 12일 청와대 100m 앞 청운동 동사무소까지 집회·행진 을 허가한 판결에 담긴 하늘의 뜻은 이러하니 귀를 열지어다.

10월29일 3만 촛불로 발화한 대한민국 민심은 11월5일 30 만 촛불을 밝히며 박근혜하야를 요구했다. 그러나 박근혜가 갖 은 꼼수를 피며 청와대에 웅거하자 시민들은 11월12일 100만 의 촛불로 응징하기로 했다. 이 민심에 법원이 청와대 앞 100m 까지 집회·행진 허용으로 화답하니, 이제 100만 시민의 촛불은 거대한 바람이 되고 청와대는 바람 앞의 촛불 신세가 되었다. 100만 시민은 12일 청운동사무소-경복궁역-광화문-동십자각- 총리공관까지 청와대를 일곱겹으로 에워싸라. 100만 시민이 포 위망을 완성한 후 청와대를 향해 일제히 소리치고 북을 울리며 나팔을 불지니라. 시민의 함성이 일곱 번 청와대를 벽력처럼 들 이치면 경찰벽과 청와대가 무너지고 박근혜는 즉시 사임하리라.

100만 시민은 12일 목소리를 가다듬어 맑게 하고, 손에 손에 나팔과 북을 들고 광화문으로 나올지니라. 훗날 인류사는 대한

민국의 2016년11월12일을 한 방울의 피도 없는 명예혁명이 이
뤄진 날로 기록하리라. 귀 있는 자는 들을지어다. #1112광화문

2016년 11월 11일 금요일

오전 8:12
내도 간다 광화문 / 니도 가자 광화문
함께 가자 광화문 / 떨고 있나 박근혜

오전 8:25
데모하는게 어려운 공무원, 공공기관 직원은 12일에 뭐하지?
뭐하긴. 광화문 와서 민심 살펴. 머릿수 채우는 것도 큰일이지.

오전 11:13
100만 시민이 청와대를 에워싸고 함성을 지를 때 5만의 경찰
은 청와대를 향해 일제히 돌아서기를... *사진: 6월항쟁 당시
전경들에게 우리의 적은 당신들이 아니라며 꽃을 달아주는 여성

오후 2:01　강남역 11번출구 박근혜하야 점심피켓팅에서
시민 전상훈은 999,999명째 참가자입니다.
벗이 1,000,000명째 참가자가 되어주십시오. #1112광화문

오후 4:47

10살 ☆이가 20살이 되어 "그날 아빠는 어디 있었어요?"라고 물었을 때 "아빠는 그날 광화문에 있었어"라고 답할 것이다.

오후 6:24

♥ 1112 대한민국 명예혁명 데모 꿀팁 ♥

1.서울 날씨는 오늘처럼 포근하지만 방심하지 말라. 여벌 옷 준비해 야간에 껴입고, 등산화 등을 신어라. 2.촛불용 양초는 절대 부족하다. 스스로 준비하라. 소형 플래시와 LED 촛불 등을 개인적으로 준비하라. 3.백만 인파로 화장실 이용이 어렵다. 주변 화장실 확인하되 음료섭취는 자제하라. 4.나팔과 북을 휴대하라. 양은냄비 냄비뚜껑도 좋다. 목소리 아꼈다가 청와대 앞에서 벽력처럼 지르자. 5.백만 시민 명예혁명 데모축제, 경찰과 충돌하지 말라. 벽력 함성과 발구름만으로도 박근혜 쫓아낼 수 있다. <추신> 오후1시30분 대학로 마로니에공원 앞으로 오시면 150개의 소형나팔과 240개의 플래시를 나눠드립니다.

32년간 데모한 시민 전상훈 씀 (2014년까지 18년 쉼)

2016년 11월 12일 토요일

오전 9:00

우리는 싸우지 않고도 이긴다. 백만 시민, 백만 벗들과 함께!
여러분과 함께여서 영광입니다. 사랑합니다. 존경합니다.

오후 1:45　시민나팔부대의 창설

단체에 소속되지 않은 무소속 시민들은 혜화역 마로니에공원

오후 7:23

백만 촛불 파도타기, 이 파도가 박근혜 청와대를 덮치리라.
무소속 시민 나팔부대, 광화문 점령하다.

오후 10:45

광화문을 지나 청와대로 행진 중이다. 경복궁역 삼거리, 차벽
이 시민행진을 막고 있지만, 시민의 함성에 곧 무너질 것이다.
이제 곧 그녀를 만나기 100m 전이다. 승부를 내자.

2016년 11월 13일 일요일

오전 3:24　광화문광장에 있습니다.

충무공께서 백만대군을 지휘하는 1112 명예혁명에 참여하여
영광입니다. 광장에서 밤을 새며 박근혜의 사임을 기다립니다.

오후 4:03

1112대첩의 첫 전과, 새누리 분당과 탄핵의석 확보! 비박이
새누리를 접수하든 집단탈당하든 분당은 결정적이다. 비박 50
명 가세하면 탄핵정족수 200석 넘겨 220석이다. 새누리 분당,
곧 결정난다. 백만촛불에 충격받은 비박, 지금 긴급회동 중.

오후 6:30

바보 전태일을 기억하며... 고 전태일 열사 46주기에 부쳐

1980년대 학번 세대라면 대개 그러하듯이 전태일은 새내기 전상훈에게 자연스레 말을 걸어왔다. 나의 부모님께서도 평생 노동자였고, 사촌여동생이 청계천 봉제공장 시다, 미싱사였다. 전태일은 엘리트를 꿈꾸며 대학생이 된 나에게 "전 군, 엘리트로서 어떤 일을 할 건가?"라고 물었다. "엘리트가 되어 소외계층을 잘 돌보겠습니다"라는 대답은 입안에만 맴돌 뿐 차마 입밖으로 내뱉을 수 없었다. 고등고시에 합격하여 공무원이 된 개룡남들이 근로기준법이라도 지켜달라는 전태일의 간절한 탄원에 모르쇠로 일관하고 심지어 탄압하는 꼴을 보았으니 말이다.

전태일이 나에게 던진 질문은 실존적 문제였다. 유신 시대에도, 5공 시대에도 수많은 엘리트들이 박정희와 전두환의 입맛에 따라 사는 모습을 보았다. 전태일의 질문은 나에게는 실존적 선택의 문제였다. 대학생 시절 아버지와 전태일 이야기를 나눈 적이 있다. 아버지도 국민학교를 졸업하자마자 공장을 다니셨다. 겨우 야간 고등공민학교를 다니며 중졸 학력을 얻었다. 아버지보다 10년 어린 전태일도 대구에서 같은 길을 걸었다. 내 이야기를 듣고서 아버지께서 말씀하셨다. "훈아, 하필이면 네가 그 어려운 길을 가야하느냐?" "노동자와 함께 잘 사는 나라를 만들겠습니다"라는 대답은 입안에만 맴돌 뿐 차마 입밖으로 내뱉을 수 없었다. 아버지께서 던진 질문 또한 실존적 선택 문제 아니던가. 내가 비록 청년 시절 전태일에 응답하여 살아갔지만, 아버지의 질문에서도 온전히 자유로울 수 없었다.

전명준과 전태일, 집안 어른들이 던진 실존적 질문, 30년이

지난 지금에도 자신있게 응답하지 못하니... 나에게 지천명이란, 나이만 먹어가는 표징에 불과하다싶다.

오늘 고 전태일 열사의 제 46주기, 그의 소망에 한 걸음 다가서는 대한민국의 모습에 하늘의 전태일도 흐뭇해하리라 믿는다.

오후 9:37

하자학교 청소년타악연주단과 시민나팔부대의 대학로~종로 행진 동영상. 1112 명예혁명에 큰 에너지를 불어넣었다. 19일 집회엔 나팔이 1000대를 넘어서리라. 그때까지 하야하지 않는다면 박근혜는 고막부터 터지리라.

2016년 11월 14일 월요일

오전 9:32

박근혜 사임 발표를 기다렸으나, "대통령으로서 국정 정상화 하겠다"는 동문서답에 분통. 또다시 시민을 거리로 불러내는 그녀, 참 나쁘다. 하야할 때까지 싸울 수밖에. #1119광화문

오전 10:22

오늘 아침 일간지 1면 사진은 백만촛불이다. 촛불의 거대한 파도 앞에 박근혜는 이미 무너졌다. 위대한 시민의 승리가 눈앞이다. 벗들과 백만촛불 명예혁명에 참여하여 자랑스럽다.

1112 명예혁명을 기록한 사진기자들에게 박수를 보낸다.

오후 2:20 강남역 11번 출구에서

가을비 속에서도 7명의 시민들이 점심피켓팅 함께 했다. 1112대첩 경험한 시민들의 눈빛엔 자신감이 충만했다. 이 판국에도 보약같은 잠을 즐기는 박근혜 때문에 애꿎은 국민들만 빗속에서 개고생하고 있다. "대통령에서 물러납니다"고 선언하지 않는 한 대한민국 국민 그 누구도 거리에서 물러나지 못한다.

오후 6:18

민주당 의총, '박근혜 임기 중 퇴진'을 당론으로 채택했다.

6월항쟁이 시작된 지 보름 뒤인 6월25일, 전두환과 김수환 추기경의 회담이 열렸다. 6월18일 최루탄 추방의 날 이후 공권력은 무력화됐다. 전두환 군사독재 절대권력은 풍전등화 신세가 됐다. 계엄군을 투입해 항쟁을 진압하려던 시도마저 무산됐다. 그런데도 전두환은 "모든 요구 수용은 무리"라고 버텼다. 그러나 김수환 추기경은 전두환에게 일침을 놓았다. "직선제 개헌과 민주화 조치를 받아들여야만 한다"

추미애 민주당 대표는 김 추기경의 자세를 본받아야만 한다. 박근혜는 임기보장만 해준다면 총리를 준다고 할거다. 그러나 추미애는 이에 넘어가서는 결코 안된다. "대통령직 중도 사임 선언하고, 특검 수사 받아라" 이것이 관철되지 않으면 추미애는 결렬을 선언해야 한다. 그것이 바로 1112대첩에서 드러난 국민의 민심 아닌가. 김 추기경과 전두환의 회담이 결렬된 다음날 6월26일 전국에서 300만명 이상의 최대 규모 시위가 열렸다.

첫 승리!
국회 탄핵 가결!

촛불시민혁명, 대한민국을 통합하다

그림 김주대

촛불혁명, 대한민국을 통합하다

야당이 박근혜퇴진에 가세하며 전세는 급속하게 탄핵으로 기울었다. 기세가 오른 시민은 4차촛불(11.19) 96만, 5차(12.3) 190만, 6차(12.3) 232만이 운집하며 국회를 다그쳤다.

마침내 12월3일, 국회의원 171명이 탄핵소추안을 발의했다. 새누리당 의원 30여 명만이 탄핵찬성 의사를 밝혀 200석이 아슬아슬했으나 이는 시민들의 전투의지를 더 북돋울뿐이었다.

탄핵 반대·유보 새누리당 의원들의 휴대전화는 항의전화로 불이 났다. 박근핵닷컴(parkgeunhack.com)을 통해 항의 이메일이 쏟아졌다. 18원 항의 후원금이 천문학적으로 쏟아졌다. 새누리당의 균열은 가속화됐다.

"탄핵표결은 국회가 하지만, 탄핵전쟁은 국민의 몫이다."

혹한의 겨울이 찾아왔지만, 촛불의 열기는 더욱 뜨거워졌다. 무명의 시민들은 탄핵 표결에 나선 국회의원보다 더 강한 각오를 쏟아내며 겨울광장을 지켰다, 자유의지로 광장을 '사수'했다.

겨울광장은 거대한 시민공동체였다. 어느 시민은 김밥을 100줄 싸들고 와서 혼자 데모하러 나온 청소년들에게 나눠줬다. 핫팩과 깔개를 나눴다. 양초와 컵을 수백 개 준비해서 나눴다.

노혁명가 백기완 선생님을 비롯한 어르신들은 촛불 전날부터 집회가 끝날 때까지 물을 입에 대지 않고 광장의 찬바닥에 앉아

자리를 지켰다. "소변을 보러 화장실에 다녀오면 1시간이 훌쩍 넘잖아. 그새 집회는 끝나고, 자리는 듬성듬성 비잖아. 그래서 이틀간은 물을 입에도 대지 않았어." (백기완 선생님) "나 하나 나간다고 뭐 달라지겠어"라는 소심함 대신 "나 하나라도 나가 머릿수 채워야지"라는 작은 용기가 결국 승패를 갈랐다.

촛불은 전국적으로 확산됐다. 박근혜의 아성인 대구마저 6월 항쟁 이후 최다 인파가 결집하며 불의한 권력에 조종을 울렸다. 전 세대로도 확산됐다. 10대부터 칠순 어르신까지 모두 촛불을 들었다. 촛불광장은 대한민국 통합의 거대한 용광로였다.

민주당과 정의당, 국민의당도 당력을 총동원해 촛불집회에 가세했다. 각 당의 대선주자를 필두로 국회의원과 지구당위원장들이 당원들과 함께 촛불시민의 일원으로 광장으로 달려왔다.

청와대 관저에서 숨 죽여 농성하던 박근혜가 대구 서문시장 화재현장을 찾았다가 시민들의 지탄을 받고 10분 만에 쫓겨나듯 발길을 돌려야만 했다. 돌이켜보면 박근혜의 유일한 외출이던 서문시장 퇴출 사건은 뒤 이은 탄핵과 구속의 예고편이었다.

12월9일, 국회는 234표의 압도적 다수로 박근혜를 탄핵했다. 1차촛불 이후 50일 만에 거둔 값진 승리였다. '나 하나라도'들의 작은 용기가 모여 세상을 바꾼 값진 경험이었다.

122석 새누리당이 버티던 국회가 박근혜를 탄핵하는 것을 본 우리는 박근혜퇴진의 마지막 관문인 헌법재판소의 탄핵심판에도 자신감을 얻게 됐다. 천만촛불의 명령에 국회가 복종했듯이 헌재도 이에 복종하는 것이 역사의 필연임을 자각한 것이다.

촛불이 이긴다! 정의가 이긴다!

제3장
첫 승리, 국회 탄핵 가결!

2016년 11월 15일 화요일

오전 10:14

오늘밤 서울 부도심 네 곳에서 동시다발 대학생시위 열린다. 대학생들이 오늘밤 7시부터 9시까지 서울의 동서남북 부도심 네 곳에서 동시다발 박근혜 퇴진 집회와 행진을 한다. 서울 남부권 대학(서울대 숭실대 중앙대) 학생들은 강남역 11번출구에 모여 7시부터 집회를 가진 후 신사역까지 행진한다. 서부권은 신촌역에서 홍대역까지, 북부권은 대학로에서 종각까지, 동부권은 한국외대에서 청량리까지 같은 시간에 행진한다. 시민들도 함께 참여할 수 있다. 박근혜 퇴진 시계를 더 빨리 돌리는데 앞장선 대학생들에게 박수를 보낸다. 나는 오늘밤 강남역 세월호 서명 지기들과 함께 대학생들을 따뜻하게 맞이할 계획이다.

오후 5:05

<대한민국 비상국가평의회> 결성을 촉구한다

1112백만대첩 이후 대한민국은 사실상 이중권력 상황이다. 박근혜 세력은 명목상 권력을 가졌지만, 실질적 권력은 행사하

지 못하고 있다. 박근혜 퇴진 세력은 명목상 권력은 없지만, 실질적 권력을 가지고 있음이 증명됐다. 우리는 즉시 이 실질적 권력을 조직하는 비상국가지도부를 결성해야 한다. "박근혜 즉각 퇴진"에 동의하는 시민사회와 원내·외 야당은 <대한민국 비상국가평의회(가칭)>를 즉각 구성하라. 11월19일 이전에 비상국가평의회를 결성하고, 기자회견을 통해 향후 투쟁일정과 정치일정을 국민에게 제시하라. 1987년 6월항쟁 당시 시민사회와 야당이 힘을 모은 <민주헌법쟁취 국민운동본부>의 역사를 현재의 상황에 맞춰 발전적으로 계승하라. <비상국가평의회>는 지금까지 서울 및 대도심 중심으로 진행되던 박근혜 퇴진 투쟁을 전국적으로 확산시키는데 주력하라. 오는 11월19일 전국의 234개 시·군·구에서 동시다발적인 "박근혜 퇴진 투쟁"을 전개하라. 광역 및 기초단체별로 <지역 비상국가평의회>를 구성하고, 그 깃발 아래 투쟁하라.

서울지역의 투쟁은 아래의 방식으로 조직할 것을 제안한다.

1.11월19일 광화문광장에서 비상국가평의회 주최로 간명하게 집회를 개최한 후 인간띠로 청와대를 포위하라. (청운동사무소-경복궁역-광화문-동십자각-총리공관) 2.11월19일 오후3시 부패기득권 세력을 상징하는 국가기구 앞에서 각각 투쟁대회를 개최한 후 광화문으로 집결하라. (1)새누리당 규탄·해체 집회: 대학생 조직 주축으로 진행 (2)전경련 규탄·해체 집회: 노동조합 조직 주축으로 진행 (3)정치검찰 규탄 집회: 변호사단체, 시민단체 주축으로 진행 (4)국정원 규탄 집회: 청년단체, 진보정당 주축으로 진행 (5)살인경찰 규탄 집회: 농민단체, 시민단체 주축으로 진행 3.11월19일 집회 이전 각 지역별로 동시다발

소규모 집회 및 선전전을 진행하라. 11월19일 투쟁 이후에도 박근혜가 퇴진하지 않을 경우 <비상국가평의회>는 강도를 높인 2단계 투쟁계획을 국민들에게 알리고, 11월26일을 정점으로 삼은 2단계 투쟁에 돌입하라. 2016. 11. 15. 시민 전상훈

오후 7:19 라이브방송
박근혜 퇴진 대학생 동시다발 시위. 강남역 11번출구.

오후 11:15
길라임(吉裸恁)을 일본말로 하면? "하야하라 꼬끼오"? 여성으로서 숨기고 싶은 사생활이 이런 것이었나? 허참 대략난감...

오후 11:29
하지원은 무슨 죄냐고, 현빈은 또 어떤 심정이겠냐고. 할매가 연예계까지 쑥대밭 만드네. 박근혜의 진짜배기 정체는 뭘까?

2016년 11월 16일 수요일

오전 12:29
박근혜가 길라임이라꼬? 전상훈은 장동건인기라!

오후 2:28 강남역 11번 출구 점심피켓팅에서
길라임 박근혜 개드립에 온 국민이 웃프다. 왜 항상 부끄러움

과 수치는 오롯이 국민의 몫인가. 오늘 아침 길라임 피켓을 만들었다. 시민들이 웃으며 '박근혜 방빼' 함께 외치더라.

박근혜 씨, 시민들의 웃음에 서린 분노가 보이는가.

오후 3:58

그네의길 라임 (페친 공동창작) 하야하길 퇴진하길 탄핵되길 하옥되길 감옥가길 꺼져주길 방빼주길 물러나길 보톡스길 야매의길 무당의길 쪽박차길 타도되길 사라지길 콩밥먹길 요절하길 소멸하길 수갑차길 무릎꿇길 나가주길 집에가길 망명하길 도망가길 사죄하길 구속되길 추방되길 퇴출되길 아웃되길 손좀떼길 막장끊길 사칭말길 약좀끊길 착각말길 자각하길 양심찾길 정신찾길 뇌도찾길 혼도찾길 자폭하길 편히쉬길 부셔지길 사라지길 내려가길 쫓겨나길 지옥가길 천벌받길 갈아엎길 자백하길 무릎꿇길 용서빌길 싹싹빌길 참회하길 내려놓길 없어지길 집에가길 검찰가길 법원가길 빵에가길 끌어내길 죄값받길 애비의길 이뤄지길 꼭그렇길 멸망의길 그네의길 시민의길 행복의길

오후 4:41

11.17(목) 저녁, 대학생에 이어 시민들도 강남역에 모이자! 내일 오후7시 강남역 8번출구 삼성그룹 사옥 앞에서 집회를 합니다. 8시부터는 검찰청사까지 행진하며, 대검찰청 앞에서 마무리 집회합니다. 어제 대학생들이 보여준 패기만큼이나 시민들도 중후한 힘을 보여줍시다. 정권과 재벌의 정경유착, 재벌의 뇌물공여를 규탄하고 권력의 충복 노릇만 해온 검찰에 대해 따끔하게 일침을 가합시다.

오후 8:16

새누리 친박의 마지막 발악... 특검법 법사위 통과 불발 친박이 발악해도 국회의장이 직권상정하면 된다. 이 판국에도 석고대죄없이 박근혜 옹위하는 친박 국회의원들은 모두 정치생명을 끊어놔야 한다. 비박계 뭐하냐. 빨리 분당하라. 너네들 살길은 이거다. 좌고우면하지 말고 탄핵·퇴진 세력에 합류하라.

2016년 11월 17일 목요일

오전 9:52

평검사회의, 사무관회의, 비박계 분당

1. 아직도 권력의 눈치만 보며 부실수사하는 검찰 맞서 평검사들이 평검사회의를 열어 공식 경고장을 날려주기 바란다.

2. 권력의 비호 아래 최순실 일당이 국민의 혈세를 무차별 도적질한 정황을 알고 있으면서도 침묵하거나 도움을 준 장·차관들에게 사무관회의를 열어 경고장을 날려주기 바란다.

3. 새누리당의 비박계 50명은 도대체 뭐하고 있는가. 남경필 경기도지사가 새누리 탈당 선언했다. 비박계가 새누리당 당권을 빼앗을 수 없는 상황임이 증명됐다. 살아남으려면 비박계 전원은 탈당을 선언하여 새누리를 분당시켜라. 끝까지 주판알 튕기는 자, 국민의 심판을 받으리라. 공직자들과 여당 의원들도 국민 아니냐. 벼슬 걱정, 주머니 걱정보다 나라 걱정이 우선 아니냐.

오전 10:26

백선하, 7월에 임명된 2년 임기의 서울대병원 신경외과 과장 직에서 어제 부로 보직해임. 박근혜 주치의 출신 서창석 서울대 병원장이 이렇게 꼬리 자르기를 시도하는구나. 꼼수다. 그러나 두 사람 모두 역사의 심판은 물론 실정법에 따른 형사처벌 또한 반드시 받게 되리라. 의사면허까지 회수 당한 채 콩밥 많이 먹어야 한다. 왜? 의사로서 지켜야 할 윤리까지 어긴 자들이니까.

오후 12:37　라이브방송

박근혜 퇴진! 강남역11번출구 점심시간 시민행동. 심상정 국회의원과 이재명 성남시장 주최로 시국대회가 열리고 있다.

오후 5:34

1119 대한민국명예혁명 필승전략 '인간띠 학익진'

시민들은 촛불을 켜고 팔에 팔을 끼고 인간띠를 만든다, 인간 띠가 근라임의 거처 파란기와 씨크릿가든을 에워싼다. 수백겹 백만의 인간띠가 씨크릿가든을 향해 소리친다. 북 나팔로 무장 한 문화선전대가 후방에서 독전한다. 벽력 함성과 북 나팔 소리에 포졸 차벽이 무너진다. 씨크릿가든 기둥이 흔들리며 근라임은 졸도한다. 7시30분부터 구축된 인간띠 학익진을 끝내 사수하라. 전국 모든 도시에서도 인간띠 학익진으로 함께 포위하자. 11월19일 오후6시 광화문광장으로 모두 모이자.

오후 7:21　라이브방송

강남역에서 서초역 대검찰청까지 시민·변호사 집회 및 행진

2016년 11월 18일 금요일

오후 1:32

내일 광화문은 영상15도, 낮엔 가볍게 입고 밤엔 여벌 옷 덧입으세요. 32년 데모경력자의 1119 데모 꿀팁에 가름합니다.

오후 2:12

1119, 단체에 소속되지 않는 시민은 나팔부대로 모입시다. 나팔 600개 준비했습니다. 무기력하고 재미없는 혼자 하는 시위 대신 함께 모여 서로 격려하며 즐겁게 데모합시다.

오후 5:13

동대문 완구골목에서 나팔 600개 구입해 한양성곽에 올라 청와대를 향해 나팔 포문을 열었다. 권력이 성벽처럼 튼튼해보이지만 시민의 힘 앞에는 모래성일뿐이다. 무소속 시민들은 나팔부대로 뭉치자. 백만 시민의 벽력같은 함성과 북과 나팔소리에 근라임의 씨크릿가든은 여리고 성처럼 무너지리라.

2016년 11월 19일 토요일

오전 12:05

1988년 대학 4학년 이후 28년만에 대중연설을 했습니다. 어제밤 강남역 삼성그룹 앞에서 서초동 검찰청사까지의 "정치검찰 규탄" 행진에 앞서 진행된 집회에서였습니다. 사회자인 참여연대 안진걸 사무처장의 호명으로 엉겁결에 마이크를 잡게 되었습니다. 세월호 참사의 진실규명의 당위와 의미에 대해 말씀드렸습니다. 304명의 국민이, 우리 아들딸들이 백주대낮에 어처구니 없이 수장된 세월호 참사의 진실을 밝혀내어야만 대한민국은 비로소 앞으로 전진할 수 있습니다.

오전 11:09

오합지졸 '박사모'의 도발은 '청년 조자룡' 단 한 명에 의해 격파될 것이다. 오늘 2시 박사모들이 서울역에서 집회를 하고 남대문까지 행진한다고 한다. 시민들을 자극해 충돌을 유발하려 한다는 흉흉한 소문이 나돈다. 그러나 걱정하지 말라. 오늘 한 명의 의로운 청년이 남대문 앞에서 '박근혜 퇴진' 피켓 한 장을 들고 박사모의 행진을 저지하고 격파할 것이다. 이미 안배되어 있다. 오합지졸들을 상대하는데는 용장 한 사람으로 충분하다.

오후 1:09

오늘 집회 먹거리 준비해오신다면 넉넉히 준비해 오세요.

나홀로 집회에 참여하는 시민 여러분, 가족·연인·친구와 함께 참여하는 시민 여러분. 광화문 일대 식당이 혼잡하다는 건 알고 계실 겁니다. 그래서 음료와 식사, 간식 등을 준비해 오시는 분이 많습니다. 그런데 1인분 또는 동행자 숫자대로만 음식을 준비하실 건가요? 우리는 공동체의 시민입니다. 홀로 참여한다면 2인분, 3명이 참여하면 6인분... 이렇게 준비해 오시는 건 어떨까요.

1112대첩에서 가장 울컥하면서도 힘이 났던 순간은 어느 여성께서 김밥과 바나나를 저에게 주시면서 잘 먹고 힘내라고 격려해주실 때였습니다. 그 분은 20인분 이상의 음식을 준비해오셔서 함께 행진하던 나팔부대 시민들에게 나누셨습니다. 음식을 넉넉히 준비했다가 주위의 청소년들이나 대학생들에게 잘 먹고 힘내라고 격려해주시면 그들이 얼마나 힘이 나겠습니까. 대한민국명예혁명은 튼튼한 시민공동체를 만드는 과정입니다.

오후 6:44

백만시민의 촛불은 명예혁명의 횃불이다. 광화문과 전국 모든 도시에서 타오르는 백만 촛불은 박근혜에게는 공포요, 국민들에게는 희망이다. 7시30분부터 청와대를 횃불 학익진으로 에워싸고 '박근혜 퇴진'의 함성과 나팔로 근라임을 끌어내릴 것이다. 600 시민나팔부대는 촛불혁명의 최전선에서 싸운다.

2016년 11월 20일 일요일

오전 1:50

박근혜 일당이 뜯어간 돈은 우리 국민들이 조금만 땀흘려 노력하면 금방 다시 채울 수 있다. 그러나 세월호 304명의 목숨은 되살릴 수 없다. 그래서 박근혜 정권의 가장 큰 죄악은 세월호 참사다. 박근혜가 물러나지 않는 이유도 여기에 있다. 박근혜의 말처럼 '진돗개처럼' 진실의 끈을 끝까지 물고늘어져야 한다.

오후 3:21

오늘 기도 중에 하나님께서 응답하셨다. "함성과 나팔에 더해 북을 울려라. 11.26 삼백만 촛불시민이 청와대를 학익진으로 포위하고 밤을 새며 공격하면 여리고성 붕괴의 기적을 보리라."

오후 4:25

대한민국명예혁명은 시민들의 자발적 참여로 이뤄진다. 1119대첩에 출정한 자발적 시민들의 깃발을 보라. 혼자 온 사람들, 일 못하는 사람 유니온, 전견련, 광화문 개념충 장수풍뎅이연구회, 얼룩말연구회, 범야옹연대, 범깡총연대, 사립돌연사박물관, 전국양배추취식연합회, 으어, 행성연합 한국지부, 안남시민연대, 안남아수라즈, 고양이도 창식이도 리볼버도 나만 없어!, 트잉여운동연합, 시민나팔부대 행동하는양심 깨어있는시민.

오후 5:22

박근혜가 5시에 국민과의 전면전 담화 발표했다. 전두환의 4.13호헌과 같은 폭거다. 벌레만도 못한 것들이 국민들을 개돼지로 취급하는구나. 11.26 광화문 5백만, 전국 1천만 시위로 끝장내자! 이제 촛불은 몽둥이가 되고, 나팔은 대포가 되리라.

오후 6:21

11.26까지 시민사회·야당·검찰법원·시민이 할 일

1. 시민사회 (1)11.21부터 11.26일까지 매일 검찰청사 앞에서 '박근혜 체포, 청와대 압수수색' 요구하며 대규모 시위 (2)전국 910개 전철역 및 도심에서 점심과 저녁 계속하여 '박근혜

구속' 매일 피켓 시위 (3)1126 광화문 500만, 전국 모든 도시 3000만 시위 참여 촉구 피켓 시위

2. 야당 및 새누리당 탄핵 찬성 비박 세력(오늘 현재 32명) (1)박근혜 및 황교안 탄핵안을 최대한 신속하게 발의할 것 (국회 재적 2/3 확보) (2)야당은 <박근혜퇴진국민행동>과 <박근혜퇴진국민운동본부(가칭)>를 연대하여 결성하고 11월26일을 '박근혜퇴진 시민불복종의 날'로 선언하고 총력투쟁 다짐

3. 검찰 및 법원 (1)검찰은 모든 범죄 혐의를 부인한 피의자 박근혜의 체포영장을 법원에 청구할 것 (2)검찰은 피의자 박근혜에 대한 출국금지조치를 즉각 시행할 것 (3)검찰은 이미 법원으로부터 받아놓은 청와대 압수수색 영장을 집행할 것 (4)법원은 검찰이 박근혜 체포영장을 청구할 경우 즉각 발부할 것 (5)검찰과 법원은 헌법과 법률을 위반하고서도 국민에게 전면전을 선포한 박근혜를 더 이상 봐주지 말고 범죄자로 명확하게 취급하여 법률에 따라 의법처리할 것

4. 아직까지 시위에 참여하지 않고 관망해온 시민 (1)아직까지도 시위에 참여하지 않은 개인의 자유의지는 존중하지만 대한민국이 위급한 경지에 처해있을 때 더 이상 행동하지 않는 것은 박근혜에게 면죄부를 주는 것임을 깨달아야 함 (2)1126에는 온 가족과 함께 서울 및 전국 각 지역에서 벌어지는 시위에 참여하는 것이 대한민국 국민다운 바른 태도임 (3)구호 외치지 않아도 되며, 피켓을 들지 않아도 되며, 촛불을 들지 않아도 됨. 오직 현장에 함께 있는 것만으로도 시민의 책무를 다하는 것임 (4)마음으로 함께 한다는 이야기, 기도로 힘 보탠다는 말을 위장막으로 삼아 시민이 마땅히 해야할 책무를 저버리지 않기 바람.

오후 9:36

내일부터는 검찰청 앞에서도 점심피켓팅 합니다. 피의자 박근혜 강제수사와 출국금지, 청와대 압수수색 등을 압박합니다.

오후 11:16

JTBC 스포트라이트, 박근혜 40년 평행이론 증명. 37년 평행이론도 곧 증명되리라. 1979년 10월 26일, 2016년 11월 26일

2016년 11월 21일 월요일

오전 9:43

걱정하시는 분 많은데, 이지스함 순항 중입니다. 가을추수 풍성하게 마치고, 내년농사 준비 중입니다. 세월호참사 후 3년째 거리의 시민으로 살아가고 있지만, 창업 15년 기업인의 소명 또한 잊지 않고 있습니다. 항상 격려해주시는 벗들께 감사드립니다. 내년 일거리 주시겠다는 벗들께 미리 감사드립니다.

오후 1:58   서울중앙지방검찰청 앞에서

오늘 점심피켓팅은 검찰청과 강남역 두 군데에서 진행했다. 검찰에게 법대로 단디 수사하라고 압박했다.

오후 6:46

추모합니다. 고 김영삼 대통령 1주기(2015.11.22.)

박근혜·이명박 9년간 허약하게 투쟁한 야당을 보면 김영삼의 야당 정신이 얼마나 강력한 지 알 수 있다. 하나회 혁파, 전두환 처단의 공로는 태산만큼 높다. 중죄를 짓고도 사퇴는커녕 사과도 않는 박근혜를 보면 외환위기 후 대통령당선인 DJ에게 국가경영 맡기고 사실상 2선후퇴한 YS의 솔직담백함이 그립다. 차기 민주정부는 YS의 기득권체제 개혁전략을 잘 응용해야 한다.

오후 11:14 광화문 세월호광장에서

2014년 7월부터 지금까지 400만개의 리본을 만들어 전 세계로 보급한 광화문광장 노란리본공작소. 무명의 시민들이 생업을 마치고 와서 자원봉사하는 이 세상에서 가장 아름다운 작업장이다. 1126에 시민들께 나눠드릴 리본을 만드느라 밤늦게까지 고생하시는 자원봉사자들을 위해 낙지볶음과 계란말이를 준비해 밥상을 차려드렸다. 전국에서 박근혜 퇴치 대한민국 명예혁명을 위해 밤낮없이 땀흘리는 시민들에게 감사의 인사를 드린다. 우리의 땀방울이 모여 강을 이루고 바다를 이루리라.

2016년 11월 22일 화요일

오전 12:10

지난 토요일 단 한 명의 조자룡 같은 청년이 홀연히 나타나 박사모들의 바보행진을 막는다고 '예언'했었다. 이 당당한 청년을 보라. 고맙다, 청년! 대한민국, 우리에겐 희망이 있다.

오전 10:20

만시지탄, 새누리당 국회의원 탈당 1호 김용태 의원.

탄핵 의석엔 최소 30석, 안정적으로 50석 필요하다. 탄핵 발의에 동참하는 새누리 의원들은 오늘부터 '애국자'로 부르겠다. 새누리당도 분열되기 시작했으니, 박근혜를 지탱하는 권력집단의 분열도 급속 진행될거다. 백만촛불의 위력, 사필귀정이다.

오후 2:02 서울중앙지방검찰청 앞에서

법률사무소에서 근무하는 여성이 피켓을 든 우리들에게 따뜻한 커피를 타서 일일이 나눠주셨다. "함께 피켓 들지 못해 미안합니다"는 말씀을 남기고 돌아서는데 얼마나 힘이 나는지. 착한 시민의 가슴에 피멍들게 하는 박근혜, 어찌 용서할 수 있겠나.

오후 3:12

☆백만촛불 파도타기에 이은 삼백만촛불 집체예술 제안☆

1. 아이슬란드 응원 응용 (둥)박 (둥)근 (둥)혜 (둥)는 (둥)퇴 (둥)진 (둥)하 (둥)라 (두둥)박 (두둥)근 (두둥)혜 (두둥)는 (두둥)퇴 (두둥)진 (두둥)하 (두둥)라 박근혜는퇴진하라 박근혜는퇴진하라 박근혜는퇴진하라 (와아~)

2. 대~한민국 응원 응용 근~혜퇴진 짝짝짝짝짝 근~혜하야 짝짝짝짝짝 근~혜탄핵 짝짝짝짝짝 대~한민국 짝짝짝짝짝

오후 4:17

오늘 중앙일보 권석천 칼럼은 고위공직자들에게 대통령 자격 잃은 박근혜가 아닌 국민에게 봉사하라는 격문이다. 오늘 고위

공직자 다수가 이 칼럼을 읽고 충격에 빠졌다는 소문이 관가에 파다하다. 대통령에게 사실상 항명하라는 격문 아닌가. 장·차관과 새누리 국회의원의 아들딸 대부분이 거리로 나와 촛불을 들었다는 건 공공연한 비밀이다. 그 아들딸들이 부모에게 묻는다. "아버지, 이제 어떻게 하실 거예요?" 관료와 새누리 의원들은 자식에게 응답하라. 조만간 사표 던질 관료가 나타날 것이다.

오후 5:20

독재자의 말로는 비참하다. 그것이 역사다. 1년 전 오늘 고인이 된 김영삼 대통령의 공로 중 우뚝한 것이 바로 전두환 일당에 대한 심판이었다. 전두환 심판 20년 만에 또다시 격변기를 맞고 있다. 박근혜가 제 아무리 버텨도 결국은 심판대에 오른다.

오후 8:12

범죄자 박근혜가 감옥가고 실형받는 건 기정사실, 강제 가중 처벌로는 '일문일답 기자회견'이 아주 딱이다. 2시간만 일문일답하면 박근혜의 밑바닥이 들통난다. TV중계하고, 전국 경로당에서 TV 보고. 다시는 엉터리 대통령은 뽑지 못하게 될거다.

2016년 11월 23일 수요일

오후 12:03

김현웅 법무장관, 최재경 민정수석 사표 던졌다. 어제 내가

장담했었다. 장·차관, 고위공직자 중에 사표를 던지는 사람이 분명히 있을거라고. 1126 집회에 얼마나 많은 시민이 모이는가를 본 후에야 사표 던지는 간보는 짓 하지 말고, 당장 던져라.

오후 1:12

모든 역사적 쿠데타의 마지막은 포르노로 뒤엎진다는 일반론에서 한 치도 어긋나지 않는 대한민국의 오늘... 길라임, 태반주사, 백옥주사에 이어 비아그라까지! '서면! 보고'의 실체가 이거구나싶어 자괴감이 든다. 어디까지 국민들을 쪽팔리게 할거냐.

오후 5:47

살짝 밀려오는 감기 기운, 링거 한 방 맞았다. 보통사람은 아플 때 의사처방에 따라 주사를 맞는다. 그런데 청와대는 향정신마약과 태반주사, 백옥주사, 비아그라를 왜 대량구입했나? 누가 그 주사를 맞고, 누가 비아그라 먹었나? 경호원들이? 경호원들이 얼굴로 경호하냐? 물려주신 강골에 감기 불러들여 부모님께 죄송하다. 거뜬하게 일어나서 1126 박근혜 방 빼러 출동한다.

오후 10:31

그라 임 (페친 공동창작) 하야하그라 퇴진하그라 탄핵되그라 구속되그라 손좀떼그라 발도떼그라 내려놓그라 집에가그라 그만두그라 물러나그라 내려가그라 없어지그라 나가주그라 방빼주그라 집빼주그라 쫓겨나그라 갈아엎그라 타도되그라 부서지그라 도망가그라 퇴출되그라 아웃되그라 수사받그라 특검받그라 숨지말그라 다밝히그라 입닥치그라 돈다뱉그라 처벌받그라 감방가그라 수갑차그라 콩밥먹그라 하옥되그라 감옥가그라 지옥가그라 천벌받그라 천벌받그라 죄값받그라 사람되그라 양심찾그라 정신찾그라 혼도찾그라 자폭하그라 제발쉬그라 평생쉬그라 영영쉬그라 보톡떼그라 야매떼그라 무당떼그라 쪽박차그라 들마끊그라 약좀끊그라 사칭말그라 착각말그라 탐재말그라 호색말그라 토해내거라 고마하그라 사주말그라 남용말그라 사라지그라 꺼져주그라 무릎꿇그라 용서빌그라 엎드리그라 싹싹빌그라 수그리그라 반성하그라 뉘우치그라 속죄하그라 자백하그라 사죄하그라 참회하그라 회개하그라 검찰가그라 법원가그라 빵에가그라 그래되그라 니애비의길 따라가그라 박그네의길 멸망하그라 민주주의길 성취되그라 시민들의길 행복하그라

2016년 11월 24일 목요일

오전 12:38

대통령에게 묻는다. 한 여성의 사생활에 대한 질문이 아니다.

1.당신은 의사 처방없이 여러 종류의 전문의약품을 투여해 왔습니까? 2.당신이 정기적으로 주사 또는 복용한 전문의약품이 있다면 그 의약품은 무엇이며, 총 몇 회 주사 또는 복용했습니까? 3.의사 처방 없이 전문의약품을 당신에게 주사하거나 복용하도록 주도하거나, 당신의 지시를 받아 심부름한 자가 있다면 그는 누구입니까? 4.그 의약품을 국민세금으로 구입해 왔습니까? 아니면 개인 비용으로 구입해 왔습니까? 그것도 아니면 제

약회사로부터 무료로 제공받았습니까? 5.2014.4.16. 근무시간
중에 의약품을 주사 또는 복용한 사실이 있거나, 의료시술을 받
은 사실이 있습니까? 만약 있다면 무슨 약품이었으며, 무슨 시술
이었습니까? 약품 복용 또는 의료시술은 의사가 주관했습니까?

납세자이며 주권자인 국민의 질문에 거짓없이 답해 주십시오.

오후 4:08

11월26일, 무소속 시민들은 나팔부대로 모입시다. 1112,
1119 대첩의 선봉에 선 시민나팔부대가 또 뭉칩니다. 1126엔
나팔 600개에 소고 100개까지 더해 준비했습니다. 단체에 소속
되지 않은 시민들은 와서 모여 하나가 됩시다. 북, 냄비뚜껑 등
소리나는 것은 무엇이든 갖고 오십시오. 2시40분 국가인권위
앞 1차 집결, 5시와 8시에 광화문광장 북측 끝 집결합니다.

오후 6:21

용맹한 리더는 팔로워들이 그를 항상 볼 수 있는 곳에 자신을
위치시킨다. 용맹한 벗들과 함께 힘차게 끝까지 싸우겠습니다.

오후 9:35

르혜 씨, 국민 경찰 그만 고생시키고 1:1로 결판내자. 나랑
붙으면 그대가 불리하니까 74세 울 엄니 나서신단다. 울 엄니가
누구냐고? 왕년에 대구 원고개시장 <평리닭집> 사장님이셨다.

오전 9:50

오버커뮤니케이션(Overcommunication), 대변혁의 시기

엔 반드시 그래야 한다. 당신이 메시지를 반복적으로 말하는데 지쳐갈 즈음 사람들에겐 그 메시지와 메시지에 담긴 의미가 제대로 전달되기 시작한다. 내가 이렇게 계속 오버하는 이유다. 계속 오버하는 벗들에게 경의를 표한다.

2016년 11월 25일 금요일

오전 11:07
이지스맨들과 급여 나눴다. 점심을 먹은 후 조기퇴근 명했다. 나라 운명의 중대한 갈림길, 기업인으로서 작은 힘 보탠다. 이지스맨과 벗님 여러분, 1126 촛불혁명 광장에서 만납시다.

오후 12:47
우리는 계속 외치며 행동해야 한다. 그게 사회적 비용을 줄이는 거다. 정치무관심이란 위장막 뒤에 친박 발톱 숨기지 마라.

오후 2:23
대동하야지도가 나왔다. 서울에만 3백만 촛불 모이면 이길 수 있나? 전국 시군읍면까지 빠짐없이 모여 1천만촛불 밝히자.

오후 3:14
법원이 1천대의 농민트랙터 전봉준투쟁단 상경을 허용했다. 후원합시다. 저 엄청난 기름값, 농민들의 피와 땀과 눈물입니다.

오후 11:28

춘천 국회의원 김진태가 자기 전용수저가 있다고 자랑하던 그 식당, 딴지일보 기자가 찾아가보니 문 닫았단다. 1~2주 전 문 닫았다는데, 김진태 이펙트 아닐까? 1119 춘천촛불에는 역대급 인원인 7000 시민이 모여 박근혜 퇴진과 함께 김진태 국회의원 사퇴를 외쳤다. 박근혜가 사퇴를 거부하고 농성전 하는 이틈에 친박 국회의원 찌꺼기들을 말끔하게 청소해보자.

2016년 11월 26일 토요일

오전 11:31

"비폭력 시위하라"며 훈계하지 말라. "위헌 판결난 차벽 걷어치워라"며 경찰을 꾸짖어라. 헛똑똑이들의 훈계질 없어도 냉정하고도 위력적인 학익진 전술로 박근혜를 권좌에서 끌어내린다.

오후 1:03

1126 눈꽃혁명, 훗날 역사는 오늘을 이렇게 기록할 것이다. '하야'안 서설의 축복 속에 시민의 위대한 승리를 이뤄냈다.

오후 10:28   라이브방송

그녀를 만나기 200m 전 청와대 삼청동 방면 최후저지선 앞이다. 일제의 총독관저가 들어선 이래 110년만에 청와대에 가장 가까이 갔다. 시민나팔부대 나팔소리에 그녀가 잠을 깼으려나.

오후 11:58

<시민나팔부대>의 <광화문음악대>로의 진화가 눈부시다.
부부젤라, 작은나팔에 소고와 꽹과리, 북까지 총집결했다.
촛불시민혁명의 선봉대가 되어 최전선에서 싸운다.

2016년 11월 27일 일요일

오전 11:37 목포 압해대교에서

1126 청와대 200m 앞까지 박근혜 체포하러 갔다가 남도로
은신했다는 첩보를 입수, 신안 압해도로 출동! 전국 어디에도
숨을 곳 없다. 즉각 퇴진하라! 남도는 완전 봄날이다. 아름답다!

오후 11:11

제주 올레길, 산티아고웨이처럼 국민들과 세계인이 앞다퉈
찾는 새로운 길을 개척하기 위한 프로젝트, '남도 바닷길 200리
걷기'를 하고 있다. 2015년 9월, 뜻있는 벗들과 함께 이 길을
구상했다. 작년 10월에는 차량으로 이동하며 현지답사를 했었
다. 복잡한 세상 일과 나의 게으름 때문에 1년 여만에 여러 벗들
과 함께 오늘 이 길을 걸었다. 원래는 11.26(토)부터 2박3일
일정으로 200길을 걸어볼 계획이었으나, 1126 집회 참석 때문
에 오늘과 내일 1박2일로 단축하여 진행하고 있다. 오늘 압해대
교에서 김대중대교까지 25km를 걸었다. 어제 집회 참가의 여파
로 일행 모두가 피곤했지만, 바다와 들판과 산들을 지나며 조국

강토의 아름다움에 큰 위로와 힘을 얻었다. 내일도 30km 정도 걸으며 남도 바닷길의 아름다움에 흠뻑 빠져보려고 한다. 원래 예정된 목포~중도까지 4개의 연륙교를 지나는 80km(200리)를 완주하지 못하고 서울로 가야하는 것이 아쉽다. 하지만 조만간 더많은 벗들과 함께 이 길을 우리 국민들과 세계인들의 사랑을 받을 수 있는 길로 공식적으로 소개할 기회가 있으리라 믿는다. 소망이 있다면 박근혜를 끌어내린 후 그 기념으로 수많은 벗들과 함께 '남도 바닷길 200리 걷기'를 하고 싶다. 모두 평안한 밤 되시기를... 김대중대교 앞 바닷가 숙소에서

2016년 11월 28일 월요일

오후 1:37

오늘 국정교과서가 공개됐다. 이 똥의 성분을 알려면 꼭 검토 분석해야 하는가. 내용 검토하는 시덥잖은 글 올리지말자. 국정교과서 프레임에 빠지는 짓이다. 국정교과서는 폐기되어야 한다. 국정교과서 추진한 박근혜정권이 폐기되어야 하는 것처럼.

오후 11:11

오천만 국민이 박근혜 일당을 학익진으로 포위하고 사면퇴진가(四面退陣歌)를 소리높여 끈질기게 부르자. 친박들은 항복하라! 박근혜는 조만간 외톨이된다!

2016년 11월 29일 화요일

오전 1:03

데모경제가 그녀 임기중 떠오른 최고이자 유일무이한 창조경제다. 내복, 관광버스, 양초, LED촛불, 광화문 밥집, 깃발, 깃대, 나팔... 데모하며 경제까지 살려내는 시민이야말로 위대하다.

오후 2:46

민주공화국 대한민국의 주권자 국민은 다음과 같이 요구한다.

1.박근혜는 대통령직에서 즉각 사임하라. 2.특검은 박근혜 사임과 동시에 박근혜를 긴급체포하고 구속기소하라. 3.국회는 가장 빠른 시간 내에 박근혜의 대통령직 사임 촉구 결의안과 탄핵안을 동시에 제출하여 재적의원 전원찬성으로 가결시켜라. 4.황교안 내각은 즉각 총사퇴하고 시민사회와 국회가 추천하는 총리를 새로 선출하라. 5.박근혜가 사임할 때까지 모든 국민은 계속 거리에서 촛불을 들 것이다.

오후 4:40

국회는 '즉각사임결의안' '탄핵결의안'을 쌍끌이로 가결하라!

박근혜는 자신의 진퇴를 국회 결정에 맡기겠다고 말했다. '임기단축'이란 표현엔 개헌의 꼼수가 숨겨져 있는데, 그것이 꼼수임을 드러내주는 방법은 딱 하나다. 국회가 대통령직 즉각 사임 촉구 결의안(헌법 및 법률상 강제성이 없음)과 탄핵 결의안(헌법과 법률상 강제성이 있음)을 동시에 가결시키는 것이다. 물론 가장 중요한 것은 국민들이 계속 촛불을 들고 '박근혜 즉각 퇴진'을 외치며 거리에 나와 싸워야한다는 것이다. 12월3일, 3백만 촛불로 학익진을 만들어 박근혜를 응징하고 몰아내자.

오후 10:18
현 시국에선 시민은 촛불을 들 때만 자유로우며, 박근혜 퇴진 없이 촛불 내려놓으면 즉시 노예로 돌아간다.

2016년 11월 30일 수요일

오전 10:03
2017학년도 한국사 검인정교과서의 현대사의 대미는 '2016년 박근혜 퇴진 명예혁명 승리'로 기록될 것이다. 닭똥에 불과한 국정교과서 따위는 신성한 교육현장을 더럽히지 못할 것이다.

오후 4:25
"야당이 탄핵 실천한다면 제가 뜨거운 장에 손 넣고 지지겠다"(이정현, 오늘 새누리당 의총 직후 발언) 겨우 손모가지를 걸다니... 아예 배를 째겠다고 하시지.

오후 8:04
박근혜의 청와대 농성은 국민촛불 학익진에 반드시 무너진다.
☆ 우리 역사 속 패배한 농성전, 승리한 농성전 ☆

10월25일 JTBC의 태블릿PC 특종 이래 박근혜는 청와대에 틀어박혀 35일째 농성하고 있다. 5차례의 시민촛불은 이제 거대한 횃불이 되어 청와대를 포위하고 있다. 박근혜의 농성전은 후대의 역사에 패배한 농성전으로 기록될 것이다. 비록 춥고 힘들더라도 촛불을 들고 학익진을 펼치며 항복을 받아내야 한다. 오는 금요일 국회 탄핵안 표결과 토요일 6차촛불을 준비하면서 역사 속 승리한 농성전과 패배한 농성전을 공부해보는 것도 의미가 있지 싶어 글을 썼다. 승리를 염원하며 읽어보시기 바란다.

#승리한 농성전 1. 고구려 안시성 대첩(645년): 당의 고구려 1차침입 전쟁. 성주 양만춘 장군이 이끄는 안시성 장병들과 백성들은 당 태종이 진두지휘하는 40만 침략군에 맞서 88일간의 농성전을 펼쳐 승리를 거뒀다. 2. 고려 처인성·충주성 대첩(1232년, 1253년): 몽골의 제2차 고려 침공(1232) 당시 몽골군 사령관 살리타이가 직접 용인 처인성을 공략했으나 승병장 김윤후가 화살로 살리타이를 죽이고, 천민과 승려들이 합심해서 싸워 승리했다. 몽골의 제5차 침공(1253) 당시 충주성 전투가 70일간 계속되었는데, 김윤후가 이끄는 고려군은 노비문서를 불태우며 노비까지 참여하여 몽골군을 격퇴했다. 3. 조선 진주성대첩(1592년): 10월 진주목사 김시민과 4,000명의 장병 백성들이 3만의 왜군을 상대로 7일간의 격전 끝에 격퇴시켰다.

#패배한 농성전 1. 고구려 백암성 전투(645년): 645년 당의 고구려 1차침입 전쟁. 당 태종은 요동지역의 가장 큰 고구려 성인 요동성을 오랜 전투 끝에 어렵게 점령했다. 그 다음은 백암성이었다. 정권을 장악한 연개소문이 파견한 백암성주 손벌음은 요동성 전투의 패배를 보고 항복을 내심 결정하고 당 태종에게

비밀사신을 보냈다. 그러나 수나라의 잇단 침략에도 무너지지 않았던 백암성 장병과 백성들은 끝까지 전투에 임했다. 치열한 전투가 계속되던 순간에 손벌음은 성벽 중앙에 당나라 깃발을 꽂았고, 사기가 급저하된 고구려군은 패배했다. 성주의 배신이 낳은 농성전의 패배였다. 2. 고려 서경(평양성) 전투(1010년): 1010년 거란의 성종이 고려를 직접 침공한다. 제2차 고려−거란 전쟁이다. 고려군 총사령관 강조의 30만 대군은 통주성 전투에서 대패하고 강조마저 포로가 된다. 고려군은 서경에 집결하여 농성전을 벌였지만 전세는 불리했다. 서경의 지휘관인 탁사정이 발해유민병 지휘관인 대도수에게 성을 박차고 나가 싸우라고 지시한다. 대도수의 발해병이 동문을 박차고 나가 거란군을 공격하는 사이, 탁사정의 고려 주력군이 서문으로 나가 거란군의 본영을 치자는 작전이었다. 1차 고려−거란 전쟁의 영웅인 발해의 왕족 출신 대도수는 승리를 위해 희생하기로 결정하고 동문을 열고 거란군을 공격했다. 그러나 약속한 시간이 되었지만 거란군 본영은 조용했다. 탁사정의 군대는 분명 서문을 열고 나왔다. 하시만 그들은 거란군 본영을 공격한 것이 아니라 개경이 있는 남쪽으로 도망쳤다. 즉 자신들이 살기 위해 발해군을 희생양으로 이용한 것이다. 발해군은 포로가 되었고, 거란으로 모두 끌려갔다. 발해가 우리 역사에서 영원히 지워지는 안타까운 순간이다. 3. 조선 남한산성 전투(1636년): 병자호란이 발발하자 인조는 12월15일 남한산성으로 피한다. 45일간 무기력하게 농성하다가 1월30일 항복한다. 인조는 청 태종에게 삼고구배(머리를 3번 땅에 찧고 9번 절하는 항복의례)의 치욕을 당한다.

오후 10:54

박근혜, 서문시장 큰 화재 발생 후 21시간 지나도록 피해 입은 상인들께 위로전문 한 줄조차 안 보내고 있다. 박근혜는 지금 현재 확실히 대통령이 아니다. 고통당하는 국민을 위로하는 일조차 포기하니 말이다. 인간에 대한 예의조차 모르는 괴물이라니. 더 가다가는 돌이킬 수 없는 국가적 재앙이 도래할 수 있다.

2016년 12월 1일 목요일

오전 10:34

박근혜가 기자들과 끝장토론한다고?

특별검사 앞에 가서 끝장수사나 받아라!

오후 3:51　강남역 11번출구 점심피켓팅에서

시민 30명이 피켓팅 참여했다. 시민들의 분노게이지가 그만큼 높다는 반증 아닌가. 어제 서문시장 큰불에 위로전문 한 장 안 보내던 박근혜, 오늘 깜짝 방문했으나 대구는 냉담했다. 아직도 연기 피어오르는데 가서 뭘 하려고? 피해자 위로? 자기가 위로받으러 간거다. 국회는 지체없이 탄핵절차 개시하라.

오후 9:25

12월5일 국회는 탄핵표결하라. 12월3일, 300만촛불 모이자! 본때 보이자! 탄핵반대 새누리 의원들은 12월3일이 초상날이다.

2016년 12월 2일 금요일

오전 12:16 광화문광장에서

12월3일 충무공의 투혼으로 삼백만 촛불을 들자. 충무공의 정신으로 대한민국 호를 구하자. 이 시간 광장은 충무공과 세월호의 영혼들이 지켜주는 가운데 박근혜퇴진 텐트로 가득하다.

오전 10:11

다음 주 탄핵 투표한다. 박근혜와 새누리의 초상날! 대한민국 민주주의 축제날! 12월3일 광화문에서 축제를 준비하자!

오전 11:03

12월3일 제6차 국민촛불, 시민나팔부대 모이자! 다음 주에 국회가 탄핵 표결한다. 탄핵 반대 의원들은 그 날이 초상날이다. 6차촛불은 3백만이 모여 학익진을 펼치자. 민심의 무서움을 똑똑하게 보여주자. 나팔 불고 북을 치며 학익진의 선봉에 서자.

오후 6:13

박근핵닷컴(parkgeunhack.com)을 통해 국회의원들에게 탄핵찬성 요구 이메일 보내자. 익명 시민 네 명이 사이트 열었다. 탄핵 표결일까지 수억 통의 메일과 전화로 국회를 압박하자.

오후 9:08

12월9일 탄핵표결, 7일간의 탄핵전쟁 시작됐다. 박근혜 뒤에 비겁하게 숨어있던 새누리당이 끌려나왔다. 혁명은 "목(命)을 자르는(革)" 것이다. 수구본당을 뿌리뽑는 명예혁명 7일전투가 시작됐다. 새누리당에서 28명만 더 뽑아오자. 의결정족수 200명만 딱 채워 표결 이기고, 나머지 100명은 분리수거 폐기하자.

오후 11:04

잠시 전 법원이 내일 열리는 6차 국민촛불집회에서 청와대 그네 앞 100m까지의 집회와 행진을 허용했다. (지난 주 5차촛불에는 200m 앞까지만 허용) 촛불시민들은 청와대 세 방면 최전선에서 박그네의 귓구녕이 뚫리도록 나팔 불고 함성 지르자.

2016년 12월 3일 토요일

오전 8:58

★ 12월3일 6차촛불 데모 꿀팁 ★

1.덜 춥다. 여벌 옷 가방에. 2.데모 동지 먹거리 함께 준비해 나눠 먹자. 3.양초10개, 종이컵10개 준비해 함께 촛불 켜자. 4.냄비뚜껑, 호루라기 등 소리나는 것 준비하자. 5.혼자 데모 재미없는 분, 시민나팔부대에 합류하시라.

오전 10:22

나 하나 광장에 안 나간다고 뭔 일 있겠어? 우리 가족이라도 광장에 가야지 밥 넘어가겠다. 오늘은 삼백만 촛불 학익진이다.

오후 8:38 라이브방송 청와대 삼청동 방면 최전선에서
시민나팔부대, 삼백만촛불의 최선봉에서 힘차게 싸웠습니다.

2016년 12월 4일 일요일

오전 12:51
짐승들과 인간들이 싸우면 누가 이길까요? 승부는 이미 정해
졌습니다. 인간의 대열에 함께 해주셔서 벗님들, 고맙습니다.

오후 12:10
박영수 특검은 탄핵 당일 범죄자 박근혜를 긴급체포하라!
<박근혜 빅엿 3종 셋트> 박근혜 탄핵! 체포! 구속!

오후 2:54 광화문광장에서
민중미술가 최병수 작가와 25년 만에 만났다. 80년대를 대표
하는 대형 걸개그림 '한열이를 살려내라'와 '노동해방도'를 그린
분이다. 철제조각 '하야하락' '꽃, 희망, 꿈'이 형님의 작품이다.

오후 5:15
시민나팔부대, 12.3 세 차례의 청와대 진격 동영상입니다.
탄핵표결은 국회가 하지만, 탄핵전쟁은 국민의 몫입니다.
5000만 국민 모두 박근혜 탄핵전사가 되어 싸웁시다.

2016년 12월 5일 월요일

오전 12:12

나팔부대 배후가 의심스럽다고 어느 일베가 글을 올렸다. 나팔 자금은 어떻게 마련하냐고? 나팔 한 개 1100원. 시민들이 자발적으로 돈 모으셨다. 전문가 스멜이 난다고? 박그네 덕분에 시민들 모두 데모 전문가 됐다. 나팔이 무섭긴 무서운 모양이다. 12월9일 국회 포위투쟁엔 나팔 1천개 준비해야겠다. 더 크고 더 묵직한 소리로 쓰레기들 오줌 지리도록 해주마.

오전 11:27

12월3일 내고향 대구 4만 촛불 위용에 가슴이 울컥했다. 6월 항쟁 이래 가장 많이 모였다. 대구가 이 정도면 승부는 이미 났다. 고향에서도 버림받은 그녀가 갈 곳은 감옥뿐이다. 5일간의 탄핵전쟁, 승리의 최후일격 가하기 위해 한 걸음 더 뛰자.

오후 4:22

정세균 국회의장이 지난 6월 취임 당시의 약속대로 비정규직 청소노동자 207명을 정규직으로 전환, 2017년부터 국회가 직접 고용하기로 했다. 약속을 지키는 정치인의 전형이다. 특히 서민들의 밥줄이 달린 약속은 반드시 지켜야 한다. 12월9일 탄핵투표를 앞두고 정 의장이 다시 주목을 받고 있다. 시민단체들은 9일 국회 마당을 국민에게 개방하여 탄핵 찬성 시민 필리버스터를 하게 해달라고 국회의장에게 청원을 넣었다. 정세균 의장은 '질서있는 국민촛불'을 신뢰하는 분이니 국회를 흔쾌히 주권자들에게 개방해주시리라 믿는다. 놀라온오케스트라가 3년째 서울봉제산업협회를 도와 종로구 창신동 낙산실빛음악회에 재능기부한 것을 정세균 국회의원께서 표창으로 치하해주셨다. 놀라온오케스트라를 대표하여 감사를 드린다. 박근혜 탄핵 축하음악회도 신나게 열고 싶다.

오후 7:38

내년 4월이 아니라, 내일 '4차 담와'조차 보기 싫거든. 그냥 관저에 방콕하고 국회 탄핵표결 결과나 기다려라. 박근혜 4월 퇴진 사탕발림에 넘어가는 자들이 있다면 모두 쪼다들이다.

오후 8:35

청와대 출입기자들에게 고한다. 내일 박근혜 4차담화에 질의응답 없다면 기자석 비워라. 기자는 국민 대신 질문하는 자이지, 의전도우미가 아니다. 그 정도 기개마저 없다면 펜을 꺾어라.

오후 10:05

작년 오늘 민중총궐기가 서울시청광장에서 열렸다. 10만명만 모인다면 간이라도 빼주고 싶을 만큼 절박했다. "삶은 그런거예요, 혼자서는 불가능한. 함께 가요 우리." 수백만명이 모이는 시민혁명 시대다. 수많은 벗들과 함께여서 눈물나게 행복하다.

2016년 12월 6일 화요일

오전 8:40

12월9일은 국민이 정한 임시공휴일, 국회로 모입시다.

오후 4:28

나팔부대의 '자금 배후'가 의심스럽다는 근혜빠의 개소리 포스팅에 격분한 수십 명의 벗들께서 어제부터 단 하루 만에 350만원의 후원금을 보내주셨다. 서울시내 털어서 나팔 1000개와 각종 데모용품을 장만해 8일 밤 국회로 간다. 나팔 1000개로 무장한 시민나팔부대는 8~9일 국회 포위농성투쟁을 전개한다.

오후 6:32

세월호가 가라앉는 급박한 시간이던 4월16일 오후1시, 박근혜는 미용실 원장을 불러 90분간 올림머리를 했단다. 그런데 참사 당일 오전10시부터 1시까지 행적이 없다. 박근혜, 국민들이 수장되고 있을 때 넌 무얼 한거냐? 너는 악마다.

2016년 12월 7일 수요일

오전 9:39

삼성 이재용 청문회 한 줄 정리. 박근혜정부 실세인 최순실의 존재를 안 시점조차 정확하게 기억하지 못하는 무능한 경영자.
이재용은 훌륭한 분에게 삼성그룹 경영권을 넘겨야 마땅하다.

오후 4:17

국회의사당의 둘레는 2500m, 5천명이 인간띠로 이으면 둘러쌀 수 있다. 5만명이면 10겹, 50만명이면 100겹으로 둘러쌀 수 있다. 제7차 국민촛불이 국회에서 횃불로 타오른다. 박근혜 정권은 7일 만에 무너진 여리고성처럼 붕괴된다. 국회를 7바퀴 돌며 벽력함성을 지르자. 탄핵의 역사적 현장에서 힘 모으자.

오후 6:40

적벽대전 앞둔 유비와 손권에겐 두 가지가 필요했다. 하나는 화살이요, 또 하나는 동남풍이었다. 동남풍을 타고 날아간 불화살은 조조 군을 몰살시켰다. 내일밤 나팔과 촛불을 쥔 시민들이 강남역에 모인다. 나팔소리는 동남풍을 타고 국회를 짓쳐들어갈 것이다. 근혜의 아성 강남에서 박근혜 탄핵 최후결전 준비하자.

2016년 12월 8일 목요일

오전 12:18

죄 짓고 감옥에 들어갈 땐 담담해지는게 맞다. 죄 없는데 감옥 들어갈 땐 속에 천불이 나지만. 잘 가거래이. 그만하면 많이 해묵었다아이가. 박근혜 탄핵 D-1! 승리는 국민의 것이다!

오후 2:03 강남역 11번 출구 점심피켓팅에서

밖으로 나가는 길은 딱 하나뿐이다. 그 길은 안으로 들어가야만 만난다. 함께 달려가자! 세상을 향한 문이 열리고 있다. 박근혜 탄핵! 한국 민주주의 대전환의 길을 열자!

오후 6:31 라이브방송(1시간30분) 강남역 11번출구에서

박근혜탄핵 강남시민대회, 강남역11번출구 강남스퀘어. 강남시민들, 강남에서 동남풍을 일으켜 국회로 진격한다.
□연사 −416세월호참사 유가족 대표 −강병인(캘리그라피스트. 대형글씨 퍼포먼스) −고상만(인권운동가) −권영빈(세월호특별조사위 상임위원) −권영은(삼성 직업병피해자 반올림 집행위원장) −박성수(시민운동가) −조국(서울대 법학전문대학원 교수)

오후 11:00

새누리당사 앞에서 겁대가리 없이 '탄핵반대 집회'하는 한 줌도 안되는 박사모들에게 나팔폭탄 날리며 1박2일 국회 포위투쟁 '탄핵수월래'의 포문을 열었다. 탄핵전쟁, 국민이 승리한다.

2016년 12월 9일 금요일

오전 1:30

국회 앞에 텐트 2동을 치고 1박2일 투쟁에 돌입했다. 시민나팔대원 20명이 탄핵 가결 순간까지 최선봉에서 싸우기로 뜻을

모았다. 역사적 순간에 존경하고 사랑하는 벗들과 함께 할 수 있어 영광입니다. 박근혜탄핵 커피맛 최고!

오전 7:28 국회 앞 시민나팔부대 기상나팔 동영상
탄핵의 날이 밝았습니다. 혁명의 날이 밝았습니다.
박근혜를 탄핵하고 새로운 대한민국 열어갑시다.

오후 6:31
탄핵 가결! ☆에게 할 말이 생겼다. 기다려준 안해가 고맙다. 멋진 벗들과 함께 힘을 모을 수 있어 영광입니다. '탄핵'콜은 만족할 수 없죠. '구속' 레이스! 내일 제7차촛불에서 만납시다.

2016년 12월 10일 토요일

오후 3:29 광화문광장 제7차촛불집회에서
탄핵전쟁에서 국민이 승리했습니다. 이제부턴 범죄자 박근혜 구속전쟁 돌입합니다. 세월호 참사 진실규명, 국정교과서 무효화와 위안부협정 폐기, 사드배치 철회 투쟁 시작합시다.

오후 9:32 라이브방송
박그네를 만나기 100m 전 효자파출소 최전선에 서다.
2017년, 박그네가 대통령이 아닌 새해를 맞자!

2016년 12월 11일 일요일

오후 12:59

내 평생의 스승이신 노혁명가 백기완 선생님께서 청와대 앞에서 시민나팔부대를 격려해주셨다. 장준하선생과 함께 긴급조치 1호 위반으로 구속된 이래 평생을 조국의 민주화와 통일에 헌신하신 혁명가다. 청와대 앞 선생님의 사자후는 여전히 청년의 기개였다. 부디 완전한 민주주의와 통일의 그날까지 건강하소서. 나는 대학 3학년이던 1987년 대선 당시 백기완 민중대통령후보 추대를 학생운동에서 가장 먼저 제안했고, 그의 출마를 성사시키며 선생님과 인연을 맺었다. 1992년 대선에서도 백기완 민중대통령후보의 출마운동에 참여하였고, 백기완 후보의 수행비서로 6개월간 전국 팔도를 모시고 유세에 참여했다. 1993년 4월, 백 선생님께서는 우리 부부의 혼례식에 길눈이(주례)를 맡아주시며 축하해주셨다. 통일된 나라에서 선생님의 고향, 장산곶매 날아다니는 황해도 구월산으로 선생님을 모시고 가고 싶다.

오후 3:50

우리가 국회 믿고 탄핵 외쳤나. 국민은 국민 스스로를 믿었다. 헌재도 마찬가지, 국민이 단결하면 헌재도 복종한다. 계속혁명!

오후 9:18

세월호 가족들의 끈질긴 투쟁이 없었다면 오늘은 없었다. 광주항쟁 가족들의 투쟁이 없었다면 6월항쟁이 없었듯이. 세월호

가족에게 쏟아진 그 야멸찬 비난들을 기억한다. 박그네 일당이 세월호 가족에게 한 악마적 짓거리도 기억한다. 참사의 원인, 7시간, 사후 은폐조작까지 모두 밝혀내자. 2년8개월간 초인적으로 인내한 세월호참사 피해자 가족들에게 위로의 말씀드린다.

오후 10:06

☆에게 어제 국회 앞에서 찍힌 이 사진을 보여줬다.

☆: 아빠, 왜 울었어? 나: 너무 기뻐서 울었어. ☆: 기뻐도 눈물이 나? 나: 슬플 때보다 더 눈물 나. ☆: 운동회 달리기 1등했을 때 안 울었는데. 나: 올림픽에서 1등하면 울거야. 김연아 언니처럼. ☆: 그래? 발레 더 열심히 할 거야. 나: 진짜? 별이가 1등하면 엄마아빠 펑펑 울거야. ☆에게 발레가 올림픽종목 아니란건 말하지 못했다. 그리고 아빠가 울보라는 것도 차마 말하지 못했다.

2016년 12월 12일 월요일

오후 4:33 강남역 11번출구 점심피켓팅

끝없이 이어지는 하이파이브, 탄핵 1차전에서 승리한 시민들의 표정이 밝다. 11월3일부터 오늘(12.12)까지 월~금 27일간 연인원 233명의 시민들이 강남역11번출구와 검찰청사 앞에서 박근혜퇴진 점심피켓팅을 계속했다. 오늘부로 매일 진행하는 점심피켓팅은 잠정 중단하고, 다음 주부터는 주 1회 점심피켓팅한다. 최종적 승리를 얻기 위해 더 큰 힘을 비축하기 위해서다.

오후 7:47

"우리 함께 박근혜 탄핵! 퇴진!" 올해 내가 페북에서 가장 많이 쓴 단어를 연결하니 이렇다. "연탄, 역사, 시민사관, 먹방"은 박근혜 퇴진 이후로 미뤄둘 수밖에... 좋은 세상에서 먹방합시다.

2016년 12월 13일 화요일

오전 1:06

인간이 짐승을 이기는 것은 체력 때문이 아니다. 인간 특유의 도구와 지혜를 갖추었기 때문이다. 2016 시민혁명에서 우리는 '촛불' '피켓'이라는 도구와 '인해전술'과 '학익진'이라는 지혜로 짐승들을 무찔렀다. 그러나 용기가 없으면 지혜와 도구는 무용지물일뿐. "나 하나 나간다고 뭐 달라지겠어"라는 소심함 대신 "나 하나라도 나가 머릿수 채워야지"라는 작은 용기가 결국 승패를 갈랐다. 1단계 승리를 넘어 최종승리의 관건 또한 용기다. '나 하나'들의 작은 용기가 모여 세상을 바꾼다.

오전 7:36

"나, 정치문제 관심 없어. 정치 포스팅도, 댓글도 안써." 중립 주장하는 사람들, 선거 땐 늘 1번 찍는 사람이 대다수다. 기득권 세력의 얼굴 없는 지지자들인 셈. 최근 45일간 그들의 페북을 보라. 시민혁명을 외면하고 있다. 그러나 나는 계속 말을 걸 것이다. 설득할거다. 선거에서만큼은 2번 새누리당은 찍지 말라고.

오후 2:38

　　조영래, 그를 일찍 데려간 건 시대라는 암이었다. (고 조영래 변호사 26주기에 부쳐), 1947년 3월 26일, 대구 중구 대봉동에서 태어났다. 훗날 그의 벗 전태일은 1948년 대구 남산동에서 태어났다. 경기고 3학년이던 1964년, 한일회담 반대시위를 주도했다. '이것이 민족적 민주주의드냐'는 문구도 그가 만들었다. 1천명의 시위대를 이끄는 원 안의 학생이 바로 조영래다. 1965년 서울대 전체 수석으로 법대에 입학했다. 손학규·김근태 등과 3선개헌반대 등 학생운동을 이끌었다. 경찰에게 학생운동 정보를 누설한 법대 선배 정형근에게 주먹을 날려 정형근은 재학 시절 내내 조영래를 피해다녔다. 1970년 전태일 분신 직후 서울대 추도시위를 주도했다. 그는 전태일의 영원한 벗이 되기로 마음 먹었다. 1971년 사법시험에 합격하여 사법연수원 재학 중 서울대생 내란음모사건으로 구속돼 1년6월의 옥고를 치렀다. 1973년 만기출소했으나 곧장 민청학련 배후로 수배됐다. 1980년까지 수배생활을 하며 전태일 평전을 집필했다. 1977년 전태일의 어머니 이소선 여사가 구속됐을 때, 여동생 전순옥에게 결혼반지와 목걸이를 쥐어주며 옥바라지에 쓰라고 했다. 1982년 사법연수원 수료, 김앤장에서 변호사 활동을 시작했다. 1983년 남대문합동법률사무소 개업, 시민공익법률사무소를 병설했다. 1984년 망원동 수해사건을 접하고 최초의 집단소송을 진행했다. 5년10개월의 소송에서 국가배상 판결을 이끌어냈다. 1985년 결혼 퇴직 관련 여성 조기정년 사건에서 승소했다. 직장 내 성차별을 깬 여성인권의 수호자도 조영래였다. 1986년 노동운동가 권인숙 씨 성고문사건 변호인단을 이끌었다. "권 양, 우리가 그 이름을 부르기를 삼가지 않으면 안 되게 된 이 사람은..."
그 유명한 조영래의 변론 원고는 그렇게 탄생했다. 1986년 대한
변협 인권보고서 발간의 산파역을 하고 인권변호사들의 상설조
직인 정법회를 창립하였다. 1988년 민주화를위한변호사모임의
산파 역할을 했다. 1987년 대선 야권후보단일화를 위해 노력하
다 좌절했고, 1988년 민주세력 통합운동을 전개하다가 다시 좌
절했다. 1990년 미국 컬럼비아대에 유학해 인권법을 공부하다
가 폐암 3기 진단을 받고 귀국해 그해 12월12일 43세로 타계했
다. 고 조영래 변호사 26주기, 삼가 고인의 명복을 빈다.

오후 5:57
경쟁자 공격에만 골몰하는 일부 세력들에게 경고한다. 모든
싸움은 결국 자기와의 싸움이다. 타자와의 싸움이란 생각에 사
로잡혀 있는가? 후퇴와 패배의 핑계를 찾는 무의식의 발로일뿐
이다. 경쟁자 공격에만 골몰하는 자들은 그 입 다물라. 시민혁명
은 아직 미완이다. 잔치는 시작되지도 않았다.

2016년 12월 14일 수요일

오전 11:44
박근혜의 얼굴에 필러 멍 자국과 주사바늘 자국이 이렇게 선
명한데, 청문회에 출석한 대통령 주치의 2명, 청와대 의무실장
과 간호장교, 자문의 2명 모두 누가 시술했는지 모른다고 한다.

결국 박근혜를 직접 수사해야 한다. "당신 얼굴에 필러 시술한 자는 누굽니까?" "필러만 했느냐? 다른 약물은 맞지 않았냐?"

오후 2:50

오늘 동명이인인 분당서울대병원장 때문에 내 이름 석 자가 네이버 실검 1위에 올랐는데, 내가 의사가 될 뻔한 일이 있었다. 1985년 1월 학력고사 점수표를 받았다. 지금은 돌아가신 아버지께서 나를 부르시더니 진로 이야기를 하자고 하셨다. 어린 시절 아버지는 내게 참 어려운 분이셨다. 19살의 나는 긴장하고 아버지 앞에 무릎꿇고 앉았다. "훈아, 경북대 의대 가는게 어떠냐. 서울대 정치학과에 가면 데모에 휩쓸리고, 감옥까지 가는 일이 많다는데... 의대 나와서 의사하면서 편하게 살면 좋을텐데." 아버지의 진지한 말씀에 숨이 턱 막혔다. 늘 말은 없으셨지만 당신의 아들에 대한 사랑도 느낄 수 있었다. 하지만 나에겐 어린 시절부터 품고 키워온 꿈이 있었다. 숨을 가다듬고 말씀을 드렸다. "아버지, 저는 여섯 살 한글 배우면서부터 서울로 가서 공부하겠다고 마음먹었습니다. 아버지, 어머니께서도 어린 시절부터 서울로 가서 공부해 나라에 필요한 사람이 되라고 늘 말씀하셨잖습니까. 전국에서 모인 좋은 친구들 만나 사귀고 함께 공부하고 싶습니다. 데모하다가 감옥가는 일은 되도록 피하겠지만, 4.19 같은 일이 일어난다면 저도 당연히 데모해야지요. 그런 상황에서 책만 읽고 있을 수 있겠습니까. 제 앞길 제가 잘 열겠습니다. 걱정 말고 서울로 보내주십시오." 아버지께서는 잠시 침묵하시더니 이렇게 말씀하셨다. "그래 알았다. 서울 가서도 단디 해래이. 닭 잡아서 공부시킨 니 엄마 생각하고." "아버지 고맙심다. 서울 가서도 단디 하겠심다" 부자 간의 대화를 옆에서 숨죽이고 듣고 계시던 어머니께서는 눈물을 훔치고 계셨다. 결국 아버지의 예감대로 난 학생운동에 참여하고 감옥에도 3차례 드나들었다. 그러나 그 순간에도 아버지와 어머니께서는 아들의 편이 되어주셨다. 20대에는 6월항쟁의 거리를 내달리던 아들이 지천명의 나이로 2016 시민혁명의 광장에서 달리는 모습을 보고 하늘에 계신 아버지께서는 어떤 생각을 하고 계실까. 4년 전 돌아가신 아버지 생각이 많이 난다. 토요일 8차 촛불집회 마치고 대구에 계신 어머니 뵈러 가야겠다.

오후 5:42

수백명이 수장되고 있는데 대면보고할 여건이 아니어서 전화보고와 서면보고만 했다? 오늘 종일 회사일 모두 미루고 청문회 시청중이다. 출석한 증인 대부분이 공직자들이다. 국가안보실장, 대통령 주치의와 청와대 의무실장, 간호장교, 대통령 자문의... 그런데 정말 한심하다. 박그네와 이런 한심한 공직자들이 국가를 통치하고 있을 때 외적의 무력침공이 있었다면. 상상만 해도 끔찍하다. 박그네는 폭탄이 떨어져도 머리 매무새부터 만졌을터이고, 국가안보실장은 위급상황에서도 안보실 직원을 자전거에 태워 대통령 관저로 보내 서면보고만 줄창 해댔을테니 말이다. 박그네의 대한민국은 단지 정권교체가 아니라 오로지 혁명을 통해 뿌리로부터 완전히 갈아엎어야 한다는 것이 증명됐다. 혁명은 "목(命)을 자르는(革)" 것이다. 썩은 가지만 잘라선 안된다. 밑둥을 베어내야만 한다.

2016년 12월 15일 목요일

오전 11:02

요즘 식당에 가보면 박그네 씹는 대화가 많이 줄었다. 탄핵가결 전엔 박그네가 메인 안주요 반찬이었는데. 밥 먹거나 술 마실 때 박그네 만행을 계속 이야기하자. 청문회 증인들의 후안무치한 거짓말들을 씹어돌리자. 소곤대지 말고 옆자리에 들리도록 이야기를 나누자. 올해 송년회 건배사는 "박그네 방빼!"로 소리 높이자. 큰 공을 세운 사람에게 후한 상을 주는건 마땅하지만, 공이 작은 사람도 격려하고 함께가야만 완전승리한다. 거리에 쏟아진 300만 시민촛불만으로 이길 수 있는가. 5000만 시민이 한마음 한뜻으로 뭉쳐야 이길 수 있다. 시민혁명은 거리에서만 이뤄지는게 아니다. 우리의 삶터 어디든지 명예혁명의 숭고한 전쟁터다. 先和而後造大事 시민이 뭉쳐야 큰 일 이뤄낼 수 있다.

2016년 12월 16일 금요일

오전 11:16

시민나팔부대 8차촛불 집결 안내

◇1차 집결 : 오후 4시 이순신동상 뒤편

◇2차 집결 : 오후 6시 광화문 앞

시민혁명 완수하는 그날까지 시민나팔부대는 계속 싸웁니다.

오후 12:03

시민혁명을 무력화하려는 반혁명 책동이 자행되고 있다 1.친박 정우택(62표)이 비박 나경원(55표)을 누르고 새누리당 원내대표에 당선됐다. 2.법률상 탄핵소추를 책임지고 있는 국회법사위원장 새누리당 권성동은 "헌재는 탄핵심판절차를 형사사건이 끝날 때까지 정지할 수 있다"고 공공연히 주장해온 김앤장 출신의 황정근 변호사를 탄핵소추위원 총괄팀장으로 임명했다. 3.대통령 권한대행인 황교안 총리는 국회에 대통령에 준하는 의전을 요구하는 등 박근혜의 총리로서 저지른 범죄적 행위에 대한 개전의 정을 전혀 보이지 않은채 후안무치한 행동을 하고 있다. 한 줌도 안되는 무리들이 반혁명을 획책하고 있다. 인간말 종들의 반란을 단호하게 쓸어버리자. 혁명은 계속되어야 한다.

오후 5:52

MBC에서 해직되어 암 투병중인 이용마 기자를 위해 기도해 주십시오. MB와 그 앞잡이 MBC 경영진에게 해고된 이용마 기자, 5년 넘는 해직생활에도 꿋꿋이 잘 버티고 있었습니다. 그런데 복막암이라는 치료가 어려운 암에 걸려 지금 경기도의 어느 요양원에서 살아가고 있습니다. 이용마는 제가 다닌 정치학과의 2년 후배입니다. 6월항쟁의 거리를 함께 누비며 독재타도를 외쳤습니다. MBC에 기자로 취업할 때도 저는 그를 축하했고, 결혼 전 신부와 함께 즐겁게 축하모임도 가졌습니다. 오늘 문재인 씨가 용마를 문병한 소식을 보았습니다. 늠름하던 후배의 쇠약해진 모습에 눈물이 터졌습니다. 이용마 기자가 건강을 회복할 수 있게 기도해주십시오. 복직하여 기자로서 다시 일할 수 있게 기도해주십시오. 제 친구인 정치학과 85번 동기 MBC 강지웅PD를 비롯한 해직언론인들이 복직할 수 있도록 응원해주십시오. 용마야, 힘내라. 악마들을 쳐부시고 이겨내자. 아내와 두 아들, 그리고 5000만의 촛불 보며 힘내라.

오후 8:16

두 달째 새누리 지지율 15%. 국민의 80%가 친박이든 비박이든 새누리 계열 대선후보는 찍지않겠다는 증표다. 정권교체조차 못할지 모른다는 패배주의적 비관 대신 구악척결과 적폐해소에 시민혁명의 힘을 집중하자. 박근혜가 오늘 탄핵사유를 전면부인하며 도발했다. '촛불 횃불'과 '나팔 몽둥이'로 박살내자.

2016년 12월 17일 토요일

오후 1:02   광화문광장에서 제8차촛불

승리를 위해, 나는 시민나팔수로서 열심히 나팔 불며 싸우련다. 각자가 가장 잘 하는 방식으로 박그네 끌어내리자. 7차까지 쉼없이 달린 분들, 오늘 하루 빠져도 괜찮아. 8차촛불 참가한 우리가 더 힘내자. 9차엔 또 엄청나게 모일거야.

오후 10:37   광화문광장에서 제8차촛불

깊이 반성합니다. 8차촛불 시민들의 참여가 종전보다 상대적으로 적지 않을까 걱정을 많이 했습니다. 그러나 시민들은 여전히 뜨거웠고 분노는 넘쳤습니다. 서울에만 60만명, 나팔대원도 50명이 넘게 모였습니다. 희망촛불을 변함없이 밝혀주신 분들께 존경과 사랑의 인사를 드립니다. 우리는 박그네가 여전히 대통령인 2017정유년, 정유재란을 결코 용납하지 않을 것입니다.

2016년 12월 18일 일요일

오전 9:16

데모하다보면 마이크마저 씹어먹고 싶을만큼 배고프다. 특히 박그네 만나기 전 100m 앞에 서면. 어제 나팔부대 2차출격 삼청동 방면, 그네 관저 턱밑에서 연설하는 내 모습이 딱 그렇다.

오후 6:05

"남사스러버서 못살겠대이. 박근혜 퍼뜩 치아뿌라 안카나"

대구 계신 어머니를 찾아뵈었습니다. 가벼운 감기 기운에도 일흔다섯의 당신께서는 비교적 건강하셨습니다. 왜관에서 7남매 맏이로 동생들을 업어키우던 당신은 5남매의 맏이인 아버지께 51년 전 시집오셨습니다. 시부모가 돌아가신 대구 비산동 달동네 초가집 단칸방에서 고모 두 분, 삼촌 두 분을 시집장가 보내고 우리 형제를 키우셨습니다. 참 많이 고생하셨지요. 1980년 오일쇼크로 아버지께서 실직하시자, 파리도 못 잡던 여린 심성의 어머니는 눈을 질끔 감고 생닭의 목을 치는 닭집을 시작하셨지요. 우리 형제의 중학교부터 대학교까지 학비는 대구 원고

개시장 <평리닭집> 김정자 사장님께서 보태셨습니다. 4년 전 돌아가신 아버지께서도 15살부터 50년간 기계를 다루던 노동자로만 일평생 사셨습니다. 오늘 저를 보시더니 얼굴이 까칠하다며 걱정하셨습니다. 이윽고 박근혜 이야기가 나오자 "남사스러버 못살겠대이"라며 고개를 절레절레 흔드셨습니다. "박근혜 퍼뜩 치아뿌리라"는 말씀엔 힘이 들어 있었습니다. 제가 청와대 앞에서 데모하는 사진을 보시더니만 "추운데 몸조심 하거래이" 하시며 근심어린 표정을 지으셨습니다. 제가 20대 시절 전두환-노태우-김영삼 치하에서 3차례 감옥에 드나들 때 어머님은 늘 이렇게 걱정의 말씀을 하셨죠. 엄마 생각에 감옥 안에서 남몰래 울었던 기억이 납니다. 어머니의 인자한 미소에 쉰 살의 아가는 또 힘을 얻습니다. 어무이, 사랑합니다. 단디 살겠습니다.

오후 11:50
중국 백만대군도 못한 일을 조선청년이 해냈습니다. (장개석)
세계 그 어느 나라의 국민도 해내지 못한 천만 촛불시위를 우리 대한민국 국민이 해냈습니다. 84년 전 오늘 윤봉길 의사 순국

2016년 12월 19일 월요일

오전 10:25
복근이 생길라칸다. 부부젤라 덕분이다. 더 열나게 불어보자.
복근 생기믄 인증샷. 시민혁명기 건강비법!

오후 2:58

진돗개처럼 악착같이 물고 늘어져라. 부모님은 가장 강한 턱과 이, 튼튼한 심장까지 아낌없이 주셨다. 공부도, 사랑도, 운동도, 사업도 그렇게 했다. 오십줄의 시민혁명도 질기게 해낼거다.

오후 3:21

마약사범이니까 청색 명찰 달아야 하는 것 아닌가? 순시리가 노란색엔 경기 일으킨다고 부러 달아준건가? 조만간 서울구치소 1상 18방에 동무가 입방할거다. 통방으로 수다 떨면서 나름 재미있게 지내라. 약물과 주사는 못 넣어주지만 TV는 넣어주마. 우리 국민들, 그 정도 아량과 인정은 베풀만큼 착하다.

오후 5:18

이경재 변호사님, 저 전상훈입니다. 최순실 관련하여 변호사님께 두 번째 글을 쓰는군요. 오늘 최순실의 첫 재판을 마치고 기자회견하는 영상 봤습니다. 검찰의 공소사실을 모두 부인하시더군요. 박근혜가 13개 탄핵사유에 대해서 모두 부인하더니, 최순실도 입을 맞춘 듯 11개 공소사유 모두 부인하는군요. 최순실과 안종범이 서로 모르는 사이라고요? 하기사 최순실이 안종범을 아랫것으로 봤으니 실제 그럴 수도 있겠네요. 하지만 범죄를 공모했다는 사실만큼은 하느님마저도 부인하지 못할 증거가 이미 넘치지 않습니까? 돈 좀 벌겠다고 최순실같은 파렴치범을 변호하더라도 사실은 사실대로 인정하는 것이 법률가의 기본자세 아닌가요? 이런 식으로 배째라고 들이댄다면 결국 특검과 차기 민주정부가 그 배를 째어 검은 탐욕의 실체를 만천하에 드러내 보이는 수밖에요. 지난 1988년 공안통 이경재 검사님이 저 21살 서울대생 전상훈을 조사할 때 이렇게 말씀하셨죠. "싸나이답게 사실은 사실로 인정하고 법리로 다투자." 28년 후 현재 지천명의 시민 전상훈은 최순실의 호위무사 이경재 변호사님에게 충고합니다. "법률가답게 사실은 사실로 인정하고 법리로 다투세요." 국기문란범 최순실을 변호하다가 법률가 이경재마저 그에 동조하는 괴물이 되지는 마십시오. 현실의 법정은 물론 역사의 법정에서 누가 승리할지 두고 봅시다. 전상훈 드림

2016년 12월 20일 화요일

오후 9:12 강남역 11번출구 세월호 거리서명에서

1,000일을 거리에 설 지 몰랐다. 진실을 밝혀낼 수 있다면 10,000일도 기꺼이 싸운다. 3년을 함께 한 서명지기 여러분께 존경과 사랑을 바친다. 세월호참사 980일, 강남역서명 953일

2016년 12월 21일 수요일

오후 4:48

탄핵 표수 내기에서 이겼다. 235표, 1표차였다. 12.10 집회에서 새누리 연내 분당예언도 맞았다. 광화문에 돗자리 깔자.

2016년 12월 22일 목요일

오후 4:48

폭풍의 바다, 제주 이호테우 해변의 장쾌한 파도. 시민혁명 민심폭풍이 이런 도도한 기세 아닌가. 행복한 제주 출장이다.

2016년 12월 23일 금요일

오후 3:17

2016촛불집회(170만 12.3 광화문광장) 1975관제데모(140만 여의도 5.16광장) 주권자의 자유의지가 결집된 생동하는 사람들과 독재자에게 노예처럼 끌려나온 생명없는 무리.

생명의 시대는 오직 주권자의 자유의지로 열 수 있다.

2016년 12월 24일 토요일

오후 2:08   광화문광장 제9차촛불집회

무작정 봄을 기다리지 마라 봄이 오지 않는다고 투정 마라 바람 부는 날이 봄날이다 웃는 날이 봄날이다 꽃이 피지 않아도 꽃은 지고 없어도 웃는 날이 봄날이다 아픈 날도 봄날이다 지나보면 안다 오늘이 그날이다. 전국의 희망광장에서 뵙겠습니다.

오후 5:17 라이브방송 청와대 앞 삼청동 최전선에서
시민나팔부대와 풍물패, 싹쓸이 옳, 큰북부대가 <요란소란 연
합부대>를 결성하고 역사상 가장 시끄러운 데모를 시전했다.

2016년 12월 25일 일요일

오전 11:28 광화문 세월호광장에서
교회에서 성탄예배 드리기 전에 세월호 분향소를 찾아 9개의
촛불을 밝힌 케익을 바쳤다. 3년째 이런 비극적인 크리스마스를
맞는 것이 원통하지만, 시민들이 이웃의 고통을 잊지 않고 희망
으로 전진하고 있으니 하늘에 있는 별들도 힘이 나리라. 내년
성탄에는 웃으며 우리 아이들과 만나게 되기를 기도한다.

2016년 12월 26일 월요일

오후 10:44
박근혜 씨, 저녁 드셨소? 오늘도 혼밥이셨겠구려. 난 촛불시
민들과 밥 먹었소. '혼밥 외톨이'는 '식구'에겐 이길 수 없소.

2016년 12월 27일 화요일

오전 10:24

송박영신 "박근혜 보내고 새해 맞자". 새해맞이 해시태그 캠페인 함께 해요. 모든 게시물에 #송박영신 붙여주세요.

오전 11:20

만세!!! 한국사 국정교과서가 사실상 폐기됐다. 위대한 시민의 승리, 청소년들의 투쟁의 승리다. 시민혁명은 박근혜 퇴진과 박근혜 적폐의 청산이다. #송박영신 박근혜 보내고 새해 맞자.

오후 6:15

19세기 중반 프랑스, 어느 작가가 몇 년간 혼신을 다해 쓴 장편소설을 유명 출판사에 보냈는데 답이 없었다. 초조해진 작가는 출판사에 편지를 보냈다. 그가 편지 한 장에 쓴 내용은 " ? " 딱 한 글자였다. 며칠 후 출판사의 답신이 왔다. 답신에는 이렇게 씌여있었다. " ! " 역시나 딱 한 글자였다. 선수끼리는 역시 통한다고나할까. 1862년 이 소설은 출간 즉시 베스트셀러가 되었고, 지금도 프랑스에서는 성경 다음으로 많이 읽힌다.

이 작가는 프랑스의 대문호 빅토르 위고, 그를 프랑스를 대표하는 대문호로 불리게 한 이 작품은 바로 <레 미제라블> 이다. 2013년 1월 1일 아침 7시, 코엑스 메가박스에서 영화로 봤었다. 시민혁명이 치열하게 진행되는 새해 아침, 벗들과 <레 미제라블>을 본다면 얼마나 감동적일까. #송박영신

2016년 12월 28일 수요일

오전 10:45

대통령이 블랙리스트 작성을 주도하고, 이 불법명령에 불응한 몇몇 장관과 관료들의 목을 베었다. 불법명령에 복종한 공직자들이 압도적으로 많다. 120만 공무원들의 시름이 깊다.

오후 5:28

이 소녀는 누구입니까?('위안부'합의 무효화투쟁 1년에 부쳐)

소녀, 바라볼 때마다 가슴 깊은 곳에서 슬픔과 분노가 솟구치게 되는 이 가녀린 소녀는 누구입니까? 이 소녀에게 어떤 일이 있었습니까? 76년 전 소녀는 어떤 일을 당했으며, 76년 후 지금은 또 어떤 일을 당하고 있습니까? 왜 이 소녀는 비가 오나 눈이 오나 이 황량한 거리에서 오돌오돌 떨고 있는 것입니까? 우리는 이 소녀에게 어떤 일이 있었는지 알아야 합니다. 국가가, 사회가, 우리들이 이 소녀에게 어떤 고통을 주었는지 알아야 합니다. 그래야만 소녀의 눈물을 닦아줄 수 있을 것입니다. 소녀는 식민지 조선의 딸로 태어났습니다. 비록 나라는 빼앗겼고 집안은 가난했지만, 댕기머리 땋고 동무들과 재잘거리며 연분홍 꿈을 키워가는 아리따운 소녀였습니다. 어느날 들판을 거닐던 열다섯살 소녀는 일장기 휘날리는 트럭에 강제로 태워졌습니다. 멀리서 이 광경을 보고 아버지가 쫓아왔지만 황토바람과 함께 아득히 멀어져 갔습니다. 소녀는 아버지를 부르고, 엄마를 부르다가 지쳐 쓰러졌습니다. 며칠 간 수백리를 달려 부산항에 도착했고,

큰 배에 태워졌습니다. 같은 또래의 소녀 수백 명이 같은 치마저고리 차림으로 오돌오돌 떨고 있었습니다. 큰 칼을 찬 일본군인들이 소녀들의 댕기머리를 강제로 잘랐고, 치마저고리를 벗기고 작업복을 입혔습니다. 울면서 반항하는 소녀들은 일본군에게 본보기로 폭행을 당했습니다. 지하 선창에 갇힌 소녀들은 조국강산을 눈에 담아두지도 못한 채 부산항을 떠나 오랜 항해를 시작했습니다. 며칠을 지났는지도 모를 어느날 배는 어느 낯선 땅에 도착했습니다. 날씨는 찌는 듯이 더웠고, 이따금 내리는 소나비만이 갈증을 풀어주고 더위를 가시게 했습니다. 소녀들이 밀림을 헤치고 도달한 곳은 욱일기 펄럭이는 일본군영이었습니다. 소녀들마다 방 한 칸씩 배정되었고, 그때부터 각 방에는 짐승의 무리들이 줄을 이어 들어갔습니다. 살려달라는 비명이 터져나왔지만, 짐승들은 사정없이 소녀들을 난도질했습니다. 스스로 목숨을 끊는 소녀들이 줄을 이었습니다. 일본놈들은 쓰레기 치우듯 소녀들을 끌고가서 밀림 속에 묻었습니다. 그러나 소녀는 살고 싶었습니다. 어머니를 보고 싶었고, 아버지를 만나고 싶었습니다. 고향땅에 돌아가고 싶었습니다. 살기 위해서는 짐승들을 다시 받아야만 했습니다. 모진 목숨일지라도 이어가려 하루에도 수십의 수컷들을 받아야만 했습니다. 몇 년이 흘렀습니다. 같이 온 소녀의 태반이 죽었습니다. 살아남은 소녀들은 수없는 낙태와 성병으로 온 몸이 만신창이가 되었습니다. 지옥일지라도 살고 싶었습니다. 살아내려고 했습니다. 어느날 해방이 됐다고 했습니다. 이제는 고향에 간다고 했습니다. 살아남은 소녀들은 함께 부둥켜 울었습니다. 수만리 길을 거슬러 고향으로 돌아왔습니다. 저 멀리 낯익은 고향 들판과 산등성이에 목이 메어 한

없이 울었습니다. 고향 초가집에 도착했지만 아버지는 이미 이 승에 계시지 않았습니다. 딸이 끌려가는걸 본 아버지는 그날로 동네 뒷산에 올라 목을 메었습니다. 어머니께서는 동생 둘을 데 리고 풀뿌리를 캐어먹이며 살아내고 계셨습니다. 어머니는 살아 서 돌아와 고맙다며 소녀를 안고 한없이 눈물만 흘렸습니다. 어 린 동생들도 덩달아 언니를 부르며 안겼습니다. 소녀는 아버지 산소를 찾아 대성통곡을 했습니다. 몇 년의 지옥에서 벗어나 고 향에 돌아온 소녀는 만신창이가 된 몸을 추스르고 엄마와 함께 들판에 나가 일했습니다. 그러나 고향 어른들과 친구들이 수근 댔습니다. 화냥년이라고 욕을 했습니다. 소녀는 그저 죄인이 된 심정으로 그저 묵묵히 어머니와 함께 소처럼 일만 했습니다. 소 녀는 처녀가 되었습니다. 그러나 소녀는 남자를 만나 일가를 이 루지 못했습니다. 그 어떤 남자도 소녀를 맞아들이지 않았습니 다. 소녀는 죄많은 인생이라 자책하며 체념했습니다. 동생들은 도회로 떠났고, 소녀는 어머니와 함께 아버지 산소를 지켰습니 다. 1964년 어느날, 우리나라가 일본과 다시 외교관계를 맺는다 는 소식이 들려왔습니다. 일본이 식민지배를 보상하는 큰 돈을 내놓는다는 소식도 들려왔습니다. 소녀는 가슴이 뛰었습니다. 그러나 소녀들의 참담했던 이야기는 들려오지 않았습니다. 모두 쉬쉬하는 것 같았습니다. 불과 25년 전 일인데 말입니다. 얼마 정도의 돈만 받고 한국과 일본이 다시 국교를 정상화한다는 소 식만 들려왔습니다. 소녀는 체념했습니다. 식민지의 딸로 태어 나 횡액을 당한 것으로 그냥 숨죽이고 살자고 입술을 깨물었습 니다. 어느날 어머니께서 돌아가셨습니다. 마지막 숨을 헐떡이 던 어머니는 딸의 손을 붙잡고 "고생많았다. 네가 당한 고통을 세상이 알아줘야 할건데..."라며 눈물짓다가 세상을 떠나셨습니다. 소녀는 어머니를 묻어드리고 이를 악물었습니다. 식민지 조선의 딸로 태어나 일본놈들에게 끌려가 몹쓸 짓을 당한 내가 왜 죄인으로 숨죽여 사는게 당연한 지 묻고 또 물었습니다. 몇 년간 매일 매일 소녀는 스스로에게 묻고 또 물었습니다. 1991년, 소녀는 서울에 갔습니다. 치마저고리 차림으로 카메라 앞에 앉았습니다. 그리고 50년 전 끌려갔을 때부터 짐승들에게 당한 난도질에 대해 피울음으로 이야기했습니다. 고향땅에 돌아온 후 당한 냉대에 대해서도, 소녀의 일을 기억하지도 끄집어내지도 못한 정부의 무책임에 대해서도 낱낱이 이야기했습니다. 소녀의 피울음은 이 땅은 물론 전 세계를 전율케 했습니다. 일본의 흉악한 전쟁범죄에 대한 규탄과 심판의 목소리가 세계로 퍼져나갔습니다. 소녀는 50년 만에 전쟁터에서 함께 유린당하던 소녀들을 만났습니다. 소녀의 증언에 용기를 얻고 달려온 수많은 소녀들과 만나 부둥켜 울었습니다. 그러나 일본은 전쟁범죄에 대해 진심으로 사죄하지 않았습니다. 1965년 국교정상화 청구권으로 식민지배의 모든 물질적 보상은 완료되었다는 말만 내뱉으며 소녀의 속을 뒤집어 놓았습니다. 대한민국 정부도 내내 미온적이기는 마찬가지였습니다. 2015년 한일 국교정상화 50주년, 양국 정부가 더 나은 미래를 위해 소녀의 고통에 대한 사죄와 배상의 합의를 이끌어낸다고 잔뜩 광고하기에 소녀는 반신반의하면서도 기다리고 있었습니다. 아베의 일본이야 원래 간악한 놈들이라 믿지 않았지만, 아버지 대통령이 완결짓지 못한 과거사 문제를 꼭 해결하겠다고 한 박근혜 대통령의 정부는 결기있게 마무리를 지으리라는 작은 기대가 있었습니다. 그러나... 2015년

12월 28일 한일 정부의 합의 소식에 소녀는 피눈물을 쏟고야 말았습니다. 10억엔의 보상과 소녀상 철거를 교환하는 합의, 그리고 그 합의를 감히 최종적이고 불가역적인 합의라며 더 이상 거론하지 말라는 이야기는 76년을 기다려온 소녀에게 청천벽력이나 다를 바 없었습니다. 이제 39명 만이 남은 소녀들, 모두 100세 가까이 된 할머니들입니다. 미래를 향한 아름다운 합의가 있다면 아버지와 어머니가 기다리는 집으로 가겠다던 할머니들이 삭풍이 몰아치는 거리로 다시 나오게 되었습니다. 그리고 할머니들의 손녀뻘 처녀들이 소녀를 지키드리겠다며 소녀상을 둘러싸고 밤낮으로 노숙하는 참담한 광경에 소녀는 다시 피눈물을 흘리고 있습니다. 저 잔혹하였던 76년의 시간이 지났건만 소녀는 다시 거리에 있습니다. 일본놈들에게 강제로 잘린 단발머리와 맨발, 홑겹의 치마저고리 차림으로 삭풍의 거리에서 눈물짓고 있습니다. 순결무구한 이 소녀를 이 시대 죄악과 불의를 속죄하는 제물로 삼는 걸 이대로 두고 보시렵니까. 우리는 더 이상 이 죄악과 불의의 공범이 되어서는 안됩니다. 우리의 소녀, 국민의 가슴 속 깊은 곳에 고귀하고 순결한 소녀로 자리한 소녀가 고된 한뎃잠을 마치고 엄마의 따순 품으로 돌아갈 수 있도록 소녀의 손을 잡아주십시오. 소녀의 손을 잡아주십시오. 소녀를 지켜 주십시오.

오후 10:28

오늘 이지스함 송년회에서 주37시간 노동제를 발표했다. 현재 이지스맨들은 주5일 39시간 노동한다. 월~금 9 to 6이며, 월~목 점심시간은 12~1시다. 재작년부터 금요일 점심은 12~2

시. 회사가 점심비용을 지급하는 '대낮불금'이다. 내년부터 월~
목 점심은 11:30~13:00으로 늘린다. 발표 순간 이지스맨들의
열렬한 환호에 목이 메었다. 노동시간 단축은 인류의 소망이다.
짧게 일하고 길게 유희하는 삶을 누구나 소망한다. 주37시간
노동을 35시간으로 줄이는 건 1~2년 내, 주4일 근무제는 3~5
년 내 추진한다고 발표했다. 점심이 있는 삶, 저녁과 주말을 즐기
는 삶, 노동과 유희가 잘 조화된 모범기업을 만들어보자. 창업
20년 전에 반드시 만들어 후임 함장에게 물려주련다.

2016년 12월 29일 목요일

오전 11:26

주사 아줌마라니, 기치료 아줌마라니. 살다살다 별꼴을 다 보
게 되는구나. 아비는 색을 탐하다가 불귀의 객이 되고, 딸은 주사
와 성형을 탐하다 골로 가는구나. 37년 평형이론이라니...

오후 4:10

[뉴스속보]특검 "문형표, 국민연금 삼성합병 찬성 지시 인정"
박근혜 이재용 뇌물죄 구속 초읽기. 사필귀정이다. #송박영신

오후 6:37

박 특검, 박근혜 범죄수사 정조준. 10차촛불을 뒷배 삼아 청
와대 압수수색하라. 백만촛불이 박근혜의 앙탈을 제압한다.

오후 10:00 강남역 11번출구 세월호 서명운동

아비 어미들은 새해에도 물러서지 않을 것입니다. 2016년 시민혁명의 밑거름이 된 세월호 참사 진실규명 시민서명은 진실이 밝혀질 때까지 계속될 것입니다. 올해 마지막 거리서명이었습니다. 늘 격려하고 성원해주신 벗들과 시민들 그리고 전국의 서명지기 여러분, 존경하고 사랑합니다.

2016년 12월 30일 금요일

오전 9:54

2016년 내 친구가 되어준 그대, 고맙습니다. 손잡는다고 넘어지지 않는 건 아니지만 손 내미는 네가 고맙다. 넌 오늘 내 친구였다. 응원한다고 힘든 산이 쉬워지는 건 아니지만 힘내라는 말 잘 한다는 말 고맙다. 넌 오늘 내 친구였다. 일으켜준다고 상처가 아무는 건 아니지만 흙 털어주는 네가 고맙다. 넌 오늘 내 친구였다. 물 모자란다고 당장 숨넘어가는 건 아니지만 생명수를 건네주는 네가 고맙다. 넌 오늘 내 친구였다. 혼자 간다고 다 길 잃는 건 아니지만 기다려준 네가 고맙다. 넌 오늘 내 친구였다. 말 한마디 안 한다고 우울해지는 건 아니지만 말 건네준 네가 고맙다.넌 오늘 내 친구였다. 이름도 모르는 네가 나이도 모르는 네가 친구 하나 없는 내게 오늘 가장 소중한 친구였다. 고맙다. <오늘 내 친구는 너였다> 김옥춘 지음

오후 2:43

어느 대선후보께서 나팔부대 입대하고 싶다고 연락이 왔다. 10차촛불에서 함께 나팔 불며 송박영신 외치겠다며. 그 분의 요청을 정중하게 거절했다. 지지자들을 조직해서 스스로 해보시라고 말씀드렸다. 캘리그라피스트 강병인님께서 시민나팔부대 로고를 헌정하셨다. 내일은 새 깃발 아래 300명 나팔부대원과 함께 싸울 것이다. 아직도 혼자 데모하시는가. 시민나팔부대에 입대하시라. 보급대가 끓인 떡국 나눠먹으며 희망의 새해 열자!

2016년 12월 31일 토요일

오후 2:47   광화문광장에서

<새해 인사> 영광입니다. 자랑스런 벗들과 함께여서.

2016년의 시작은 암울했습니다. 독재권력의 만행에 조국은 동토처럼 얼어붙었습니다. 백남기 농민이 사경을 헤매고 있었습니다. 소녀상이 철거 위기를 맞고 있었습니다. 세월호 가족들이 다시 얼어붙은 거리로 내몰렸습니다. 국정교과서에 아이들의 정신이 휘둘리고 있었습니다. 일자리를 빼앗긴 노동자들이 피눈물을 흘렸습니다. 찬란한 새벽에 대한 희망 대신 피울음만이 가득했습니다. 치료불가능한 낙관론인 저도 이때만큼은 힘이 들었습니다. 그러나 동토에 온기를 불어넣어주신 분들이 계셨습니다.

백남기의 벗 농민들. 할머니가 된 소녀의 손을 잡아준 대학생들. 참사의 진실을 밝히겠다며 싸우는 세월호 가족들. 쓰레기 국정교과서를 거부하며 거리에 선 청소년들. 악덕기업과 부패권력에 맞서 싸운 노동자들. 그들의 온기가 폭정 앞에 침묵하던 시민들을 뜨겁게 했습니다. 4.13총선에서 박근혜와 새누리당을 심판했습니다. 수천 만 장의 투표지는 폭압을 부수는 돌맹이었습니다. 출렁이는 민심의 바다가 권력이란 이름의 쪽배를 흔들었습니다. 온기는 열기가 되었고, 그 열기는 혁명의 폭풍으로 뭉쳤습니다. 10월29일 제1차 촛불에서 우리는 부둥켜안고 울었습니다. 내쳐 우리는 박근혜 타도를 향해 거리로, 거리로 달려갔습니다. 2차, 3차, 4차, 5차, 6차, 국회의 박근혜 탄핵 가결, 멈추지 않고 7차, 8차, 9차 그리고 오늘의 제10차 촛불.

천만촛불은 구시대를 부수는 몽둥이이자, 새시대를 여는 횃불이 되었습니다. 위대한 대한국민이어서 자랑스럽습니다. 시민혁명의 대열에 벗들과 함께여서 영광입니다. 그러나 우리가 일상으로 돌아가기에는 시민혁명은 미완성입니다. 박근혜는 아직도 물러나지 않았고, 기득권 구체제는 여전히 권력을 쥐고 있습니다. 그래서 정유년 새해 2017년은 계속혁명의 해입니다. 박근혜를 끌어내리고, 정의로운 민주정부를 수립해야 합니다. 새시대를 여는 민주개혁의 첫단추를 바로 꿰고 질풍노도의 민주개혁을 추진해야 합니다. 시민혁명의 주역은 우리들입니다. 백남기의 벗들입니다. 세월호 가족들입니다. 청년 대학생들입니다. 희망청소년들입니다. 노동자 시민들입니다. 시민혁명 민주개혁의 광장에서 항상 벗들과 함께 하겠습니다. 자랑스러운 벗들과 함께여서 영광입니다.

2016. 12. 31. 시민 전상훈 올림

특검 힘내라!
시민 힘내라!

반동 공세, 시민 스스로 돌파구를 열다

사진 전상훈

반동 공세, 시민 스스로 돌파구를 열다

2017년 희망의 새해가 밝았다. 박근혜정권의 계속되는 만행에 암울했던 2016년의 시작과 비교하면 천양지차였다.

새해의 훈풍은 박영수 특별검사로부터 불어왔다. 특검이 12월21일 현판식을 하던 그 시간 특검 요원들은 국민연금공단 등 범죄자들의 소굴 10여 곳을 일제히 압수수색했다. 영화 '대부'의 한 장면을 연상시키는 첫 날의 풍경에서 국민들은 '정의의 칼잡이'의 귀환을 열렬히 환영했다.

특검의 칼끝은 박근혜의 정치권력과 재벌의 경제권력을 정조준했다. 이규철 특검보의 "국가경제를 생각했지만, 정의를 세우는 것이 우선이라고 판단해 이재용의 구속영장을 청구한다"는 일갈은 정의를 지키기 위해 시작된 촛불시민혁명의 대의를 정확히 대변했다. 박영수 특검은 황교안 권한대행의 임명장을 받았지만, 사실상 촛불시민들이 임명한 혁명검찰이었다.

그러나 혁명의 중반에는 반드시 반동이 따르는 법, 1월19일 법원이 이재용의 구속영장을 기각하면서 특검의 향후 수사는 물론 헌법재판소의 탄핵심판에까지 어두운 그림자가 드리워졌다. 촛불시민혁명이 발발한 후 80일만에 찾아온 첫 위기였다.

이재용 영장기각 소식에 촛불시민들은 망연자실했고, 박사모는 천하를 얻은 듯 환호했다. 휘몰아치는 반동의 기세에 맞불을 놓으며 다시 승기를 잡는 특단의 대책이 필요했다.

19일 점심시간에 찾아간 특검 사무실 앞에는 박사모들이 떼로 몰려와 악다구니를 퍼붓고 있었다. 나는 시민나팔대원들과 함께 "특검 힘내라" 피켓을 들고, 시민의 응원메시지를 받는 칠판을 설치했다. 응원의 꽃을 보내달라고 SNS에 긴급타전했다.

기적이 일어났다. 불과 두 시간 후부터 수백 개의 꽃바구니와 화환이 전국 각지로부터 몰려오기 시작했다. 거리를 지나던 시민들이 앞다퉈 포스트잇에 응원메시지를 써붙였다. 특검에 상주하던 취재진들이 일제히 이 상황을 뉴스로 보도했다. 이재용 영장기각에 의기소침하던 특검 요원들은 이 소식을 특검 내 대화방에서 공유하며 큰 용기를 얻었다고 한다. 뒤이어 수백명의 법률가들이 법원 앞에서 노숙농성에 돌입하며 법원의 자성을 촉구했다. 혁명의 중대고비에서 시민들은 스스로 돌파구를 열었다.

1월21일 김기춘 조윤선이 구속됐다. 유신 이래 40년 무소불위의 권력을 휘두른 박근혜의 호위무사 김기춘의 구속은 촛불시민에게 승리의 자신감을 회복시켜 준 희소식이었다.

1월25일 최순실과 박근혜의 입을 맞춘 듯한 도발도 일거에 무력화됐다. 특검에 소환된 최순실의 악다구니는 특검 청소원 어머니의 "염병하네 염병하네 염병하네"로 국민적 조롱거리가 됐다. 태극기집회 참가자가 촛불집회보다 많다는 박근혜의 망상 가득한 소리로 가득한 정규재와 박근혜의 인터뷰는 국민들이 그녀의 정신건강마저 걱정하게 만든 찻잔 속 태풍이었다.

2월17일 이재용 구속영장이 발부됐다. 이제 남은 건 헌법재판소의 탄핵심판뿐이었다.

제4장
시민 힘내라! 특검 힘내라!

2017년 1월 1일 일요일

오전 2:40

민주공화국 시민의 삶은 고달프다. 그러나 땀 흘린 보람이 있다. 우공이산愚公移山 뚜벅뚜벅. 벗이여, 새해에도 함께...

오후 3:17

차기 민주정부의 대통령은 기자들과 미리 정한 각본없이 일문일답하며 토론하는 사람으로 뽑아야 한다. 성명만 읽고 도망치는 건 박근혜로 끝이다. 오늘 기자간담회하면서 노트북 카메라 휴대금지 했다는 소식에 "제 버릇 개 못준다"가 떠올랐다.

2017년 1월 2일 월요일

오전 6:40

새해 첫 출근길, 봄비 같은 겨울비로 촉촉하다. 아내와 딸의 이마에 키스하고 새벽길 나섰다. 올해는 촛불시민혁명의 큰 매듭을 짓는 해, 더 부지런하고, 더 뜨겁게, 더 단디 살아가보자.
벗님들 모두 굿모닝!

오전 8:33

상처를 통해 사랑을 뿜어내는 옻나무처럼. 노자는 옻나무를 통해서 인생을 배웠다고 합니다. 옻나무만큼 진한 체액을 내뿜는 나무는 없으며, 옻나무 체액은 제품을 썩지 않게 보존해주는 천연방부제, 아름다운 광택의 도료가 됩니다. 참 귀한 것이죠.

하지만 옻나무의 체액은 그냥 나오지 않습니다. 반드시 상처를 통해서 흘러나옵니다. 나무에 칼금이 그어질 때 피고름을 내뿜습니다. 그래서 성년의 옻나무는 온통 상처투성이입니다. 오래된 상처는 아물고 또 새로운 상처를 입으며 체액을 내어줍니다. 옻나무는 자신의 상처에서 뿜어내는 사랑의 체액으로 다른 존재를 덧칠하여 수백 수천년간 광택을 발합니다. 이런 점에서 옻나무는 진정한 사랑이 무엇인가를 보여주는 원형이라 할 만합니다. 진정한 사랑은 상처를 통해 흘러나오는 것이지요. 누군가를 사랑한다면서 우리가 상처받는 것을 두려워한다면, 그것은 사랑이 아니라는 것도 알 수 있습니다.

체액을 아무리 퍼주어도 뿌리로부터 새로운 체액이 다시 공급되듯, 우리는 상처받을 것을 두려워하지 않아야 합니다. 그리고 두려움을 이겨내는 사랑의 힘은 나보다 더 큰 존재의 근원으로부터 흘러나온다는 것을 깨달아야 합니다.

새해 첫날 마음 속 깊이 되뇌었습니다. 상처받을 때 원망하지 않으리. 피고름을 토하더라도 세상을 유익하게 하리. 옻나무의 상처가 세상을 유익하게 하는 모습을 되새기며 남자의 후반 생을 설계하리라 마음 먹었습니다. 상처받는 걸 두려워않으며 사랑을 나누는 2017년, 피고름이 자랑스러운 정유년의 삶이 되도록 최선을 다해 노력하리라 다짐해봅니다.

내 삶의 드넓은 초원이자 안식처인 사랑하는 가족, 내 인생 전진기지에서 늘 함께하는 친구들 이지스맨, 내 소중한 벗 서희태와 놀라온오케스트라 단원들, 3년간 거리에서 싸운 내 소중한 동지들 강남역 세월호 서명지기들과 전국의 풀뿌리 시민들, 시민혁명 최전선에서 싸우는 시민나팔부대 대원들, 그리고 후반생의 아름다운 동반자인 멋진 페친들과 함께... 2017정유년, 뜨겁게 사랑하고 힘차게 전진하겠습니다.

오후 7:51
우리 시대 참언론인, 송건호와 손석희

"만약 회사에 그냥 남아 있으면 하나둘도 아니고 수십 명을 내 이름으로 해임해야 한다는 것을 생각하니 양심상 도저히 그 자리에 그냥 눌러 있을 수가 없었다. 약 130여 명 중 거의 50여 명을 내 이름으로 해임한다는 것은 죽으면 죽었지 할 수 없는 일이었다. 그들도 사랑하는 처자가 있고 설혹 방법상 다소의 이견이 있더라도 언론의 독립과 자유라는 어느 시대에 내놓아도 떳떳한 명분을 가지고 투쟁하는 그들을 해임할 수는 없었다."

1975년 동아일보 자유언론수호투쟁 당시 동아일보 편집국장 송건호는 정도를 걷는 후배기자들을 내손으로 해임할 수 없다며 사표를 던졌다. 유신독재는 악랄하게 송건호의 언론계 재취업을 막았고, 1980년 전두환 신군부는 그를 김대중내란음모 주동자로 몰아 악랄하게 고문했다(그 고문의 후유증으로 1990년부터 파킨슨병을 앓기 시작했고, 오랜 투병 끝에 2001년 사망했다). 그러나 독재정권의 모진 탄압에도 송건호는 펜을 꺾지 않았다.

1985년 월간지 <말>을 창간하여 전두환의 부정부패를 고발했다. 1986년 보도지침을 앞장서서 폭로하여 6월항쟁의 돌파구를 열었다. 1988년 한겨레 창간을 주도하여 사장과 회장을 역임했다. 1989년 리영희 논설고문의 북한취재 기획을 빌미로 가해진 노태우정권의 한겨레 탄압에 정면으로 항거했을뿐아니라 그 투쟁의 와중에 국민들로부터 100억원의 한겨레 제2창간기금을 모금하여 오늘날의 한겨레신문의 기틀을 닦았다. 그는 유신독재와 군사독재를 끝장내는데 앞장선 참언론의 기수였다.

송건호의 뒤를 잇는 수많은 참언론인들이 있었다. 그중 JTBC 손석희 앵커는 박근혜정권을 무너뜨리는데 가장 공헌이 큰 참언론인으로 칭찬받아 마땅하다. MBC 노조파업 당시 감옥행을 마다하지 않았던 그가 중앙일보의 종편 JTBC로 이적한다고 했을 때 많은 우려가 있었다. 그러나 그는 과감하게 호랑이굴에 들어갔고, 그의 신념대로 호랑이를 잡는 참언론인으로 우뚝 섰다.

세월호 참사 이후 그는 가장 오랜 시간 팽목항에서 뉴스룸을 진행하며 참사의 진상규명을 위해 헌신했다. 그리고 올해말 시민혁명을 직접적으로 촉발시킨 박근혜최순실 국정농단의 실체를 파헤치는 대특종을 잇달아 터뜨리며 참언론의 진가를 보여주었다. 많은 언론이 권력과 자본에게 재갈을 물리운 채 진실을 외면하고 있을 때 송건호의 후예들인 한겨레와 손석희가 진두지휘하는 JTBC가 진실을 밝히는 촛불이 되었다. 송건호와 손석희의 길을 걷는 참언론인들이 계속 배출되기를 소망한다.

2017년 1월 3일 화요일

오전 10:02

새해 첫날 행복한 풍경에 가슴이 뭉클. 올해부터 국회 환경미화원들이 하청회사 직원에서 국회 직원이 됐다. 정세균 국회의장이 기획재정부의 완강한 반대(타 정부기관과의 형평성)를 물리치고 이뤄낸 결과다. 우윤근 국회 사무총장이 환경미화원들에게 큰절을 올리자 환경미화원들이 함께 맞절하며 눈물 짓는 모습에서 이 시대의 희망을 본다. 기획재정부로 대표되는 자본경제 마인드로는 국민이 행복한 시대를 열 수 없다. 인본경제 마인드로 바꾸어야 한다. 시민혁명의 정책과제의 첫머리는 '사람 중심 경제'다. 사람이 일해야 자본과 재화도 늘어난다.

오전 10:49

전두환 씨, 차기 대통령은 조카가 미납한 추징금 1200억원을 환수해 국민에게 돌려주는 '경제대통령'이 될거야. 추징금 환수 공소시효가 2020년임을 잊지마. 어제 연희동 신년회에서 전두환이 박근혜를 "쥐뿔도 모른다"며 작심비판했다는데. 똥 묻은 것이 오줌 묻은 걸 흉보는 격이라 실소를 금치 못했다.

오후 4:29

대선후보들이 김대중 노무현에 못미친다고 많이들 말한다. 틀렸다! 이미 신화가 된 분과 한낱 인간을 어찌 비교하나. 신화의 소환이 아닌 현실 대안을 말하자

오후 6:32

"천하의 뭇 검은 색은 모두 까마귀 색이 되었다"

박지원은 까마귀를 검은 색 하나로만 파악하는 편협한 자들을 꾸짖었다. 정조는 연암 박지원과 소장 선비들이 시도하던 "작고 하찮은 것에 대한 묘사를 통한 시대상 고발"을 중국의 주자가 편찬한 정통 성리학에 기반한 문장과 문학만을 쓸 것을 강요하는 <문체반정>으로 반격했다.

그 결과 신분과 관습의 모순을 파헤치고 개혁과 해체의 메타포가 담긴 문장과 문학은 질식했고, 정조 사후 19세기는 죽은 성리학이 지배하는 시대로 귀결됐다.

"까마귀를 자세히 관찰해 보면 그 깃털이 매우 검긴 하지만 가끔 유금빛도 어른거리고 석록빛도 보인다. 햇빛을 받을 때는 보랏빛이나 비췻빛으로 반짝인다. 그러니 푸른 까마귀나 붉은 까마귀라고 해도 괜찮지 않겠는가. 그런데도 검은 까마귀라고 단정하는 것은 내가 눈으로 볼 색을 미리 정하는 것이다. 보기도 전에 눈으로 볼 색을 마음으로 정하는 것이다. 그래도 그 정도에서 그치면 다행이다. 천하의 뭇 검은 색을 모두 까마귀 색이라고 하지 않는가. 그리고 푸른 빛이나 붉은 빛은 아예 없었던 것이 된다."(박지원, <능양시집서>)

지금 이 시대는 어떠한가. 천하의 뭇 붉은 색을 모두 빨갱이의 색으로 몰아붙이던 자들이 세력을 잃고 나니, 자신이 지지하는 대통령후보의 경쟁자들을 후안무치한 자로 매도하는 자들이 넘쳐나고 있지 않은가. 자신이 만든 줄로 제 몸을 스스로 묶어 승리를 헌납하는 우를 범하지 마시라.

2017년 1월 4일 수요일

오전 8:32

귀는 더 열고, 입은 더 다물고. 황사까스 적게 마시니 더 좋다.
오늘 정오, 마스크 끼고 헌재 앞에서 탄핵 신속판결 피켓팅!

오전 10:50

급여소득 하위 90%와 상위 10%의 격차 줄이기

1468만 봉급생활자 가운데 연봉 상위 10%의 커트라인은
6432만원이다. (고용노동부 '2015 고용형태별 근로실태조사')
상위 20%는 4625만원이다. 연봉 2000만원 미만은 36.5%인
536만명이다. 2000~4000만원은 37.7%로 553만명이다. 공무
원 평균연봉은 5604만원, 공공기관 평균연봉은 7000만원이다.
대기업 평균연봉은 6544만원, 중소기업은 3363만원이다.

대기업과 공공기관 임직원 평균연봉은 상위 10%, 공무원 평
균연봉은 상위 15% 수준이다. 공무원은 공무원연금이라는 플러
스 알파까지 있어 사실상 상위 10% 수준이라고 볼 수 있다.
중소기업을 중시해야 하는 이유가 한 눈에 보인다. 중소기업이
성장해야 국민의 평균생활 수준이 높아진다. 대기업과 공공부문
을 우선시하는 경제정책으로는 말짱 도루묵이다. 대부분 흙수저
로 태어나 어렵게 시험에 붙어 대기업사원, 공무원, 공공기관원
이 되었으니 이 정도의 작은 호사도 누리지 못하냐고 항변하는
것도 일리가 있다. 그러나 하위 90%를 우선적으로 성장시켜야
상위 10%도 성장할 수 있지 않은가.

상위 10% 연봉 소득자들의 '사회적 양보'가 필요하다. 새 정부는 하위 90%와 상위 10%의 격차를 줄이는 어려운 정책을 펴야 한다. 이것이 시민혁명 완수 위한 제1의 정책과제 아닌가.

오후 2:26   헌법재판소에서

시민나팔부대 새해 첫 점심피켓팅, 한 시민께서 수고한다며 비타500을 일일이 나눠주셨다. 리멤버0416 회원 두 분도 하셨다. 시민 한 분은 얼음 위 맨발로 탄핵인용 피켓팅하신다.

오후 11:55

민주진보 단일후보는 딱 하나의 경우만 빼면 완승한다. 안철수-반기문-손학규-비박신당이 안철수 단일후보로 뭉치고 새누리당마저 이를 지지할 경우만 승산이 반반이다. 상대의 이합집산에 일희일비 휘둘리지 말라. 관건은 국민이 오롯이 뭉쳐 촛불시민혁명의 대상승세를 이어가는 것이다. "태산처럼 고요하라." 결전을 앞둔 충무공과 장병들의 침착함을 떠올려라.

2017년 1월 5일 목요일

오전 11:10

박근혜 최순실의 몸종 넷을 잡아들여라. 이재만 안봉근 윤전추 이영선이 잠적 중. 이들을 잡아들여 특검이 수사하고, 청문회 세워라. 국정농단과 7시간 퍼즐을 맞추는 건 시간 문제다.

오후 2:45

나는 반기문캠프를 '공무원연금생활자 캠프'로 정의한다.
대사, 장차관, 장성, 구 여당의원 등 60대 은퇴자가 주류다.
30년 공직경험의 이들은 '경륜'을 펼치고 싶어한다. 무슨 경륜이
냐? 국가경영과 국제감각의 경륜 말이다. 그들은 최순실 따위에
게 밀려 자신의 경륜을 펼치지 못한 것에 분노한다. 그들은 박근
혜가 사람보는 눈이 없어 자신들을 간택해주지 않은 것에 분노
한다. 간장 한 종지에 분노한 어느 기자처럼... 촛불혁명을 민심
이자 천심으로 안본다. 박근혜와 같다. 엘리트정치만이 정치이
며, 엘리트의 경륜으로 이뤄낸 부국강병 떡고물을 백성에게 베
풀면 그만이라는 구시대 인물들이다.

12일 귀국 컨벤션 효과로 당분간 상한가를 칠거다. 조만간
드러날 섀도캐비넷도 화려함에 주목받을거다. 하지만 반기문은
97년과 02년의 이회창일뿐이다. 반기문 캠프 또한 이회창 캠프
의 모조품일뿐이다. 반 캠프의 좌장들이 창 캠프 출신이다.

살아있는 권력 박근혜를 무너뜨린 촛불혁명 아닌가. 연전연패
한 이회창의 모사품 따위에 겁을 낸다면 촛불시민이 아니다. 순
천자는 흥하고, 역천자는 망한다. 촛불시민혁명의 민주진보 정
부로의 전진은 필연이다.

오후 5:31

"십자가에 못박아 달라고? 설마..." 박근혜 예수 썰까지 등장
했다. 박근혜 동정녀 마리아 썰 등판도 시간문제다. 예수는 도대
체 무슨 죄냐? 박근혜가 2000년만에 예수를 다시 못박는구나.

오후 9:47 강남역 11번출구 세월호 서명운동에서

새해 첫 강남역 거리서명, 햇수로 4년차가 시작됐다. 다음 월요일(1.9)은 참사가 일어난 지 1000일. 언제 끝날지 모르지만 서명지기 누구도 물러설 생각이 없다. 박근혜의 가장 큰 범죄인 참사의 진실을 밝히는데 촛불시민혁명의 힘을 모아주시기를...

오후 10:57

바람이 불어도 촛불은 꺼지지 않았다. 눈비가 내려도 꺼지지 않았다. 혐오와 편견도 꺼트리지 못했다. 권력의 탄압도 꺼트리지 못했다. 촛불이 꺼지지 않게 품어준 고마운 그대가 있어서다. 이렇게 우리는 민주주의의 새 역사를 써내려가고 있다.

2017년 1월 6일 금요일

오전 11:51

다시 백만촛불로 뭉쳐 반혁명 책동 분쇄하자. 박근혜를 예수에 비유하며 변호한 서석구 어버이연합 법률고문도 거리에 나와 탄핵무효 외친다. 국회의 탄핵 가결 이후 휴식을 많이 취한 촛불시민들께서 백만 촛불로 다시 출동하셔야 한다. 박근혜 따위를 예수와 소크라테스에 비유한 저 주둥아리를 싹 문때버리자.

오후 5:22

불금 오후에 내가 맞은 링거 주사는?

(1)마늘주사 (2)신데렐라주사 (3)백옥주사 (4)시민혁명불주사
뜨겁게 보충했으니 내일 11차촛불에서 또 열나게 싸워보자.

2017년 1월 7일 토요일

오전 11:36
지금 코엑스광장, 거짓 예수 박근혜를 지켜내자며 사이비 광신도들이 성가대복을 입고 있다. 오늘 박사모의 탄핵반대 집회는 조자룡보다 멋진 단기필마 청년으로 쑥대밭이 될 것이다.

오후 12:13
"나 하나 나간다고 뭐 달라지겠어"라는 소심함 대신 "나 하나라도 나가 머릿수 채워야지"라는 작은 용기.

오후 4:44   헌법재판소 앞에서 라이브방송
제11차 촛불, 한양대풍물패 싹쓸이패 나팔부대 연합데모

오후 12:04
제가 영구기관마냥 무한에너지 뿜어낸다구요?
☆이가 아비에게 무한에너지를 쏴주니까 그렇지요.
내 영혼의 산소공급기는 오늘도 저에게 힘을 줍니다.

2017년 1월 8일 일요일

오후 3:35

악의 평범성을 압도하는 용기의 평범성을 보여준 천만촛불 벗들께 감사드린다. 내 평생 깨우치지 못했던 지혜를 배운다.

오후 7:23

따뜻한 밥을 지어 먹고 싶었다. 구멍가게에서 쌀 반 되를 팔고, 계란과 두부를 샀다. 연탄불로 냄비밥 하고, 어무이의 김장 김치와 두부를 내고 계란후라이를 부쳤다. 냄비밥에 계란후라이를 얹어 비벼먹고, 김치는 죽죽 찢어 먹었다. 20살 청춘은 판잣집 자취방에서 처음 밥을 해먹으며 따뜻한 시간을 보냈다. 얇은 판자벽 건너편 안방에서 아이의 칭얼대는 소리가 정겹게 들려왔다. 머리맡 자리끼 대접에는 웃풍으로 밤새 살얼음이 얼었다.
– 1986년 1월 상도동 달동네 판자집 자취방에서의 추억

2017년 1월 9일 월요일

오후 3:21   명동성당 앞 세월호 거리피켓팅에서

오늘 정오 명동성당 앞에서 세월호를 기억하는 시민들이 모였습니다. 1000일의 간절한 기다림이 헛되지 않게 세월호 참사의 진실이 밝혀지기 바랍니다.

오후 4:37

1000일간 집과 교회에서 기도만 하신 분 계시나요. 다음 1000일은 광장과 거리에서 싸울 차례입니다. 악마의 영은 기도만으로 내쫓을 수 있지만, 현실의 악마는 기도로 물리칠 수 없기 때문입니다. 일제와 유신의 폭압에도 '골방 영성'의 가면을 쓴 채 일제와 유신을 우상으로 숭배하던 기독교 지도자들은 지금 모두 지옥불에서 하나님의 심판을 받고 있습니다. 박근혜 생지옥을 옹호하는 기독교인들 또한 준엄한 심판을 면치 못합니다.

2017년 1월 10일 화요일

오전 12:06

애달프고 서럽습니다. 정원 스님, 소신공양의 참뜻 잊지 않겠습니다. 극락왕생을 기원합니다. 별이 된 아이들 품어주세요.

오후 12:46

청와대가 헌재에 제출한 7시간 거짓말 해명서

4월16일 10시52분에 해경은 전원구조가 아니란걸 청와대에 유선보고했다. 그런데 오늘 청와대가 헌재에 제출한 해명자료에는 2시50분에 박근혜가 이 상황을 알았다고 한다. 10시52분 청와대에서 통화한 상황실 행정관부터 수사해서 보고라인을 타고 올라가면 어떻게 됐는지 바로 진실을 알 수 있다. 특검은 즉각 수사착수하고 청와대 압수수색하라.

오후 2:52

18번 반복하며 집요하게 공략하라. 박근혜를 무너뜨리려면. 하지만 18차까지는 싫다. 헌재는 18차촛불 전에 탄핵인용하라.

오후 5:23

새 테블릿PC에 새가 되버린 수구꼴통들...

수구꼴통들이 오늘 테블릿PC진상조작위원회를 발족했다. 그러나 곧이어 최순실의 제2 테블릿이 특검에 압수됐다. 10월24일 박근혜가 국회에서 개헌 제안 연설한 날, JTBC가 테블릿 특종 터뜨린 것처럼 절묘한 타이밍이다. 테블릿PC진상조작위 공동대표는 자유총연맹총재, ATM 변희재와 엄마부대 주옥순이 집행위원이란다. 한국경제신문 정규재와 정미홍이 축사했다고 하니 수구꼴통들의 대표선수가 다 모여 함께 새가 된 셈이다.

오후 9:14

사드 여파로 중국 수출의 60%가 급감한 동대문 패션산업

동대문 옆 창신동, 3천 개의 봉제공장 1만 여명의 봉제인들을 위해 봉사하시는 차경남 서울봉제산업협회 회장님과 신년회를 가졌다. 지난 11월 중순 이후 동대문 3만3천개 점포의 매출 가운데 50%를 차지하던 대 중국 수출물량이 작년 대비 60% 급감했다는 우울한 소식에 숨이 턱 막혔다. 동대문 패션타운에 옷을 공급하는 창신동 봉제공장들도 당연히 큰 타격을 입고 있다고 한다. 옷을 싣고 동대문으로 배달하는 오토바이가 빵빵대고 불야성을 이룰 오후8시의 창신동 골목이 스산한 것이 오늘의 불황을 방증한다고 한탄하신다. 원인은 사드다. 사드 배치가 결정된

이후 중국 수출 의류들이 중국 당국의 보이지 않는 손에 의해 통관이 지연되고, 통관 허가물량이 줄어드는 통에 동대문 연계된 중국 무역상들이 일제히 동남아로 거래선을 바꿨다고 한다.

동대문 3만3000개 의류 점포, 창신동의 3천개를 비롯한 서울의 2만 여개의 봉제공장들이 큰 타격을 입고 있다는 우울한 소식에 힘이 쭉 빠진다. 설날이 달포 앞인데... 박근혜 정권의 실정으로 또 이렇게 서민들은 죽어나가고 있는데 언론은 무관심하다고 원망하신다. 중국 롯데가 중국당국의 세무조사를 받고, 기아차의 전기차가 중국에서 고전하는 것만 언론이 보도하는데, 진짜 서민들의 고통을 언론이 취재해서 널리 알려주시면 좋겠다.

2017년 1월 11일 수요일

오전 12:45

기적의 역전승... 노무현과 케네디는 왜 이겼나?

악몽의 역전패... 이회창과 닉슨은 왜 패했나?

미국 대선에서 가장 극적인 역전승을 꼽으라면 1960년 케네디가 현직 부통령 닉슨을 꺾은 것이다. 한국 대선에서 가장 극적인 역전승이라면 2002년 노무현이 '대세' 이회창을 꺾은 것이다. 케네디와 노무현의 공통점은 뭘까? (1)후보가 캠프의 조언을 경청하고, (2)실력과 잠재력도 뛰어나 이를 잘 소화해냈다. 반대로 닉슨과 이회창의 공통점은 뭘까? (1)후보가 캠프의 의견을 경청하지 않고, (2)실력도 잠재력도 없으면서 있는 척 했다. 민주정부를 수립하여 시민혁명 2단계인 쾌도난마의 민주개혁을 실행하는 좋은 꿈 꾸시기를 바란다. 굿밤!

오전 10:20

케 세라 세라(Qué será será) 될대로 되라? 이뤄질 일은 이뤄지게 되어 있다, 이렇게 들리는 희망의 정유년입니다

오후 1:56

오바마 대통령 고별연설 마지막 부분 (차기 민주정부 대통령의 감동적인 취임연설과 고별연설을 고대하며)

친애하는 미국인 여러분, 당신들을 위해 봉사한 것은 내 삶의 영광이었다, My fellow Americans, it has been the honor of my life to serve you. 나는 멈추지 않을 것이며, 한 시민으로서 내 삶의 남은 시간을 여러분과 함께 거기에 있을 것이다. I won't stop; in fact, I will be right there with you, as a citizen, for all my days that remain. 대통령으로 마지막 부탁을 하고자 한다. 변화를 이뤄내는 나의 능력이 아니라 바로 여러분의 변화능력을 믿어라. I do have one final ask of you as your president. I am asking you to believe not in my ability to bring about change — but in yours. 우리는 할 수 있다! Yes We Can! 우리는 이뤄냈다! Yes We Did! 우리는 할 수 있다! Yes We Can!

오후 7:29

1990년 보안사 블랙리스트에 오른 내 이름, 2017년 블랙리

스트에서도 올랐을까? 1990년 10월4일 보안사에서 탈출한 윤석양 이병이 국군보안사령부의 민간인 불법 사찰을 폭로했다. 김대중, 김영삼, 백기완, 노무현을 비롯한 정계, 학계, 언론계, 변호사, 재야인사를 모두 망라하여 1303명을 사찰한 카드와 컴퓨터 디스켓 3통이 그 음험한 모습을 드러냈다. 대학을 떠나 있던 24살 전상훈도 학생운동가로 분류되어 1303명에 포함되어 있었다. 나는 당시 공개적으로 민주화운동을 하지 않고 있었지만, 보안사는 나를 지속적으로 사찰하고 있었던 것이다.

공권력의 불법행위를 폭로한 윤석양 이병은 '탈영죄'로 체포되어 2년형을 선고받고 만기복역했다. 박근혜 정부의 블랙리스트가 단지 1만 여명의 문화예술계에만 그치지 않은 듯 하다. 김기춘이 모든 분야에서 리스트 작성을 지시했다는 보도를 보니, 조만간 그 실체가 드러날 것 같다. 블랙리스트 작성을 지시한 자와 지시를 받아 부역한 자들도 모두 처벌받는 것은 물론이고, 헌법이 보장하는 사상과 표현의 자유를 억압한 국가공권력에 대해 응분의 배상조치를 받아야 한다. 블랙리스트 사건을 헌법위반으로 기소한 특검에 경의를 표한다. 특검은 사회 전 분야의 블랙리스트 존재 여부를 속히 밝혀주기 바란다.

2017년 1월 12일 목요일

오전 12:10
나와 동갑인 미우라, 40년 째 현역으로 뛰고 있다. 일본프로

축구 2부 요코하마FC와 올해도 재계약 성공. 작년 20경기에 출전해 2골을 기록했다. 그라운드에서 쓰러진다는 각오로 현역 생활 중이다. 44세 메이저리거 이치로와 50세 축구영웅 미우라, 누구보다 규칙적인 훈련과 몸관리로 유명한 청춘들! 나도 12주째 주말마다 10~15km 행진하는 청춘!

오후 1:56

그에게 2m 이상 다가서지 말라.

"밤낮으로 저주받고, 잠 잘 때도 일어날 때도 저주받아라. 신께서는 그를 결코 용서하지 마시고, 노여움과 분노가 이 사람을 향해 불타게 하소서. 신께서는 이스라엘의 모든 부족에서 그의 이름을 지우고 파멸을 내리소서. 어느 누구도 말이나 글로 그와 교제하지 말 것이며, 그에게 호의를 보여서도 안 되며, 그와 한 지붕 아래 머물러서도 안 되며, 그에게 4 에르렌(2m)보다 가까이 다가가서도 안 되며, 그가 쓴 책을 읽어서도 안 되느니라."

미래의 랍비로 촉망받던 25세 유대인 청년은 유대교 교리에서 벗어나는 언행을 했다는 이유로 1656년 암스테르담 유대교회에 의해 파문당했다. 위 기도문은 그때의 저주문이다. 300여 년 후 2차대전 종전 후 열린 랍비 회의에서도 이 파문은 무효화되지 못했다. 그는 종교에서 철학과 정치를 분리하는 독창적 사유를 전개했고, 이 때문에 '마지막 중세인이며 최초의 근대인'으로서 '개인'을 발견하는 근대정신을 이끈 철학자로 평가받는다.

그는 철학적으로 사고하는 자유가 거부된다면 공동체의 평화가 파괴된다고 했으며, 모든 사람들이 생각하는 대로 말하도록 허용하는 것이 중요하다고 주장했다. 당연히 그는 공화정의 주

창자였고, 개인의 자유와 국가의 관용을 강조했다. 수백년을 지배하던 시대정신을 비판하고 다가오는 새시대의 시대정신을 설파하는 일은 자신의 준거집단은 물론 혈족으로부터도 고립되는 위험을 감수해야만 하는 고독한 싸움이다. 인류가 미몽의 시대를 헤치고 진보를 거듭해온 것은 이런 선각자들이 주류 세상의 저주에 굴하지않고 자유의 날개를 펼쳤기 때문이다.

박근혜를 예수로 참칭하는 기독교에 대한 비판의 목소리가 높다. 그러나 그 어느 누구도 정면으로 맞서지 않고 있다. 기성 교회로부터 파문당하는 것을 두려워하지 않는 새로운 시대정신을 담지한 목회자들이 출현하기를 간절히 기도한다. 이 철학자는 바뤼흐 스피노자(Baruch de Spinoza, 1632~1677)이다.

2017년 1월 13일 금요일

오전 11:29

♥ 12차촛불 데모 꿀팁 ♥

1.빵모자에 비닐우의로 무장하라 영하 10도 강추위가 예고되어 있다. 처박아둔 에베레스트 등산복을 입어야 할 때다. 1000원 비닐우의가 그대들을 훈훈하게 할거다.   2.보온병에 따뜻한 음료를 준비하라. 수능시험날에만 쓰던 보온병을 꺼내라. 따뜻한 차를 준비해서 계속 마셔라. 다만 화장실 이용이 어려우니 알아서 조절하라.   3.2000개의 나팔 준비, 시민나팔수가 되라. 퇴진행동 본부에서 2000개의 나팔을 나눠준다. 나팔을 불며 행

진하면 어느새 땀범벅이 된다. 나팔 불며 팽팽해진 복근은 그대를 위한 선물. 4.시민나팔부대에 합류하면 추위는 없다. 헌재와 청와대로 종횡무진 행진하면 훈훈해진다.

오전 11:45

아마존, 미국에 10만개 정규직 일자리 18개월 내 만든다. 이재용 씨, 기업은 이런 것이오. 감옥에서 반성하고 돌아오소.

오후 2:42

겨울 제철음식 새조개 샤브샤브로 에너지 채우고 내일 12차 촛불 출격 준비 완료! 천만 촛불의 열정 앞에선 동장군의 얼음갑옷도 흔적없이 녹아내릴테니 모두 걱정말고 출격하시라.

2017년 1월 14일 토요일

오후 12:35

박종철 형에게 술 한 잔 올리고 다시 싸움터로 갑니다. 이 술이 식기 전에 시민혁명 완수하겠노라 약속합니다. 내년 31주기에는 형의 영전에 민주정부 수립을 목놓아 고하겠습니다.

종철 형, 끝끝내 이길 힘을 주십시오. 사랑합니다.

오후 2:13 라이브방송 옛 남영동 대공분실에서

고문실을 공개합니다. 민주열사 박종철 30주기 추모식

오후 4:36 제12차촛불 라이브방송 헌법재판소 앞에서
시민나팔부대, 설장고부대, 싹쓸이부대 합동작전 중

2017년 1월 15일 일요일

오후 2:29

이인제 황교안 김문수 김진태 새누리당 댓통 후보 경선해라.
누가 당선되든 대선 완주해라. 박근혜가 옥중 지지 연설해라.
새누리당이 폭망하는 끝을 꼭 보여주라.

2017년 1월 16일 월요일

오전 9:49

감옥에서 만난 신영복 선생님과 『감옥으로부터의 사색』
  1988년 9월 14일 오후, 영등포교도소 독방에서 조간 한겨레
신문을 펼쳐들었다. 군데군데 꺼먼 매직으로 기사가 지워져있었
고, 나는 햇볕에 비춰 먹장 밑을 들여다보며 시대의 난수표를
풀어보곤 했다. 이날 신간소개 꼭지에서 '갇힌 세월 20년의 섬뜩
한 감동'이란 기사를 보았다. 신영복 선생님을 처음 만났다.
  통혁당 무기수 신영복, 금기의 인물이었지만 그의 선비같았던
청년 시절을 이야기하던 서울대 문리대 선생님들이 많았기에

마음에 담아둔 분이었다. 내가 8월 12일 구속됐는데, 선생님께서는 8월14일 가석방되었다는 것을 이 기사를 통해 알 수 있었다. 수 년의 감옥생활을 각오하며 준비하던 청년 전상훈에게 『감옥으로부터의 사색』은 제목과 그 글씨체만으로도 깊은 울림을 주었다. 면회를 오신 아버지께 이 책을 넣어줄 것을 부탁드려 반입이 되었다. 반입된 그날부터 몇 날 며칠간은 오로지 이 책을 읽으며 장기 감옥생활을 위한 마음을 다잡았다.

무기수의 신분으로 청춘에서 중년으로 넘어가는 20년 20일을 갇혀살던 선생님께서 감옥이라는 대학에서 어떻게 당신을 단련시켜갔는지를 가슴에 꼭꼭 새겨두었다. 어제 1월15일, 고 신영복 선생님의 1주기였다. 선생님의 유지대로 우리는 지금 더불어숲이 되어 이 땅을 지키고 있다. 우리 시대의 참스승이신 쇠귀 선생님의 평안을 빈다.

오전 10:36

"거짓말을 너무 단호하고 명확하게 한다"

(특검의 김경숙 이대 교수 구속영장 청구 이유)

"거짓말을 허구헌날 밥 먹듯 한다" 박근혜 구속, 머지 않았다.

오후 3:31

시민혁명의 소용돌이를 내 생에 두 번이나 겪으며 참여하고 있으니 더없는 영광이다. 30년 만에 운명적으로 맞은 혁명, 여한 없이 마무리해보자.

2017년 1월 17일 화요일

오전 9:21

나는 지난해 11월7일 이재용 씨에게 "진실을 기초로 현명하게 판단하고 결단력있게 행동하라"고 공개서한을 보냈다. 그러나 그는 실망스럽게도 거짓과 변명으로만 일관함으로써 특검으로부터 구속영장을 청구당하는 오욕을 자초했다.

오후 9:51

●문: 맘에 안드는 댓통후보를 제대로 엿먹이고 싶어요.
○답: 투명인간 취급하세요 제 풀에 나가 떨어져요.

2017년 1월 18일 수요일

오후 4:43

오늘은 전두환의 86번째 생일. 미당 서정주, '전두환 대통령 각하의 56세 생신'에 축시를 바치다.

1987년 1월14일, 대학생 박종철이 고문으로 살해당했다. 고문살인의 진상을 은폐하려 했으나 의로운 의사들과 용기있는 언론인들의 분투로 '고문살인'의 진상이 드러났다. 그러나 미당 서정주는 이에 아랑곳하지 않았다. 1987년 1월18일 "전두환 각하의 56세 생신"을 축하하는 시 <처음으로>를 살인마에게 헌정했다. 일제 초 독립운동에 참여했지만, 2차대전 이후 변절해

조선인들의 일본군 입대를 독려했다. 광복 후 친일 행적을 반성하지 않은 미당은 친일파들과 함께 우익으로 변신해 독재자 이승만을 옹호하였다. 1981년 광주학살의 주범 전두환이 체육관 선거의 대통령후보로 출마하자 TV 지지연설을 하며 그의 후안무치함이 또다시 만천하에 드러났다. 광주민중항쟁 이후 불길처럼 일어난 '민중문학'에 맞서 1986년 '순수문학'의 기치를 들며 민중문학 진영을 좌익으로 모는데 앞장섰다. 1987년 한국문인협회장 서정주는 4.13 호헌을 "구국의 결단으로 지지한다"는 성명을 발표하여 극우반동의 극치를 드러냈다.

아직도 미당을 '순수문학'의 대가로 알고 있는가? 오늘 전두환의 86세의 생일을 맞아 미당의 반민족, 반민주적 일생이 다시 한 번 널리 알려지기를 바란다. 대통령이란 자가 1만 여명의 문화예술인들을 종북좌빨로 몰아 '블랙리스트'에 올리고 사상과 표현의 자유를 침해하는 범죄를 저지른 "늑대와 개의 시대"는 이제 끝이 나야 한다. '늑대' 박근혜와 '개' 김기춘, 조윤선 이하 그 일당은 모두 감옥에서 평생을 썩어야 마땅하다.

2017년 1월 19일 목요일

오전 7:55

이재용, 구치소 문 나서자마자 수인용품 봇짐부터 떠넘긴다. 재용 씨, 그 봇짐 버리지 말고 곁에 잘 두소. 조만간 봇짐 속 내복 입고 감옥에서 살아야하니. #특검힘내라 #헌재힘내라

오후 2:49

특검 앞에서 "특검 힘내라" 응원꽃과 응원편지 쓰기 시작했다. 이재용 구속영장 기각에 실망하지 말고, 더 힘차게 싸우자.

2017년 1월 20일 금요일

오전 10:17

시민혁명이 중대 고빗길에 들어섰다. 이재용의 구속영장 기각 파문에 이어 헌재마저 흔들린다는 흉흉한 소문이 돈다. 맹추위 때문이라지만 지난주 12차촛불은 최소 인원이 참여했다. 박근혜의 구악 세력은 의연히 버티는데 촛불시민이 방심하거나 흔들린다면 미래는 없다. 백만촛불로 시민혁명의 깃발 다시 세우자.

오후 1:50

지화자~ 시민나팔부대의 자매부대 시민풍물부대 결성! 촛불집회의 길을 신명나게 열어주던 전국풍물인연석회의에서 '시민풍물부대'를 결성했다. 시민풍물부대는 매주 오후 3시30분 이순신장군 동상 앞에서 한 판 놀고, 4시부터 시민나팔부대와 함께 행진한다. 왕년에 풍물패 활동을 하셨던 분들은 장롱 속에 묵혀두던 악기 꺼내들고 광장으로 나와서 실력 발휘하시기 바란다.

오후 5:53

현재 특검 앞, 시민들의 응원 꽃이 밀물처럼 몰려든다. 대구에 사는 여성 한 분은 이재용 구속영장 기각 소식에 너무 속상해 직접 응원하러 서울에 오셨다. 말레이시아 콸라룸푸르 승우네가 꽃을 보내오셨다. 애국부인회 어머니... 수많은 시민들이 응원하신다. 시민혁명 중대고비, 시민 스스로 이렇게 돌파구를 연다.

오후 9:39

정의와 공평, 3심제를 처음 제도화한 세종을 상고하며. '차기 대통령이 국정을 운영할 때 가장 중요하게 고려해야 할 가치가 무엇입니까'에 대한 여론조사(2017.1.19) 결과가 흥미롭다. "부정에 대한 공정한 처벌이 있어야 한다", 즉 '정의'라는 답변이 34.9%로 압도적으로 높게 나왔다. 2위는 17.7%를 기록한 '형평'. 소외된 사람을 배려해야 된다는 의견이었다. 다음으로는 지역 계층간 '통합'을 11.6%가 답했다. 3명 중 1명꼴로 가장 중요한 시대정신은 '정의'라고 답한 것이다. 부정행위에 대한 공정한 처벌을 원하는 시민들이 얼마나 유심히 법조계의 판단을 지켜보고 있는지 이해되지 않는가.

이재용 부회장에 대한 구속영장 기각에서도 보듯, 판사의 결정은 작게는 한 사람의 인생을 좌지우지하고, 크게는 국가의 운명을 좌지우지한다. 매일 그런 엄청난 일들을 처리하는 흔치 않은 직업이 바로 판검사다. 막강한 권한만큼 강한 직업윤리가 요구된다. 그러나 판사는 자신의 결정 근거를 법률 조항으로만 제시할 뿐, 그 결정이 사회적 여론과 상식에 어떻게 연관되는지에 대해서는 아무런 해명도 하지 않는다. 물론 법적 판결이 여론조사를 기반으로 이뤄지는 것은 아니다. 그러나 일반 국민의 상식과 완전히 동떨어진 판결이 불쑥 나와 이 나라의 흐름을 이상한 방향으로 틀어놓는 것만큼은 막을 수 있어야 하지 않겠는가.

　세종은 한 사건에 대해 심판을 3번 받을 수 있는 심급제도를 정했다. 조선시대에도 사형죄 처결은 3심제도를 따르게 했는데, 그 법은 1421년(세종3) 최초로 제정되었으며, <경국대전>에 법제화되었다. 오늘날 3심제와 동일하다. 세종은 정치의 중요한 책무로 '백성의 억울함을 최소화하는 것'으로 보았다. 형벌은 정치를 돕는 수단으로 파악했다. 넘지 말아야 할 경계선을 명확히 알려주되, 그 선을 넘은 자에 대해서만 엄벌했다. 억울하게 죽는 자가 없어야 하며, 특권을 이용해서 처벌을 면하는 자 또한 없어야 정치가 바로 선다고 여겼다.

　미국에서는 판·검사에 대해서 일정 한계는 있지만, 유권자들이 영향력을 행사할 수 있는 길을 열어 놓고 있다. 일반 국민이 당하는 수사 및 기소의 95%를 각 주가 관할하는 주 검찰이 진행하며, 그 검찰 인력의 95%를 유권자가 선출한다. 연방법 관할 사항(주로 중범죄 등)만 관할하는 연방 판·검사는 상원의 동의를 받아야 임명이 가능하다. 지역 차원에서는 직접선거를 통해 검찰과 법원이 주민의 의사와 동떨어진 판결을 내리지 못하도록 막고, 연방 차원에서는 국민이 직접 뽑은 상원의원을 통해 유권자의 관여 여지를 남겨 놓은 것이다. 이처럼 직접선거 또는 국회의원을 통해 법원의 결정에 대해 유권자가 관여할 여지가 있음에도 불구하고, 미국 법원 역시 있는 자 편이다.

　이런 간섭 여지가 거의 없이, 그저 공부만 열심히 하고, 윗사람과 조직의 논리에만 충실하면 국민 눈치 볼 필요 없이 승진할 수 있는 길을 활짝 열어놓은 한국에서, 판·검사들이 있는 자에 대한 편향적 수사와 판결을 지속하는 건 너무나 당연한 것 아니겠나. 최근의 서울시 공무원 유우성 간첩사건부터 멀리 1975년의 인혁당 재건위 사건, 1991년의 강기훈 유서대필 의혹 사건 등 숱한 오심 사례들이 있다. 인혁당 재건위 피고들을 형 선고 뒤 24시간도 지나지 않은 상태에서 처형해 버린 1974년 4월 9일은 세계 역사상 '암흑의 날'로 국제적으로 기억되고 있을 정도다. 30여 년이 지난 뒤 재심이 진행돼 대부분 무죄 판결을 받았으나 그들은 이미 이 세상에 존재하지 않았다. 재심 결과 무죄 판결 등이 숱하게 다시 내려져도 당시 오심을 내린 판사들 중 처벌을 받거나, 처벌까지는 안 가더라도 스스로 잘못했다고 사과한 경우는 거의 찾아볼 수가 없다. 잘못된 판결에 대해 책임지는 시스템이 거의 없는 법조인들을 누가 통제할 수 있는가. 머리 좋고 공부 잘해 판검사가 된 그들의 좋은 스펙이 탁월함까지 증명하지 못한다. 박근혜 최순실 국정농단의 부역자들을 통해 똑똑히 확인하지 않았나. 2400원을 요금 정산에서 빠뜨린 버스기사가 2014년 3월 회사로부터 해고된 것은 정당한 것이라 판결하면서, 460억을 건넨 것은 뇌물죄 성립의 정황이 분명하지 않다고 구속영장을 기각했다. 유전무죄, 무전유죄의 한탄이 수시로 터져나오는 것은 당연하지 않은가.

시민의 상식과 시대정신으로 통제할 여지가 전혀 없는 사법체계 속에 살고 있지만. 미국의 법체계를 부러워하는 현실이지만. 2017년 촛불시민은 낙담하지 않는다. 광장의 추위를 무릅쓰고 촛불을 치켜들어 무릎걸음으로 나갈지라도 아주 조금씩 전진하고 있다는 희망을 버리지 않기 때문이다. 내일도 광장에서 소리 높여 외치자. "이재용 구속영장 재청구하라" "박근혜를 구속하라" 우리는 정의롭고 공평한 시대를 원한다.

피청구인 대통령
박근혜를 파면한다!

박근혜 없는 새봄

사진 이승배

박근혜 없는 새봄 열다

　김기춘과 이재용의 구속으로 촛불민심이 안정을 되찾았다. 촛불은 혹한의 북풍에도 흔들림없이 타올랐다. 국회를 견인했던 시민은 이제 헌법재판소를 견인하기 위해 젖먹던 힘까지 쏟아냈다. 세계 혁명사에서 혹한의 겨울을 나며 몇 개월을 완강하게 버티며 싸운 역사가 있었던가. 미답의 길을 걷는 촛불시민들의 발걸음은 흔들림이 없었다.

　11차(1.7) 64만, 12차 14만, 13차 35만, 14차 40만, 15차 80만, 16차(2.25) 85만... 새해 들어 촛불집회 참석자가 계속 100만 이하로 떨어지자 위기론이 슬며시 고개를 내밀었다. 그러나 집회 참가자 숫자는 단지 빙산의 일각일뿐이었다.

　각 여론조사 기관이 앞다퉈 조사한 탄핵 찬반 여론조사 결과는 탄핵 찬성 75~80%, 반대 20%, 무응답 5%로 늘 일치하고 있었다. 헌재 탄핵 심판 직전 3월 초의 여론조사 결과는 5월9일 대통령선거의 후보자별 득표율과 거의 정확하게 일치했다. 즉, 탄핵에 찬성한 4당 후보의 득표율 합계는 76%, 탄핵반대한 자유당은 24%를 득표했다. 촛불혁명의 발발부터 대선까지 6개월 내내 국민여론은 태산처럼 흔들림없었다는 것이다.

　1~2월 혹한기에 집회에 참여한 촛불시민들은 "11~12월 쉼 없이 달린 분들, 오늘 하루 빠져도 괜찮아. 참가한 우리가 더

힘내자. 다음 촛불엔 오실거야"라며 희망촛불을 더 밝게 켰다.

90일을 쉼없이 달린 특검이 2월28일 멈췄다. 특검은 뇌물, 직권남용 수사의 성과에도 불구하고 세월호 참사 당시 박근혜의 행적을 밝히지 못했다. 대면조사와 청와대 압수수색을 이루지 못했기 때문이라는 보고서를 내며 국민과 헌법재판소에 박근혜에 대한 마지막 심판을 부탁했다.

촛불시민들은 18차촛불(2.25) 108만, 19차(3.4) 100만이 집결하여 헌법재판소에 "헌법을 수호하라"고 요구했다. 우리는 1987년 6월항쟁으로 개정된 헌법을 통해 탄생한 헌법 수호의 마지막 보루인 헌법재판소가 헌법 위반 범죄자 대통령을 파면할 것을 믿어의심치 않았다.

탄핵 전야, 나는 광화문광장에서 농성하는 시민나팔대원, 문화예술인들과 '8대빵'을 나눠먹으며 내일의 승리를 장담했다.

결전의 날 3월10일, '그루쁘' 이정미 헌법재판관이 선언했다.

"헌법 수호의 이익이 대통령 파면에 따른 국가적 손실을 압도할 정도로 크다. 피청구인 대통령 박근혜를 파면한다."

예상 그대로 8:0 만장일치였다. 촛불시민혁명 발발 이후 130일, 국회 탄핵 이후 90일만에 '박근혜 없는 새봄'을 쟁취했다. 탄핵 발표 직후 촛불시민들은 "박근혜 구속"을 외치며 청와대로 행진했다. 청와대에서 쫓겨난 박근혜는 3월31일 마침내 구속됐다. 그날 3년간 바닷 속에 있던 세월호가 올라왔다.

이제 촛불시민혁명을 대통령선거 승리로 마무리하는 일이 남았다. 대선 또한 촛불시민혁명의 연장선상에 있었다. 그래서 우리는 '촛불 대선'이라고 불렀다. '촛불 대선'은 대선도 촛불의 승리로 귀결되리라는 확신과 예언이 담긴 희망의 메시지였다.

피청구인 대통령 박근혜를 파면한다!

2017년 1월 21일 토요일

오전 4:48

지금 막 잠을 깨어 뉴스를 보니 김기춘 조윤선 구속! 박근혜 강제수사 돌파구가 활짝 열리게 됐고, 우병우 이재용 구속 마무리하면 된다. 특검의 노고에 박수를 보낸다. 승리가 눈앞이다.

오전 11:19

강을 보라. 수많은 우여곡절 끝에 그 근원인 바다로 흘러가지 않는가. 이 산골 저 산골 물이 다르면 어떻고, 이 강물 저 강물이 제각각 흘러가면 어떤가. 바다에서 만난 강물은 "너는 어느 강물이더냐" 묻지 않는다. 3년 전 오늘, 또다른 물길을 타고 오던 강물과 만났고, 오늘도 또 그 누군가와 혁명광장에서 만난다.

오후 4:07   제13차촛불 라이브방송 헌법재판소 앞에서
황교안은 사퇴하라. 총리공관 100m앞 설중雪中 데모
시민혁명의 승리를 축복하는 대설입니다. 아름다운 밤, 사랑하는 벗들과 함께하여 영광입니다. 우리는 반드시 승리합니다!!!

2017년 1월 22일 일요일

오후 5:18

은팔찌 차고 특검에 소환된 김기춘(78살). 1960년 대학3학년에 사법고시 합격해 승승장구, 50년쯤 해먹었으면 됐지 말년에 꼴깝떨다 요꼴 됐다. "많이 뭇다 아이가"보다 "우리가 남이가" 외친 자의 최후, 출세에 눈이 멀어 정의를 팽개친 자들은 반면교사로 삼으라. 김기춘과 싸운 33년 묵은 체증이 쑤욱 내려간다.

오후 7:29

지금 이 시간 시민 자원봉사자들이 광화문 세월호광장 분향소를 깨끗하게 청소하는 중입니다. 체감온도 영하 20도, 올 겨울 최고의 맹추위에도 우리 착한 시민들은 이렇게 한 손씩 보태고 있습니다. 토요일 설날엔 촛불집회가 열리지 않습니다. 서울 계신 분들은 분향소에 오셔서 304명의 넋들을 위로해주십시오. 자원봉사자 여러분 고맙습니다. 새해 복 많이 받으세요.

오후 10:08

칼잡이 특검 검사들은 스스로를 '칼잡이'라고 부른다. 악의 척결에 목숨 건 자로서의 자긍심의 표현이다. 요즘 검사들은 '검찰 공무원'으로 자조한다. 정치권력과 검사인사에 휘둘리는 검사들의 현주소다. 박영수 특검이 권력에 길들여진 검사들에게 칼잡이의 투혼이란 어떤 것인지를 잘 일깨우고 있다. 충무공은 석자 칼로 하늘에 맹세하니 산하가 떤다고 스스로의 칼에 새겼다. 칼을 휘두르면 피가 산하를 물들인다고 다짐했다. 이게 바로 칼잡이의 다짐이다. 권력자를 무 베듯 쓸어버리는 칼잡이 특검을 응원한다. 검찰공무원 노릇하는 검사들의 맹성을 촉구한다.

2017년 1월 23일 월요일

오후 1:10

김기춘은 구속영장 실질심사에서 블랙리스트 작성을 지시하고 보고받은 사실을 인정했다. 국회 청문회에서 한 "블랙리스트는 죽어도 모른다"는 증언이 거짓말임을 스스로 인정한 것이다. 그런데 또 거짓말한다. "블랙리스트 작성이 불법인 줄 몰랐다"고 말이다. 78살 노추 김기춘, 감옥에서 100살까지 살 운명이다.

오후 5:28

후보가 누구든 촛불이 이긴다! 마음에 드는 후보를 열심히 지지합시다. 지지하는 후보의 잘못된 언행부터 꾸짖읍시다. 후보가 누구든 촛불이, 시민이 승리합니다. 민주진보대통령후보의 당선은 확정적입니다. 박근혜 잔당 따위는 결코 적수가 아닙니다. 촛불혁명에 역린하는 자 또한 적수가 못됩니다. 시민혁명에서 가장 헌신한 시민들이 후보 경선에서도 가장 큰 영향력 발휘할 겁니다. 자신이 지지하는 후보를 대통령으로 만들고 싶으면 촛불혁명 마지막 고비에서도 변함없이 싸워주십시오. 촛불시민혁명에 헌신하는 대통령후보들의 출마를 격하게 환영합니다.

오후 8:35 서울중앙지법 앞 법률가들의 노숙농성장에서

법원의 삼성 이재용 구속영장 기각에 항의하는 법률가들의 노숙농성이 법원 앞에서 5일째 계속되고 있다. 오늘 200여명의 변호사, 법학교수와 시민들이 모여 서울대 조국 교수의 강연을 비롯한 여러 연사들의 발언 속에 촛불집회가 열렸다.

"재벌권력에 치우친 편향적 판결은 판사 개인의 문제를 넘어서서 법원 전체의 문제다. 30년 만에 맞이한 변혁의 시기에 정치 경제사회 전 분야의 개혁을 이뤄내자"(조국 서울대 교수)

노혁명가 백기완 선생님까지 먼길 마다않고 참여하셨고, 최초의 법률가 노숙농성에 시민들의 따뜻한 지원이 이어져 맹추위가 무색할만큼 훈훈한 분위기였다. 마지막 저항을 물리치고 박근혜 탄핵과 민주정부 수립 시민혁명의 여정에 뚜벅뚜벅 함께 가자.

2017년 1월 24일 화요일

오전 1:06

안희정 후보와 이재명 후보의 장도를 응원한다. 어제 안희정 충남지사, 오늘 이재명 성남시장이 출사표를 멋지게 던졌다.

<희정아 부탁해! 더좋은 민주주의!> 안희정 시장은 젊음의 거리 대학로의 한 극장에서 5시간 즉문즉답으로 준비된 대통령의 경륜을 선보였다. 노무현의 오른팔로 대통령선거를 이긴 경험이 있고, 재선 충남지사로서 탁월한 도정운영 능력 선보인 인재다. 그의 20대는 민주화와 통일을 향해 행동하는 청년이었다. 30대

이후 국정운영을 꿈꾸며 노무현의 동지가 됐다. 나는 6월항쟁의 거리를 함께 달렸던 그에게 애정이 깊다. 기득권 대신 감옥을 마다않은 용기가 남다르다. 준비된 후보 안희정의 장도를 응원한다. 동지 노무현을 넘어 더좋은 민주주의 대한민국 부탁한다.

<적폐청산 공정국가 이재명은 합니다> 이재명 시장은 소년노동자로 일했던 공장에서 대통령후보에 출마하는 출마선언식을 가졌다. 나보다 2살 위 동년배인 그의 출마선언문을 읽으며 나보다 30년 위 아버지의 어린시절을 떠올리며 울컥했다. 아버지께서도 초등학교만 졸업한 후 노동자가 됐었다. 야간 고등공민학교를 다니며 중학교 졸업장을 땄었다. 이재명은 거기서 한 발 더 나아가 대학에 가고, 사법시험에 합격하여 민권변호사, 성남시장이 되었다. 노동자 출신 대통령후보 이재명의 장도를 응원한다. 상고 출신 김대중과 노무현처럼 벽을 넘어서기 바란다.

오전 10:09

"DJ는 비토세력이 너무 많아서 대통령 못해" 당대의 헛똑똑이들이 많이 퍼뜨리던 흑색선전이다. "문재인은 비토세력이 너무 많아서 대통령 못해" 요즘 헛똑똑이들이 똑같은 흑색선전을 확산 중이다. 예나 지금이나 헛똑똑이들은 헛짚는데만 능하다. 정책 논할 능력없는 헛똑똑이들은 인류사에서 늘 이래 왔다. 문재인 대통령후보의 선전을 기원한다.

오후 1:34

헌재 인근 가로등에 수십 장의 태극기가 밤새 몰래 걸렸다. 관할 종로구청도, 박사모도 자신들이 안 걸었단다. 그런데 박사모 회장 정광용의 말뽄새가 가관이다. "지난 밤에 하나님이 내려와서 달고 가신 것 같다." 하나님이 이 말을 듣고 무슨 답을 하실까? "야, 독사 새끼들아. 내가 돌았냐? 박근혜 따위 돕겠냐?"

오후 6:55
중국정부의 사드 보복조치가 전방위 확산되는 양상이다. 한한령(限韓令·한류금지령)에 따라 조수미 연주회 같은 예술 분야까지 그 부정적 영향이 확대되고 있다. 사드가 새 정부의 첫 외교 시험대가 될터. 새 정부는 출발부터 어려운 과제를 떠안게 됐다. 박근혜 대못이 나라의 심장에 박혀있는 형국이라 고통스럽다.

오후 9:41
차기 민주정부는 '관제데모 범죄단체' 자유총연맹 해체하라. 연간 100억원의 혈세를 지원받는다. 유·무형의 정부 지원이 엄청나다. 박근혜 청와대의 지시에 따라 관제데모를 했다. 차기 민주정부는 백해무익한 범죄단체인 자유총연맹을 해체시키고 연맹이 보유한 엄청난 자산을 국고에 귀속시켜야 한다.

2017년 1월 25일 수요일

오전 11:27
풍자예술이 갖출 두 가지 필요충분조건
1. 백성에게 거악에 맞서 싸울 용기를 불어넣어라. ―맥빠진

백성들을 통쾌하게 하라(조롱의 미학) ―웃을 일 없는 백성들을 웃게 하라(해학의 미학) ―거악에 대한 두려움 대신 싸울 용기를 불어넣어야 한다(용기의 미학)

2. 조롱당하는 거악이 반격할 빌미를 주지마라. ―풍자예술은 싸움의 무기다. 그 창끝이 거악이 아닌 백성을 향하게 하지 마라. ―풍자예술가들은 작품이 완성되면 같은 편이 되어줄 백성들의 감상을 듣고 난 후 수정 여부, 공개 여부를 결정하라 ―풍자예술가들은 나홀로 고독한 싸움이란 생각을 버리고 시대정신과 함께, 백성과 함께하는 싸움이란 생각으로 풍자예술을 창작하라.

오전 11:49

오늘 특검에 체포되어 소환된 최순실이 사악하게도 박사모와 꼴통보수들에게 반혁명봉기를 선동했다. 박근혜 잔당들아, 반혁명 봉기 일으켜봐라. 오천만 촛불시민들이 한방에 박살내주마.

오후 4:06

"정말 용서할 생각이 없다" 최순실에 대한 특검의 공식반응.
박영수 특검, 진정 하늘에서 내린 칼잡이들 아닌가.
용맹한 시민들도 특검용사들에게 이렇게 화답한다.
"박근혜에 대해서는 정말 용서할 생각이 없다"

오후 5:14

오늘 새누리당 여성의원협의회가 표창원 의원 비난 기자회견에서 "지랄염병" 피켓을 내걸었다. 지랄염병이 풍년인 하루다.

오후 5:47

최순실의 '지랄'을 "염병하네"로 발라버린 특검 빌딩의 환경 미화원 아주머님께 감사드린다. 박근혜가 기자간담회 또 한다면 용맹한 기자들이 그의 면전에서 '염병하네'로 화답해주시라.

오후 10:47

"염병하네"의 최종결정판... 박근혜 정규재의 대담 인터뷰

정규재의 반격유도 질문에 앵무새처럼 맞장구치는 박근혜, 100분의 대담을 인내하며 요약했다. 요약내용은 차마 싣지 않겠다. 국민 건강을 위해서다. 하여튼 염병하는 인터뷰였다.

2017년 1월 26일 목요일

오전 11:16

자식 잃은 부모 앞에 무릎 꿇고 함께 울던 사람, 박원순 시장의 대선불출마 소식에 가슴이 아린다. 우는 이와 함께 울며, 낮은 곳 시민들을 보듬던 그, 시민혁명 완수와 새 대한민국 건설에 앞으로도 큰 힘이 되어주시리라 믿으며 박원순을 응원한다.

오후 8:23

이경재 변호사님, 세밀에 다시 편지를 띄웁니다.

이 변호사님, 오늘 오전 당신의 의뢰인인 최순실이 특검으로부터 인권을 침해당했다는 매우 공격적인 기자회견을 하셨더군

요. 특검은 당신이 제기한 의혹의 상당부분을 즉시 팩트에 의거해 반박했고, 최순실의 일방적 주장 외에는 물증이 없는 사안은 당신의 주장대로 "경찰, 검찰 및 인권위원회 등 제3의 기관에 맡겨 진상을 규명"하는 수순을 밟으면 진실이 밝혀지겠지요.

그런데 이 변호사님, 국민 인권의 수호자를 자임하며 기자회견하는 모습을 보고서 이경재 검사 시절에 검사 선서의 "힘 없고 소외된 사람을 돌보는 따뜻한 검사"로서 제 역할을 했는지 변호사님 스스로 가슴에 손을 얹고 자문해보신 적이 있으신가요. 1988년 8월과 9월 서울지검에서 이경재 검사로부터 피의자 신문을 받을 때 22살 대학생 전상훈은 변호인의 조력을 받을 권리에 대해 고지받지 않았습니다. 검사 신문 당신 변호인이 입회하지도 않았습니다. 이경재 검사와 검찰 수사관 누구도 '무죄추정'의 피고인인 전상훈의 인권을 보호해주지 않았습니다. 당시 장안동 대공분실에서 가족과 변호인을 접견하지도 못한 채 열흘간 밀실수사를 당한 전상훈은 검찰에 와서도 고립무원으로 수사를 받았습니다. 이경재 검사에 의해 기소된 후에야 저는 영등포교도소에서 변호사와 접견할 수 있었습니다. "힘 없고 소외된 사람을 돌보는 따뜻한 검사"로서 이경재 검사는 제 역할을 다하신 것입니까? 이 변호사님 스스로에게 솔직하게 자문해 보십시오.

검사 재직 당시 중앙정보부(안기부)와 경찰 대공분실에서 고문을 당해 만신창이가 되어 검찰에 송치된 수많은 민주화운동가들과 대학생들을 직접 눈으로 보지 않았습니까. "범죄로부터 내 이웃과 공동체를 지키라는 막중한 사명을 부여받은" 검사로서 고문이라는 국가범죄에 대해 수사하여 처벌한 적이 있습니까? 수사기관에서 고문당한 피의자를 본 적이 없다고 말씀하고 싶습니까? 남영동 치안본부 대공분실에서 죽음 직전까지 고문당한 김근태 민청련 의장, 부천경찰서에서 성고문을 당한 대학생 권인숙 씨, 유서대필 조작사건으로 구속된 강기훈 씨, 그리고 결정적으로는 물고문에 의해 사망한 서울대생 박종철 군에 이르기까지 얼마나 많은 선량한 국민들이 수사기관에 의해 인권을 침해당했는데 당대의 공안검사가 그 상황을 몰랐다고 하신다면 이는 비겁한 변명이란 비난을 면치 못할 것입니다.

변호사로서 의뢰인의 보호를 위해 최선을 다하는 사정을 이해 못할 바는 아닙니다. 그러나 자유민주주의 근간을 무너뜨린 최순실이 "자유민주주의" 운운하며 헌법 질서와 특검에 대한 반란을 선동하는 행위까지는 옹호하지는 마십시오. 오죽하면 "염병하네"라는 원색적인 비난이 쏟아지겠습니까. 왜 오늘 기자회견에서 "악마의 변호인"이라는 시민의 외침이 터져나왔겠습니까.

이경재 변호사님, 첫 편지에서도 말씀드렸듯이 역사적 사건의 증인이 되셨으니 모쪼록 진실에만 의거하여 최순실을 변론해주시기 바랍니다. 정유년 새해가 밝아옵니다. 건승을 기원합니다.

오후 11:12

모레 설날 서울시청광장과 서울역에서 열리는 박사모 집회에 박근혜가 유모차 끌고 나오지 않을까. 요즘 돈줄도 말랐고, 맥아리가 1도 없어 보이던데... 할머니들처럼 유모차 끌고 나와 동정표 얻으려 할 듯. 박근혜가 설날에 박사모 집회 나오면 1시간 내에 광화문광장에 백만촛불 모여 박근혜 체포하지 뭐, 까짓 것.

2017년 1월 27일 금요일

오후 12:43

손학규 의장님, 안철수 의원님 안녕하십니까. 새해 건승하십시오. 두 분 모두 제가 존경하며, 개인적으로 뵙기도 했습니다.

그러나 어제 두 분께서 경쟁자인 문재인 전 의원에 대해 "제2의 박근혜"라는 참람한 비난을 퍼붓는 것을 보고 두 분에 대한 존경과 신뢰를 거둘 생각마저 하게 되었습니다. 정치는 '말'로 하는 것입니다. 칭찬도 비난도 모두 정치의 도구입니다. 정치인이 경쟁자를 비난하는 것은 자연스런 정치행위입니다. 그러나 경쟁자에 대한 비난이 상대에 대한 '존중'을 담고 있지 못하다면 시정잡배의 쌍욕과 다를 바 없지 않습니까. 즉 정치의 영역이 아닌 개싸움의 영역에 속하게 되는 것이지요. 지금 이 시대의 가장 참람한 쌍욕인 "제2의 박근혜"를 새누리당이나 바른정당의 후보가 아닌 민주당의 후보에게 퍼부을 수 있단 말입니까.

저는 특정후보에 대한 지지 입장을 표명한 바 없지만, 저와 함께 촛불시민혁명에 참여하는 '동지'인 문재인 전 의원이 "제2의 박근혜"라는 비난을 받을 정도로 형편없는 사람이 아니라는 것은 분명히 보증할 수 있습니다. '제2의 박근혜'가 '박근혜'를 몰아내는 투쟁에 이토록 열심히 참여할 수는 없기 때문입니다.

세계축구연맹(FIFA)는 꽤 오래 전부터 'Respect(존중)'라는 캐치프레이즈를 내걸고 있습니다. 피파가 주관하는 경기의 중앙 메인A보드에는 이 슬로건이 새겨져 있습니다. 경기 내내 이 슬로건은 TV카메라에 가장 많이 잡힙니다. 경기를 하는 선수들과 관객들이 서로를 존중하라는 것이죠. 정치의 비난처럼 경기 중 반칙도 경기의 일부분입니다. 그러나 경쟁자이자 동업자인 상대편 선수의 축구생명을 위협하는 고의적 반칙이거나 인종차별, 성차별 같은 상대편의 인격을 모독하는 행위를 저지르면 가차없이 레드카드를 받고 퇴장당하게 됩니다.

두 분은 비난과 쌍욕이 혼재하는 한국 정치계에서 보기 드물게 신사로 인정받는 분들 아닙니까. 그런 두 분께서 서로 다른 상황과 장소이기는 하지만, 같은 날 경쟁후보에 대해 사상 최악의 쌍욕인 "제2의 박근혜"라고 하시는 것을 보고 참담함을 금치 못했습니다. 모쪼록 두 분께서는 정치입문 당시의 초심으로 돌아가서 정책대결, 인물대결의 당당한 경쟁으로 대통령 당선이라는 목표를 이루시기를 바랍니다.

마찬가지로 문재인 후보를 비롯한 다른 후보들도 경쟁자를 존중하는 선거캠페인으로 대한민국 유권자들의 마음을 얻기를 간절히 바랍니다. 닭의 해 정유년 새해가 밝아옵니다. 두 분을 포함한 대통령후보 모두가 새벽을 여는 닭처럼 희망의 홰를 치며 대한민국의 미래비전을 제시해주시기 바랍니다. 저는 후보들의 인품과 정책을 꼼꼼히 살펴본 후 지지 여부를 최종적으로 결정하겠습니다. 새해 복 많이 지으시고 받으십시오.

오후 4:02

설날에도 출근해 일하는 특별검사, 헌법재판관들의 노고에 고개 숙여 감사드립니다. 국민은 특검, 헌재를 응원합니다.

2017년 1월 28일 토요일

오전 12:17

반갑다 정유년! 희망으로 빛나라. 잘가라 병신년! 60년 뒤에 만나자. 정유년 희망의 빛, 우리 함께 밝혀요.

오전 9:47

희망의 정유년 새해가 밝았습니다. 새벽을 여는 닭처럼 희망의 홰를 치며 새해를 힘차고 활기차게 열어가시기를 소망합니다. 올해는 국민이 나라의 참된 주인이 되는 새로운 대한민국 건설의 원년입니다. 시민혁명 일선에서 여러분과 함께 싸워 승리하게 되어 기쁘기 한량 없습니다. 새해에는 시민혁명의 주역들이 한 뜻이 되어 새 민주정부와 함께 힘차게 전진합시다. 벗들께서 하시는 일마다 술술 풀리고 모두 건강하시기를 손 모아 기도합니다. 여러분의 벗이어서 영광입니다. 고맙습니다. 사랑합니다. 새해 복 많이 받으십시오.

정유년 새해 아침 여러분의 벗 전상훈 올림

오후 5:44

아버지와 당신의 '옛 상관' 박정희

24살 전명준은 1961년 5.16 당시 육군사병이었다. 5.16 직후 소속 부대가 서울 남산으로 이동 주둔했다. '혁명군'의 민간 약탈을 감시하는 감찰부대 역할이었다. 촌놈이 서울에서 근무했으니 꽤 유익했으리라. 박정희와도 여러 번 마주쳤다. 멋진 별을

단 장군에 동향 경북 출신이라 금새 팬이 되었다. 제대 후 아버지
는 정치에 관심가질 여유가 없었다. 조부모님은 초가집 한 채와
5남매를 두고 돌아가셨다. 가난한 청년가장 아버지는 집안돌보
기도 벅찼다. 겨우 선거 때마다 '옛 상관'을 찍는게 고작이었다.

당신께서 박정희에 등을 돌린 건 '유신' 때였다. 박정희 종신
독재를 보장한 유신헌법에 반대표를 던졌다. 물론 그 누구에게
도 내색하지 않은 채 반대표를 찍었다. 그후 국회의원은 야당을
거푸 찍었다. "영감쟁이 18년이나 해뭇으면 됐지, 뭐 또 더할라
꼬..." 옛 상관의 10.26 비명횡사에 눈물 쏟으며 하신 말씀이다.
2012년 11월10일, 아버지께서는 75세로 돌아가셨다. 옛 상관
의 딸이 대통령을 하겠다며 다닐 때다. 오늘 성주 공원묘지에
모신 아버지를 찾아뵈었다. 2대째 이어지는 옛 상관 부녀의 비극
적 말로에 정 많은 아버지는 하늘에서 눈물짓고 계실 듯 하다.

2017년 1월 29일 일요일

오후 2:19
서설의 축복, 수묵담채의 깨끗한 세상이 오려나보다. .

오후 5:55
박근혜최순실 재판의 예고된 과거, 중국 4인방 재판
중국전문가들은 1980년 4인방에 대한 공개재판이 등소평의
개혁개방 사회주의가 정당성을 획득하는 '신의 한 수'였다고 평

가한다. 이와 관련된 역사를 살펴보자. 1976.9.9 모택동이 사망했다. 후계자는 의외의 인물 화국봉이었다. 후계를 다투던 등소평은 1976.1월 주은래 사망 추모집회 배후조종 누명을 뒤집어쓰고 이미 축출된 상태였다. 모택동의 처인 강청의 4인방도 유력했지만, 화국봉이 결국 후계자가 되었다. "자네가 맡으면 내 마음이 편하다."(모택동의 후계 유언장)

모택동에게 불편한 등소평과 4인방은 탈락했다. 문화대혁명의 1등공신이자 온갖 악역을 다 맡은 4인방은 모택동에게 '토사구팽' 당했다며 분노했다. 모택동의 장례식부터 사사건건 약체 화국봉을 흔들었다. 미국 등 서방 세계는 화국봉의 실각을 전망했다. 그때 삼국지 속 제갈공명 사후의 반전과 똑같은 대반전이 일어난다. 죽기 직전 제갈공명은 강유를 후계자로 선정한다. 강유보다 상장인 위연이 당연히 반발했다. 위연 휘하의 장수 마대가 위연의 목을 베어 반란을 순식간에 평정했다. 죽기 직전 위연 휘하에 마대를 배속시켜 위연의 신임을 얻도록 한 것은 제갈공명의 안배였다. 국력을 소진하는 내전이 아닌 배신자 위연 한 명만의 목을 베도록 한 치밀한 안배했다. 죽은 제갈공명은 적장 사마의뿐만 아니라 배신자 위연마저 물리쳤다.

모택동의 안배는 군부였다. 그는 죽음 전 혁명을 지키는 총구인 군부로부터 화국봉 지지를 확고하게 다짐받았다. 마오와 생사고락을 함께 한 군부는 의리를 지켰다. 화국봉을 도와 모택동 사후 불과 한 달 만에 4인방을 반혁명 혐의로 체포했다.

이후 역사는 부도옹 등소평의 재기와 화국봉의 실각으로 이어진다. 모택동과 함께 사회주의 중국의 창건동지였던 등소평은 17년 연하이자 공산당 직위에서도 까마득한 부하였던 화국봉을 노회하게 다루면서 1977년 7월16일 공산당 제10기 3중전회에서 실각 전 직위로 화려하게 복귀했다. 등소평의 복귀를 도운 세력도 역시 군부였다. 등소평은 4인방의 축출로 화국봉을 부탁한 모택동에 대한 의리를 다하지 않았냐며 군부 지도자들을 설득했다. 대장정의 고난을 함께 겪고 사회주의 중국을 건국한 동지인 군부 지도자들에게 8억 인구의 새 통치자로 등소평이냐, 화국봉이냐의 양자 선택을 집요하게 물었다. 모택동과 함께 40년간 국가를 통치하던 군부 실세들의 입장에서도 화국봉은 구상유취한 인물이었다.

그들은 결국 '거인' 등소평을 선택했다. 1980년 2월 중국공산당 제11기 5중전회는 등소평 체제가 사실상 완성되는 순간이었다. 등소평은 최측근 호요방과 조자양을 정치국 상무위원에 올려놓는다. 1981년 6월 제11기 6중전회에서 화국봉은 당 주석에서 부주석으로 강등당하고, 호요방이 당 주석에 오른다. 등소평은 당 군사위 주석에 취임함으로써 자신의 집권을 완성한다.

개혁개방을 표방하는 새 지도자 등소평은 훗날 모택동을 공7과3으로 평가한다. 즉 모택동의 혁명정신은 계승하되 문화대혁명의 극좌적 오류와는 단절하겠다는 새 중국의 국가전략을 국내 및 국제적으로 알릴 필요가 있었다. 이때 활용된 이벤트가 4인방에 대한 공개재판이었다. 체포된 후 3년이 지나서 1980년 11월에 시작된 4인방의 재판은 전 세계의 이목을 끌어모았다. 정치범 교도소에서 유폐되어 있던 강청 등 4인방은 꾀죄죄한 몰골이었지만, 수천 만명을 희생시킨 문화대혁명과 자신들의 행위의 정당성을 뻔뻔한 태도로 강변했다. 특히 강청은 핏대를 세운 발작적인 언사와 과격한 언어 선택으로 극단주의자의 면모를 스스로 드러냈다. 나머지 셋도 마찬가지였다. 며칠 전 특검에 강제소환된 최순실의 핏대 세운 모습을 떠올려보라. 문혁으로 가족을 잃고, 공동체가 파괴당한 중국 인민들은 4인방의 뻔뻔함에 치를 떨며 분노했다. 4인방 재판의 공개는 그야말로 '신의 한 수'였다. 문화대혁명의 과오를 4인방에게 모두 뒤집어씌우면서 모택동 시대의 실정은 건드리지 않고 넘어갈 수 있었기 때문이다. 건국의 아버지 모택동과 중국공산당은 면죄부를 얻게 되었다. 모택동에 대한 충성심이 강한 군부는 이 재판에 대해 만족하며 등소평 체제의 굳건한 지지자가 되었다. 재판이라는 법적 절차를 통해 정치적 반대파를 처벌한다는 이미지를 국제사회에 널리 알린 것도 개혁개방 중국 국가브랜드의 큰 자산이 되었다.

우리 현대사로 돌아와보자. 김영삼 정부는 전두환 노태우을 국사범으로 체포하여 공개리에 재판했다. 정말 잘 한 일이다. 그러나 형 확정 이후 추징금도 모두 회수하지 못한 상태에서 정치적인 이해득실에 따라 사면을 하여 살인마들을 석방한 것은 큰 잘못이다.

이제 곧 박근혜는 탄핵당하고 박근혜 일당들은 모두 재판정에 서게 된다. 나는 박근혜, 최순실, 김기춘, 우병우 등 범죄자들이 강청처럼 자신들의 반국가 행위를 '구국의 결단'이었다고 핏대를 세우며 강변해주길 바란다. 박근혜 최순실 모두 확신범들이니 반드시 꼭 그래주길 바란다.

강청과 4인방은 종신형을 선고받았고, 사면받지 못한 채 모두 감옥에서 죽었다.

2017년 1월 30일 월요일

오후 2:28

영국 여류화가 엘리자베스 키스의 <새해 나들이>(1921)

광화문 앞, 백성들의 새해 나들이 모습이 정겹다. 총독부 건물은 안 보이는데, 1926년 완공됐다. 광화문은 1927년 해체되어 경복궁 동문인 건춘문 근처로 옮겨졌다. 1968년 박정희가 엉터리로 광화문을 지었는데, 철근콘크리트 건축이었다. 1996년 김영삼 대통령이 총독부청사를 허물었다. 2006년 현재의 광화문을 복원했다. 이곳 광화문 앞 광장은 시민혁명의 산실이 되었다.

한 장의 그림에도 이렇듯 많은 역사가 담겨있다.

오후 9:26

광화문 노란리본공작소 봉사자들과 함께 설날연휴 마무리. 설날 내내 광장을 지켜준 분들 덕분에 편안히 설을 쇠었다. 역사적인 정유년이다. 힘차게 뛰어보자!

2017년 1월 31일 화요일

오전 10:34

특검, 곧 청와대 압수수색한다 박근혜는 강력 저항할 것이다. 시민이 특검과 함께 가자. 준비되셨나? #특검힘내라

오후 8:17

이제 일베 배후만 밝히면 된다. 어버이연합 엄마부대 배후는 청와대와 재벌들로 밝혀졌다. 일베 서버 자금은 누가 댔나?

오후 10:04

환태평양 근심대가 생겨 세계적 골칫거리가 되고 있다. 지진과 화산의 불의 고리, 환태평양 조산대보다 무섭다. 예로부터 호환마마보다 무서운게 못된 정치라고 했다. 우리라도 박근혜 탄핵하여 세상근심 덜어주자. 국민이 나라 체면 세워보자.

2017년 2월 1일 수요일

오전 9:11

희망은 분노와 용기를 자녀로 뒀다. 썩은 현실에 대한 분노, 현실을 바꾸려는 용기. 분노와 용기로 희망의 2월을 열자

오전 11:43

한국의 차기 대통령, 영 샌더스를 기다린다.

요즘 미국인들은 샌더스를 그리워할거다. 버니 샌더스가 반 트럼프 시위를 이끌고 있다. 우리도 후회없는 선택을 해야 한다.

버니 샌더스의 생애를 다시 살펴보자. 1963년 22세 백인 청년은 마틴 루터 킹 목사의 워싱턴 평화대행진에 참여했다. 시카고대 재학 중 학생비폭력조직위원회를 만들어 대표를 맡았고,

인종차별 금지 등 인권운동에 앞장섰다. 1960년대 중반부터는 베트남 반전운동을 주도했다. 1972년 무소속으로 버몬트 주 연방상원의원에 도전했다가 2.2% 득표로 낙선, 그후 버몬트 주지사 등 4차례 선거에서 낙선의 쓴잔을 마셨다. 1981년 버몬트 주 벌링턴 시장 선거에서 민주당 소속 현직 시장을 단 10표차로 누르고 당선된 이래 4선을 기록했다. 그후 그는 1991년 연방하원의원과 2007년 연방상원의원에 내리 당선됐다. 민주사회주의자를 자처하는 샌더스는 민주당 경선에 뛰어들었고, 넘사벽 힐러리 클린턴 후보와 박빙의 승부를 벌이다 아깝게 패했다.

평생을 강직하게 걸어온 샌더스의 정치혁명은 일단 멈췄지만, 트럼프의 인종차별 종교차별의 인권유린에 맞서 지금도 시위대 맨 앞에 있다. 한국의 차기 대통령, 영 샌더스는 누구인가.

오후 8:16
반기문 캠프에서 해고된 분들 불쌍해서 어떡하나. 해고의 억울함 체험하셨으니 해고할 자유 주장은 뻥긋하지도 않으시겠지.

2017년 2월 2일 목요일

오전 12:09
그분은 떠났다. 조롱과 비아냥은 백해무익하다. 그분 지지하다가 길 잃은 유권자 모셔오자. 반기문 총장 지지자 여러분, 민주정부 수립에 함께 힘 모읍시다.

오전 9:40

방산비리 범죄자에게 검찰 구형량보다 두 배 높게 선고한 젊은 대쪽판사가 방위사업청의 원가검증팀장으로 전직한다는 소식에 아침이 상쾌하다. 두 권의 장편소설을 쓴 작가인 정재민 판사가 펼치는 방산비리 척결 드라마를 기대하며 응원한다.

오후 3:43

이재정 민주당 의원의 "너나 잘 하세요." 나라 망친 새누리당 따위에겐 요렇게 엿 멕여야~ "염병하네"에 이은 연타석 사이다

오후 5:33

와이리 멋지노 특검. 불금에 압수수색 칼 뽑는다. 청와대가 경내 진입 거부해도 영장집행한다고 선전포고했다. 내일(금) 압수수색하러 갔다가 거부당하면 특검은 청와대 앞에서 토요일까지 철야농성하라. 14차촛불 백만 시민이 지원군으로 달려간다.

오후 11:31

2014.5.12. 거리서명 시작 후 998일째다. 강남역 거리에서 시민 서명운동 시작한 지 1000일이 지났다. 서명지기들과 작은 피켓 들고, 책상 하나 놓고 시작했다. 참여의 작은 불씨가 650만 명의 서명으로 이어졌다. 그리고 3년, 천만촛불 시민혁명의 디딤돌이 되었다. 세월호 참사의 진실은 아직 밝혀지지 않았다. 박근혜의 가장 큰 범죄가 아직도 바닷속에 있다. 갈 길이 멀지만 더 힘을 내어 진실을 향해 나아가자. 1000일을 함께한 서명지기들과 시민들께 감사드린다.

2017년 2월 3일 금요일

오전 9:18

제14차 촛불집회는 시민나팔부대가 법원에서 남풍을 일으켜 청와대로 진군합니다. ◇1차집결: 2시 서울중앙지법 앞 ◇1차행진: 3시~4시 삼성 본사까지 행진 ◇2차집결: 5시 대한민국역사박물관 앞 광장 ◇2차행진: 7시30분 헌재와 청와대로 행진

오후 12:59 청와대 앞에 있습니다

현재 청와대 청운동사무소 앞, 성조기와 십자가기를 쳐든 자들이 "청와대 도둑질하는 특검 해체" 데모 중이다. 특검은 현재 청와대 연풍문에서 대치 중이다. 청와대 앞 분수대에서 경호원에 의해 데모예비혐의자로 몰려 특검이 있는 곳으로 가지 못하고 있다.

오후 9:22

박영수 특별검사님, 얼마나 화가 나십니까.

법원이 적법하게 발부한 청와대 압수수색영장이 한낱 종이쪽지로 전락해버린 무법천지의 현실에 대해 얼마나 분노하고 계실지 짐작하기조차 어렵습니다. 검사님께서 1983년부터 2009년까지 27년간 검사로 재직하는 동안 도대체 단 한 번이라도 이런 치욕적인 일을 당하셨겠습니까. 오늘 청와대로 갔다가 문전박대만 당한 채 5시간 만에 빈손으로 돌아온 검사들과 수사관들의 분노와 허탈감 또한 특별검사님의 그것과 다름 없을 것입니다.

저 또한 일개 시민으로서 역사의 현장을 지켜보러 갔다가 잠재적인 데모혐의자로 몰려 연풍문까지 가지도 못한 채 청와대 분수대 앞만 서성이며 분통이 터질 지경이었으니 말입니다.

박영수 특별검사님, 법원도 특별검사의 수사내용에 깊이 공감하고 있습니다. 법원도 예전과 달리 청와대에 대한 강제 압수수색을 승인하는 영장을 발부하지 않았습니까. 게다가 법원은 통상적인 영장 유효기간인 7일의 네 배를 유효기간으로 삼아 영장을 발부하지 않았습니까. 이는 법원이 특별검사의 수사내용에 대해 깊이 공감한다는 명확한 표시 아니겠습니까.

국헌을 문란케 한 황교안 권한대행에게 분노합니다. 법원이 적법하게 승인한 압수수색을 거부한 황교안 권한대행은 공무집행을 방해하고 국헌을 문란케 한 현행범 아닙니까. 그를 비롯해 오늘 압수수색을 거부한 비서실장 경호실장 이하 청와대 직원들 모두 황교안과 함께 공범 아닙니까. 법원명령마저 거부하는 자가 대한민국을 대표하다니요. 국민으로서 치욕감을 느낍니다.

박영수 특별검사님, 내일 다시 청와대를 압수수색해주실 것을 요청드립니다. 지난 설날 연휴기간에도 밤낮 없이 일하시는 모습을 보고 가슴이 뭉클했습니다. 두 달 넘게 단 한 순간도 쉬지 않고 수사하는 모습이 안쓰럽기까지 합니다. 하지만 핵심 피의자인 박근혜 대통령 대면조사를 진행하기에 앞서 청와대 압수수색은 조속하게 이뤄져야 하지 않겠습니까. 하여 간곡히 청합니다. 내일이 비록 휴일이지만 다시 한 번 압수수색영장을 집행하는 수고를 아끼지 말아주시기 바랍니다.

박영수 특별검사님, 내일 2차 압수수색에 직접 나와 주실 것을 요청 드립니다. 황교안 대행과 청와대 직원들은 아직도 이

나라가 무법천지인 걸로 착각하고 있습니다. 번거로우시겠지만 박영수 특별검사님께서 압수수색팀을 직접 지휘하여 청와대로 나오셔서 법치의 지엄함을 만천하에 천명하여 주십시오.

박영수 특별검사님, 국민들이 한 마음 한 뜻으로 응원합니다. 특별검사님의 지난 두 달간의 수사는 무법천지의 나라를 바로세우는 일등공신이었습니다. 이에 모든 국민들이 특별검사님을 응원하고 있습니다. 특검 사무실로 배달된 수많은 꽃들과 응원의 편지가 이를 증명하고도 남음이 있습니다. 그뿐입니까. 내일 광화문광장과 전국에서 수백만 시민들이 "특검 힘내라"를 목청껏 외치며 응원을 보낼 터이니 이 또한 천군만마의 힘 아닙니까.

박영수 특별검사님, 조금만 더 힘을 내어 주십시오. 자랑스러운 우리 조국을 바로 세우기 위해 조금만 더 힘을 내어 수고해주십시오. 대한민국은 박영수 특별검사님을 영원히 기억하며 그 공헌을 역사에 아로새길 것입니다. 박영수 특별검사님, 입춘대길 하십시오. 내일은 입춘입니다. 국민들이 입춘대길의 행복한 봄을 맞이하도록 해주셔서 정말 고맙습니다. 검사님을 비롯한 검사님들과 수사관님들, 그리고 그 가정까지 모두 입춘대길하시기를 기원합니다. 고맙습니다. 힘내십시오. 응원합니다.

2017년 2월 4일 토요일

오후 12:49
입춘대길 촛불대길 나팔대길 시민대길 민주대길 특검대길 압수대길 수색대길 탄핵대길 퇴진대길 구속대길 하옥대길 죄수대길 낙마대길 깡통대길 쪽박대길 폭파대길 해체대길 염병대길 역사대길 교훈대길 퍼뜩대길

오후 10:19

시민나팔부대 시민풍물부대, 40만 시민과 함께 100일째 촛불인 14차촛불에서 힘차게 싸웠다. 박근혜 취임4주년 전에 헌재가 탄핵인용하리라 확신한다. 2월25일, 시민승리 대축제 열자.

2017년 2월 5일 일요일

오전 12:53

박사모가 오늘 청계광장에서 시민나팔부대가 부는 것과 같은 나팔을 3000원에 판매하는 제보사진을 보고 웃었다. 도매가 1000원인 나팔을 어디서 떼어와서 2000원이나 웃돈 받고 팔아먹다니 기도 안 찬다. 이렇게 노인네들 등골 빼어먹나. 이래저래 구제불능이다. 더이상 끌지 말고 2월 안에 박근혜 탄핵 결론내자. 박사모의 통곡 소리 뒤로 하고 새시대 여는 나팔을 불자.

오후 1:00

너무 커 빗맞힐 수 없는 과녁, 불꽃 같은 용기로 쓰러뜨리다 골리앗의 덩치에 유대인들은 싸울 엄두조차 못냈다. 그러나 소년에겐 너무 커 빗맞힐 수 없는 과녁일뿐이었다. 사자와 곰도

돌팔매로 쳐죽인 경험이 있던 다윗, 돌팔매질 한 번으로 골리앗의 이마를 명중시켰다. 전쟁터에서는 칼싸움해야다는 규칙을 무너뜨렸다. 이 규칙은 강자의 규칙일뿐 돌팔매질도 유효하다.

엉겨붙던 해전을 원거리 포싸움으로 이긴 이순신. 장창부대를 조총부대로 제압한 오다 노부나가. 행주치마 돌 던지기로 왜군을 물리친 조선 아낙들. 그리고... 총칼의 권력을 맨주먹 촛불로 무너뜨린 대한민국 국민. 세상은 지혜와 용기의 다윗들에 의해 발전한다. 지혜와 용기의 오천만 다윗에게 경의를 표한다.

오후 2:16

의사 김영재의 부인, 갑자기 호흡곤란... 2017 대종상 여우조연상 노미네이팅 영상이다. 여우주연상은 염병하는 최순실이 이미 노미네이트. 탄핵 후 청와대 나오는 날 특검에 체포되는 박근혜가 대종상,오스카상,아카데미상까지 천하평정할테지만

오후 2:45

황교안, 2017 대종상 남우조연상 노미네이팅 감이다. 청와대 압수수색을 방해하다가 공무집행방해로 특검에 체포될까봐 미꾸라지처럼 빠지려 한다. 특검에 체포되면 당연히 남우주연상에 노미네이트. 특검은 지금 황교안을 생쥐 다루듯 잘 얼르고 있다.

오후 5:40

오늘의 특검 브리핑 번역서비스~ "황교안 권한대행, 청와대 압수수색 응할건가?아니면 적법한 공무집행을 방해한 현행범으로 체포될건가?" 응원하는 국민을 믿고, 헌법과 법률에 의거하면

서도 피의자 박근혜일당 지혜롭게 조여가는 특검, 믿음직하다.

오후 8:07

"새누리와도 협치한다"와 "새누리까지 대연정한다"의 차이

의회민주주의에서 대통령이 야당과 협치하는 건 당연하다. 그러나 야당과의 '연정'과 야당과의 '협치'는 다르다. DJP연대처럼 연정은 공동여당 또는 야당에 내각을 할양하고 연립정당의 정책을 정부정책에 반영하는 것이다. 전자는 '연정'으로만 가능하고 후자는 '협치'로 가능하다. 안희정 후보는 이렇게 말하는게 옳지 않을까. "안정적 국정운영을 위해 새누리당과 협치하겠다는 뜻이었는데 대연정이란 부적절한 용어로 혼란을 초래했다."

새누리당이 해체되지 않는다면 새 민주정부는 불가피 새누리와 협치할 수밖에 없다는 현실을 인정한다. 그러나 나라를 망친 새누리당에게 내각을 할양하는 연립정부를 대선 전이든 후이든 추진한다면 나는 주권자인 국민으로서 결코 용납하지 않을 것이다. 그럼에도 불구하고 안희정 후보는 민주진영의 훌륭한 인재로 계속 지켜보고 응원해야 한다고 본다. 아이 하나를 키우는데 온 마을이 나서야 하는 것처럼 한 명의 정치지도자를 키우는데 온 나라가 힘을 모아줘야 하는 것 아닌가. 안희정 화이팅!

오후 11:42

매주 토요일마다 기꺼이 복어가 되는 남자 나라의 참복을 위해서라면 승리의 나팔 계속 부는 수밖에. 빨래판 복근이 완성되기 직전이다. 박근혜 탄핵되는 날, 완성판 공개할까싶다.

2017년 2월 6일 월요일

오전 11:19

특검이 2차 청와대 압수수색할 때 포켓몬고 유저 100만명도 함께 가자. 스맛폰도 청와대 몬스터를 잡는 훌륭한 무기가 된다.

2017년 2월 7일 화요일

오전 11:15

"고영태, 넌 최순실의 애인이잖아" 박근혜의 변호인이 국정농단을 사랑싸움으로 몰아가는데... 손자 둔 할매와 20살 밑 남자의 불륜스토리로 방어하려는 자들의 요설에 귀를 씻고 싶다.

오후 12:10

미디어워치 등이 설날에 찌라시 300만부 뿌렸다. '세월호 사건은 북한의 지령이었다' '세월호 참사 후, 박대통령 얼굴에 보이는 미용 시술 흔적은 다른 사람의 피부를 합성한 조작 영상이다' <가짜뉴스>를 넘어 <염병뉴스>까지 만들다니. 염병하네.

오후 5:19

아... 김부겸 형님... 안타깝고 또 안타깝다. 정권교체의 선봉장이 되어 차기 정부에서 큰 국정경험을 쌓은 후 다시 도전하시길. 작년 설날 총선후보 시절 대구에서 만났는데. 총선승리 확신을 넘어 차기 구상을 하고 계셨는데...

오후 6:07 한남대교에 있습니다.
오늘의 임무를 다하고 지는 태양을 따라 저도 오늘의 임무를 다한 후 칼퇴합니다. 얼벗 여러분, 오늘도 수고하셨습니다. 이지스함장은 내일도 최선을 다하겠습니다.

2017년 2월 8일 수요일

오전 12:52
우리가 맞는 봄은 늘 새로운 봄. 올해는 유독 설레는 새봄. 새시대를 바라봄이어서 그렇다. 봄봄봄새봄, 얼마나 향긋한가.

오전 10:29
민주당·정의당·국민의당 의원들께 고한다. 대선보다 탄핵이 먼저다. 이번 토요일 15차촛불부터는 당원들과 함께 촛불집회 참여해서 탄핵깃발 높이 드시라. 탄핵투쟁 앞장서야 이긴다.

오후 3:54
비상시국입니다. 강남역 매일 점심피켓팅 재개합니다.
"특검힘내라! 헌재힘내라!" 힘껏 외쳤습니다. 그러나, 박근혜 탄핵과 구속의 힘은 시민으로부터 나옵니다. 천만 촛불시민들께 다시 동참을 호소합니다. 힘든 여정이지만 최후승리를 향해 힘을 냅시다. 촛불 100일의 여정이 승리로 귀결되리라 믿습니다.

오후 10:28

새누리 자유한국당? 이승만의 도로자유당! 똥걸레 아무리 빨아도 행주 되나? 최순실이 최서원으로 개명한 꼴!

오후 11:06

천만촛불이 헌재의 탄핵과 특검의 수사라는 법과 제도의 틀에 갇혔다. 4.19처럼 독재자를 하야시킬 정도 시민의 힘은 폭발하지 않았음이 증명됐다. 그러나 예서 멈출 수 없다. 끝까지 가자!

2017년 2월 9일 목요일

오전 10:38

헌법재판관은 '사법적 인내', 오천만 국민은 '시민적 인내'. 두 인내가 3.13 전에 만나 '박근혜 탄핵' 열매를 맺는다. 인내는 쓰지만 그 열매는 달다.

오후 3:34 강남역 11번출구 점심피켓팅에서

마치 친정에 온 듯, 힘이 솟는다. 오늘부터 탄핵 인용 판결까지 계속한다. 헌재 판결 막바지, 촛불열기 되살리는 총력전이다. 전국 각지에서 촛불의 힘을 다시 모아주실 것을 요청드린다.

오후 9:05

고려 양규와 700용사, 이순신에 버금가는 전쟁의 신

영화 『300』, BC 480년 그리스와 페르시아의 전쟁에서 스파르타 왕 레오디나스와 300용사의 헌신과 용맹을 보았다. 임란 때 이순신 장군과 조선 수군의 명량해전, 2차 금산성 전투의 조헌과 700의병이 그러했다. 고려 초기 벌어진 고려와 거란의 2차전쟁, 이순신에 버금가는 양규와 700용사의 분전이 있었다.

1010년 거란 성종이 40만대군으로 침공했다. 강조의 정변을 벌한다는 명분을 댔다. 첫 전투가 의주 남쪽 홍화진에서 벌어졌다. 도순검사 양규의 지휘로 수천 명이 7일간 농성전을 벌였다. 거란군은 홍화진 함락을 포기하고 우회남진한다. 홍화진에는 20만 대군을 남겨 포위한 채. 뒤이은 통주 전투에서 고려군의 주력이 대패한다. 총사령 강조마저 붙잡혔다. 그러나 1차 거란 침공 시 서희가 확보한 강동6주는 견고했다. 잔여 병력이 통주를 지켜냈다. 거란군은 겨우 곽주성 하나만 함락시킨다.

개경을 앞둔 마지막 관문인 서경(평양)에서 대회전이 벌어진다. 고려군의 완강한 저항에 막혔고, 고려군은 곽주성을 기습탈환한다. 이에 거란군의 주력은 모험적으로 개경 직공을 결정한다. 1011년 1월1일, 거란군이 개경을 점령한다. 현종의 사신 하공진이 거란에게 강동6주 반환을 제시하며 강화를 요청한다. 배후 고려군의 공세가 강화되던터라 거란은 철군을 결정한다.

1월11일 개경을 출발한 거란군은 17일 300km 밖 귀주에 도달한다. 하루 50km 행군, 수만 명의 고려인 포로까지 감안하면 승자로서의 당당한 철군이 아니라 도망과 다를 바 없었다. 이때 강동6주의 고려군들이 철군하던 거란군을 맹공한다. 특히 양규와 700 용사들의 전과는 혁혁했다.

개전 초 거란군이 서경을 공략하던 12월 17일, 양규는 홍화진의 정예 700기병을 이끌고 포위망을 빠져나가 곽주성을 기습 탈환했다. 곽주 탈환은 개경을 점령한 거란을 철군하게 한 대사건이었다. 6일만에 300km를 도망치듯 철군하는 거란군은 고려군의 밥이었다. 강동6주의 군사들이 거란군을 일제히 공격했다. 1월17~28일까지 거란군 수만을 죽이고, 3만의 포로를 구출했다. 양규의 부대는 귀주 북쪽 전투에서 거란군에게 포위당했다. 그러나 포로들의 탈출로를 확보하며 끝까지 버텼다.

양규와 700 용사는 1월28일 전투에서 탈출할 수 있었음에도 고려인 포로들의 퇴로를 끝까지 지켜내다 전원 순국했다.

전쟁이 끝난 후 고려 현종은 양규와 김숙흥을 고려 건국공신에 준하는 '삼한후벽상공신'으로 추증했다. 양규 장군의 지략과 용맹, 명량·노량해전을 닮았다. 충무공에 버금가는 최고의 장수다. 가을에서 겨울까지 100일 넘게 촛불혁명에 헌신하는 양규의 후예 1천만 촛불의병들과 특검 여러분께 경의를 표한다.

2017년 2월 10일 금요일

오전 10:00

★15차촛불 데모꿀팁★ 입춘에 봄옷 나풀대다 꽃샘에 된통 당했구나. 봄날이 쉽게 온다더냐. 손잡고 함께 광장으로 광장으로. 탄핵의 봄날 곧 열리리.

오후 5:06

박근혜, 헌재에 출석해 진술할 지적 능력도 없는 주제에 출석 운운한다. 명백한 지연술책이다. 아랍에 자주 놀러가더니만 침대축구 지연술만 배운 모양이다. 3.13 전 탄핵은 기정사실이다.

2017년 2월 11일 토요일

오후 12:14

지금 막 집 앞 골목에서 배달오토바이가 승용차에 들이받혀 쓰러졌다. 다행히 사고 당한 청년은 의식이 있다. 그러나 승용차는 뺑소니를 쳤다. 즉각 증인들이 나섰다. 작은 범죄에도 증인이 있다. 하물며 대통령이 초대형 범죄를 저질렀다면 국민 모두가 증인 아닌가. 범죄자 대통령이 뺑소니를 치려고 한다.

국민 모두가 증인이 되어 "박근혜는 범죄자"라고 고발하자.

오후 1:24

우리 아이들을 위해 더 힘을 내어봅니다. 날씨가 예보(영하10도)보다 따뜻(0도)합니다. 광장에서 만납시다. 사랑합니다.

오후 9:06　라이브영상 15차촛불 헌법재판소 앞
시민나팔부대 시민풍물부대 합동작전, 탄핵인용!!!

2017년 2월 12일 일요일

오전 1:44

올해 정유년 정월대보름 부름은 대보름달 크기 정도로 까야
한다. 썩은 권력을 까고, 적폐도 낱낱이 까야 한다. 16차촛불엔
150만이 모여 썩은 권력과 적폐를 낱낱이 까자.

오후 5:44

☆19살 예비정치학도 전상훈의 1985년 2.12총선 참관기☆

안녕하세요. 저는 대구 서구 평리동에 사는 영남고 3학년 졸
업반 19살 전상훈입니다. 며칠 전 서울대 정치학과 합격장을
받았습니다. 예비 정치학도로서 국회의원 선거에 관심을 갖는
건 당연하겠죠. 오늘 우리집 옆 평리중학교에서 대구 중·서구
합동유세가 열립니다. 합동유세 현장 참관기를 써보겠습니다.

평리중학교 대운동장에 2만여 명의 인파가 들어찼다. 남루한
잠바와 파카 차림의 아저씨들이 다수다. 운동장 한켠에는 포장
마차가 늘어서서 오뎅을 판다. 운동장 입구에서 한복 아줌마들
이 일제히 절을 한다. 민정당 한병채 후보의 선거운동원들이다.
춥겠다... 대구 중·서구의 현역 국회의원은 한병채와 이만섭이
다. 민정당 한병채는 3선, 이만섭은 재선이다. 유신시대에는 한
병채는 야당, 이만섭은 여당이었다. 전두환시대에는 한병채가
여당, 이만섭이 야당이다. 유신시대에는 한병채가 1등, 이만섭
이 2등으로 뽑혔다. 그런데 전두환시대에는 이만섭이 더블스코
어로 1등 했다. 한병채는 내가 졸업한 서부초등학교 총동창회장

이다. 이만섭은 외삼촌이 적극적으로 지지하는 정치인이다. 합동유세가 시작됐다. 국민당 후보 이만섭이 나섰다. 카랑카랑한 목소리로 전두환정권을 비판한다. 야당의 부총재로서 차기 대권 주자로 밀어달라고 한다. 꽤 많은 지지자들이 이만섭! 이만섭!을 연호한다. 언론인 출신 이만섭의 연설은 논리적이다. 그런데 선동성은 없다. 민정당 후보 한병채가 나섰다. 이번에 4선을 하면 국회의장이 되겠다고 포부를 밝힌다. 전두환 대통령과 함께 낙후된 지역을 살리다는 공약을 읊는다. 한복과 양복 차림이 주축인 지지자들이 한병채를 연호한다. 이만섭이 대통령한다는데 국회의장이라니, 맥 빠지는 유세였다. 민한당 후보 김은집과 무소속 백승홍이 나섰다. 전두환 정권을 맹렬하게 공격한다. 한병채 이만섭 현역의원들이 지역문제에 무관심하다고 비난한다. 그런데 청중 반응이 별로다. 지지자도 별로 없고 연호도 없다. 신민당 후보 유성환이 나섰다. 4.19직후 지방의원 한 번 하고, 국회출마는 처음인 신인이다. 나오자마자 전두환정권을 군사쿠데타 정권이라며 맹비난한다. 지역개발 공약 같은 건 말도 안꺼내고 전두환을 시종 공격한다. 놀랍게도 청중들의 반응이 가장 뜨겁다. 유성환을 연호한다. 선거운동원들이 아니라 일반청중들이 뜨겁게 반응하는 것이다. 합동연설회가 끝났다. 이때 놀라운 광경이 벌어졌다. 일군의 청년들이 신민당 유성환 후보를 무등을 태운다. 유성환 후보는 무등 위에서 V자 손가락을 펴든다. 기세에 놀란 다른 후보들도 따라해보지만 초라하다. 유성환 후보를 선두로 수천 명의 시민이 행진을 한다. 평리중학교를 빠져나와 비산로터리를 거쳐 서문시장까지... 2시간 이상 행진하면서 유성환! 신민당! 연호가 터져나온다. 예비 정치학도로서 합동유세

참관은 참 유익했다. 후보들의 연설과 청중들의 반응을 잘 관찰할 수 있었다. 이날 합동유세의 주인공은 무명의 유성환이었다. 지역의 터주대감 한병채 이만섭은 뒷방 늙은이였다. 왜 무명이 이날 주인공에 올랐을까? 그가 선명야당으로 갓 창당한 신민당 소속인데다, 시종일관 전두환정권을 선명하게 비판했기 때문이었다. 유신 때에도 야당에게 1등을 준 대구의 야성에 불을 지른 것이다. 저녁에 퇴근하신 아버지께 합동유세 이야기를 해드렸다. 유성환이 당선될 것 같다고 말씀드렸더니 고개를 끄덕이신다. 유성환이 1등할까? 2등은 누굴까? 투표 결과가 기다려진다.

2월13일 아침 대구 중·서구의 개표결과가 발표됐다. 유성환이 12만1629표로 압도적으로 1등을 차지했다. 2등은 밤새 엎치락뒤치락하다가 이만섭이 차지했다. 이만섭 7만8300표, 한병채 7만6300표였다. 유신 때에도 야도였던 대구의 명성이 부활했다. 야도의 부활을 목격한 나는 서울 유학길에 올랐다.

조만간 치러질 19대 대선에서 야도 대구의 명성이 부활할 수 있을까? 김부겸 의원이 대선 경선을 중도포기한 것이 아쉽다.

오후 7:32

성조기 집회, 트럼프 탄핵 시위대인줄 알았다. 그러나 이들은 태극기를 꼽사리로 치켜 든 박사모였다. 자랑스런 조국의 쿵쾅대는 심장 대신 맛이 가버린 시대의 인공심장을 장착한 이들에게 무슨 희망이 있으랴. 청군에 포위된 남한산성에서 명 황제에게 새해 배례인 망궐례를 드리던 못난 인조와 그 무리들이 떠오른다. 역사는 한 번은 비극으로 또 한 번은 희극으로 되풀이된다.

오후 11:02

겨울바람 가운데 봄날의 훈풍이 느껴진다. 한강지킴이 이지스함장의 예민한 촉이다. 이번 주는 내 개인에게도, 이지스함에게도, 대한민국에게도 참 중요한 한 주가 될 것 같다. 단디 준비해서 멋진 새봄 만들어보자. 얼벗들도 꼭 좋은 일 맞으시기를.

2017년 2월 13일 월요일

오전 11:26

미국판 박근혜, 유나이티드항공 여성 기장

어제 미국 텍사스오스틴 공항에서 발생한 일이다. 출발 전 여성 기장이 승객 앞에 나와 인사한다. 그런데 제복이 아닌 야구 모자와 셔츠를 입었다. "나는 현재 이혼소송 중이다. 여러분이 지난 대선에서 트럼프를 찍었든, 힐러리를 찍었든 상관하지 않겠다. 그들은 모두 XX(욕설)다." 승객들이 모두 놀라 야유를 보내며 난리가 났다. 승객들의 야유에 이 기장은 말을 이어간다. "그만 하겠다. 우리는 곧 이륙한다. 걱정마라. 동료 기장이 조종대를 잡을 것이다. 그는 남성이다" 승객들이 겁을 먹고 짐을 싸서 비행기에서 내렸다. 신고를 받은 경찰이 출동해 이 기장을 체포했다. 박근혜 탄핵 과정을 잘 묘사하는 실화 아닌가. 수백 벌의 요상한 옷, 시도 때도 없는 피부 시술, 이상한 말과 행동으로 국민을 근심시키고 겁박하던 박근혜의 말로는 이 여자 기장의 그것과 같을 것이다.

오후 2:35　강남역 11번출구 점심피켓팅에서

10월29일 1차촛불로부터 107일째를 맞았다. 시민들의 탄핵
의지는 고래심줄보다 질기다. 15차촛불(80만)까지 1235만 시
민이 거리로 나왔다. 16차 150만,17차 250만,18차 300만으로
매조지자. 봄볕이 다사로운 거리, 함께 피켓을 들자.

헌재는 국민과 국회 절대다수의 뜻에 승복하고 탄핵인용하라.
새누리 박사모도 지랄염병 땡깡 작작 부리고 탄핵에 승복하라.
지구가 내일 멸망해도 오늘 사과나무 심는다 하지 않았나. 우리
는 결코 물러남없이 촛불을 들고 나팔을 불 것이다.

2017년 2월 14일 화요일

오전 9:31

을지문덕 장군과 고구려군처럼 우리 모두 뚜벅뚜벅 앞으로.

을지문덕주의는 적이 커도 우리는 반드시 나아가고, 적이 강
해도 우리는 반드시 나아가며, 적이 사납든지 용맹하든지 간에
우리는 반드시 나아가며, 한 걸음 뒤로 물러나면 식은땀으로 등
이 젖고, 털끝만큼이라도 양보하면 입으로 피를 토하면서 이로
써 자신을 독려하고, 이로써 동료를 고무하며, 이로써 전국 국민
을 흥기시켜, 그 삶을 조선으로서 하며 그 한 번 숨 쉬고 한
번 먹는 것을 반드시 조선으로서 한 결과, 마침내 여진 부락을
다 우리의 식민지로 만들었고, 중국의 천자를 우리 손으로 거의
사로잡을 뻔했던 것이다. (신채호, [을지문덕]에서. 1908)

을지문덕주의의 핵심은 한마디로 앞으로 나아가는 것이다. 그렇지 못할 때 식은땀이 나고 피를 토해 마땅하다. 신채호에게만, 그의 시대에만 을지문덕주의는 절실했었는가. 지금은...

오후 2:06 강남역 11번출구 점심피켓팅에서
탄핵 쵸콜릿 선물 받았다. 중년여성께서 화이팅을 외치며 쵸콜릿을 건네 주셨다. 지난 3년간 다양한 선물을 받았던 경험이 있지만, 발렌타인데이에 '탄핵 쵸콜릿'이라니... 오늘 발표된 여론조사 결과 2개월 전과 같이 탄핵찬성79%, 반대15%로 절대다수는 탄핵이다. 전혀 걱정말고 촛불 들고 광장으로 나가자.

오후 3:49
특검 앞 박사모 집회에서 "트럼프는 박근혜탄핵 기각하라"는 외침에 성조기 좀비들이 환호한다. 정신병원 탈출한 것인가?

오후 9:09
이재용 구속영장 재청구, 17일(금) 새벽에 결판난다.
1.뇌물공여400억 2.재산국외도피78억 3.범죄수익은닉30억

2017년 2월 15일 수요일

오후 3:07
제2의 고향 강남역에서 50번째 생일을 맞았습니다. 존경하고

사랑하는 벗들과 함께 더 단디 살겠습니다. 낳으시고 길러주신 부모님, 고맙습니다. 늘 힘 주는 아내와 큰별 작은별, 사랑합니다. 축하해주시는 분들은 50년 후 백수연에 초대하겠습니다.

오후 7:16

말은 방귀다. (모택동의 용인술) 중요 결정을 하는 회의마다 방귀론을 펼쳤다. 참석자들의 진솔한 발언을 유도하기 위해서다. "향기로워도 방귀고, 냄새가 고약해도 방귀다. 장 안에 쌓아두면 병만 생긴다. 말을 쏟아내라. 몸 안에 있는 탁한 기운들을 남김없이 쏟아내라." 참모들이 방귀를 마음껏 끼게 해줘야 한다. 보스만 혼자 방귀를 터뜨리면 무조건 실패다. 참모들의 방귀 포연이 자욱하고 냄새가 진동할 때 보스도 방귀를 날리며 회의를 마무리해보라. 보스와 참모의 방귀가 빵빵 터지는 캠프가 승리한다. 문재인 심상정 안희정 이재명 캠프, 방귀냄새 자욱한가?

2017년 2월 16일 목요일

오후 2:37

모교 정치학과 후배님들과의 새해 점심모임, "탄핵인용할 이유는 넘쳐도 기각이유는 단 하나도 없다" 쟁쟁한 정치학 교수들이 탄핵인용 100% 역설. 봄날이라 코트 없이 첫 외출, 첫 야외 커피까지. 대한민국 민주주의의 봄날도 이렇게 성큼 다가왔다.

오후 5:40
헌재, 2.24 변론 종결 발표! 3.9 또는 3.10 판결 예상!
민심이 헌법! 탄핵인용 확정! 3.11 국민대축제!!!

오후 9:20 강남역 11번출구 세월호 서명운동에서
탄핵의 핵심사유는 세월호 참사 당시 국가의 무능이다. 3년에
걸친 강남역 세월호서명, 3월초 탄핵인용으로 박근혜 끌어내린
후 세월호참사 진실규명이라는 다음의 산을 넘어 전진합시다.

오후 11:28
가장 기쁜 봄소식, 박근혜 없는 새봄이 온다.
벗이여, 봄봄봄새봄 큰잔치 함께 열어보세나.

2017년 2월 17일 금요일

오전 8:10
이재용 구속영장 발부, 사필귀정! 만시지탄!
최후관문 탄핵인용과 박근혜 구속까지 일사천리 돌파하자.

오후 12:21 라이브방송 박영수특검사무소 앞
이재용 구속영장 발부시킨 박영수 특검 격려피켓팅
고마워요 특검! 힘내세요 헌재!
피켓팅 방해하는 박사모들에게 빅엿을 지대루 멕였다.

오후 3:15

홍매화 만발할 때 박근혜를 탄핵할지어다.

봄꽃 흐드러지게 피어날 때 민주정부 세우리니.

16차촛불, 150만 시민 학익진으로 진격할지어다.

시민나팔부대, 학익진의 최선봉에서 돌격하리니.

오후 3:28

16차촛불의 연사로 박원순 서울시장님 초대해주십시오. 자식 잃은 세월호참사 피해자 앞에 무릎꿇고 함께 울던 분, 낮은 곳의 시민들을 깊이 보듬어 주시던 분, 세월호광장과 시민혁명의 광화문광장을 열어주신 분, 박원순 서울시장님을 내일 16차촛불의 연사로 초대해주실 것을 퇴진행동본부에 청원합니다.

2017. 2. 17. 시민나팔부대 대원 일동

오후 9:27 박영수특검사무소 앞에서

오늘 특검 앞 박사모의 태극기는 풀 죽어있었다. 시민나팔부대의 박근혜구속 외침이 터지자 펄럭이기 시작했다. 모욕당한 태극기, 정의의 함성으로 바로세웠다. 박근혜가 망친 나라, 쓰레기들이 모욕한 태극기, 참 주권자들이 되찾자. 머지 않았다.

오후 11:45

Simple + Easy → Trust 단순하고 쉬워야 신뢰를 얻는다.

촛불, 피켓, 나팔, 함성, 행진... 2017시민혁명의 승리방정식

2017년 2월 18일 토요일

오후 4:57 라이브방송 삼청동 총리공관 앞
총리공관 앞 최전선 시민나팔부대 시민풍물부대 합동작전

오후 11:59 광화문광장 16차촛불집회 시민나팔부대 연설
<박근혜 없는 새봄>

박근혜 없는 새봄! 박근혜 없는 새봄을 맞이하기 위해 광장으로 달려오신 존경하는 시민 여러분, 지금 막 헌법재판소와 청와대 행진을 마치고 돌아온 백만촛불의 선봉 시민나팔부대 인사드립니다. 시민 여러분, 죄송합니다. 저희들의 나팔 소리에 얼마나 귀가 따가우셨습니까. 나팔부대 행진에 홍해처럼 길을 열어주시느라 얼마나 힘드셨습니까.

그러나 시민 여러분, 우리의 나팔소리에 귀가 찢어진 건 박근혜와 그 일당이었습니다. 우리의 나팔소리가 가슴을 후련하게 하는 힘찬 행진곡이라는 여러분의 따뜻한 격려에 감사드립니다. 시민나팔부대는 혼자 데모하러 나온 자유로운 시민들의 공동체입니다. 지난 3차촛불부터 오늘 16차촛불에 이르기까지 시민나팔부대는 천삼백만 촛불의 선봉에서 힘차게 싸웠습니다. 주말에는 광장에서, 주중에는 특검과 헌재 그리고 강남역에서 촛불시민들과 함께 박근혜 없는 새봄을 불렀습니다.

삼성 이재용 1차 구속영장이 기각됐을때 특검으로 달려가 "특검힘내라" 격려메시지 운동을 시작했습니다. 어제 이재용이 구속됐을 때 특검으로 달려가 "고마워요특검"을 외치며, 박사모

쓰레기들의 준동을 분쇄한 것도 시민나팔부대였습니다. 우리는 태극기와 노란리본깃발을 매단 한 자루의 나팔을 불며 싸우고 있습니다. 여러분의 촛불이 박근혜탄핵의 횃불이듯, 우리의 나팔은 박근혜를 무찌르는 몽둥이입니다.

박근혜탄핵에 찬성하는 야당과 대통령후보들에게 촉구합니다. 3월초로 예정된 헌재 판결이 날 때까지 당력을 총동원하여 탄핵촛불을 들어주십시오.

시민나팔부대는 박근혜를 탄핵하고 새로운 민주정부를 수립하는 그날까지 힘차게 나팔을 불겠습니다. 누구나 입대할 수 있습니다. 매주 토요일 6시 이 무대 뒷편으로 오십시오.

사랑하고 존경하는 시민 여러분, 어제 특검 앞에서 박사모들을 분쇄한 외침을 함께 해주십시오. 제가 대한민국 하면 여러분은 박근혜탄핵, 대한민국 하면 박근혜 구속을 외쳐주십시오. 대한민국! 박근혜 구속! 고맙습니다. 시민나팔부대는 끝까지 싸우겠습니다.

2017년 2월 19일 일요일

오후 3:37

박근혜 변호인단, 2.24 예정된 최종 변론기일을 3.2로 연기 요청했다. 콱 부셔버리고 싶다. 헌재도 나무망치 판결 대신 오함마로 내려치고 싶을거다. 어디서 약을 파나?

오후 9:38

어제 토요일, 시민들이 촛불을 들고 싸우고 있을 때 특검은
우병우를 불러 18시간 강도 높게 수사했다. 단 하루만에 '젊은
법꾸라지' 구속영장 청구했다. '늙은 법꾸라지' 김기춘과 감옥
동기가 될터이다. 우병우 다음엔 문고리 3인방 이재만 안봉근이
다. 윤전추와 이영선 두 몸종들도 모두 구속될 것이다. 박근혜,
신세 한탄이 저절로 나오겠다. "내시들도 없고, 몸종들도 없고...
난 이제 우야노." 우야긴... 순실이 옆방으로 가면 되지...

2017년 2월 20일 월요일

오전 10:29

대선 이야기하는 분들 존중한다 그런데말야, 탄핵해야 대선하
잖아. 대선 이야기 가불해 땡겨쓰기보다 탄핵 현찰박치기에 집
중해보자구. 위대한 역사, 함께 만들어 보자!

오후 3:41

헌법재판소가 오늘 박근혜에게 날린 최후통첩 (1)2.24 최종
변론에 박근혜는 출석하라. (2)최종변론 출석 여부를 22일까지
밝혀라. (3)24일 이후 박근혜 출석은 받아줄 수 없다. (4)최종변
론에 박근혜가 출석하면 국회 소추인단과 헌법재판관들의 질문
에 답변하라. 박근혜, (4)항에 쫄려서 절대 출석 못하겠네...

오후 6:43

"청와대 강제진입할 수 있다"(이규철 특검보 브리핑) 호흡 척척! 헌재가 박근혜 출석 최후통첩한 오늘, 특검은 청와대에 강제 진입할 수 있다고 통첩했다. 특검이 청와대 압수수색 다시 시도하는 날, 촛불시민들이 응원부대로 지원가서 힘보태자.

2017년 2월 21일 화요일

오전 8:49

박근혜가 묻는다. "대통령이 법정에서 신문받는게 국격에 좋습니까?" 대한민국 국민이 답한다 "네 좋습니다. 법 앞에 평등한 대한민국을 알리잖아요" 박근혜는 진상 그만 떨고 헌재 출석해서 헌법재판관들과 국회 소추위원의 질문에 답해라. 질문답변에 쫄려 출석 못하면 그냥 탄핵당하고 청와대에서 쫓겨나든지...

오후 2:01

우병우, 오늘도 기자를 째려봤다. 국민을 다시 능멸했다. 오늘 오전 법원, A 기자가 우병우에게 질문을 던졌다. "구속되면 마지막 인터뷰인데 한마디 해달라." 우병우, A 기자를 1~2초 가량 아래위로 훑으며 째려봤다. 핵사이다 질문에 우병우의 바닥이 또 드러난 순간이다. 기자는 국민 대신 질문하는 이, 그는 또 국민을 능멸했다. 우병우 구속 소식이 내일 울려퍼지기를...

오후 4:14

말과 글에는 저마다의 온도가 있게 마련... 나는 내 말과 글을 36.5℃에 맞추려 노력한다. 하지만 요즘 내 글을 읽는 분들은 38℃, 내 말을 듣는 분들은 40℃로 느낀다고 한다. 서울에 홍매화 피면 내 말과 글을 36.5℃로 느끼리라. 그동안 비밀이었는데, 난 36.5℃의 종족(tribe)이었다.

오후 6:19

2.19 김제동과 함께하는 춘천촛불, 박사모 난입영상이다. 누가 짐승이고, 누가 인간인지 단박에 알 수 있다. <영상1> 박사모 쓰레기들이 김제동에게 쌍욕을 퍼붓는다(50초) <영상2> 상남자 김제동, "돌아가실 때 저분들에게 추운데 고생하셨다고 웃으며 말 건네셔요"라고 한다. 김제동처럼 싸워야 이긴다!

오후 8:20

단재 신채호 선생의 81주기(1880.11.7~1936.2.21) 민주주의란 주어지는 것이 아니라 쟁취하는 것이다. 그의 주체적 역사의식과 불굴의 투혼이 오늘의 근대 시민혁명인 촛불혁명으로 부활하고 있다. "20세기 국가경쟁의 원동력은 한, 둘의 영웅에 있지 않고 정치, 종교, 실업, 무역, 학술 등 사회 각 부문에서 활약하는 국민적 역량에 달려있다"(대한매일신보 논설. 1910)

오후 11:42

"저를 어떤 대통령으로 기억하고 싶으세요?" 국민에게 이것부터 먼저 물어보세요. "저는 이런 대통령으로 기억되고 싶습니다." 이걸 국민에게 말씀드리기 전에요. 스타트라인에서 호흡을 가다듬고 계시는 문재인 심상정 안희정 이재명 후보님께.

2017년 2월 22일 수요일

오전 9:15

특검도 우병우 못 잡았는데, 검찰이 우병우 잡아 넣겠나. 특검 연장, 그래서 필요하다. 근혜병우 구속, 특검 몫이다.

오후 2:11 박영수 특별검사 사무실 앞에서

박근혜 없는 새봄을 부르는 봄비가 내립니다. 겨울이 깊었으니 바야흐로 새봄이 왔습니다. 시민이 보내온 특검 1년 연장 화환에 힘이 솟았습니다. 내일은 헌법재판소 앞에서 점심피켓팅 합니다. 탄핵인용 기원하는 33인 33배 릴레이도 병행합니다. 간절함이 하늘에 닿아 새봄이 빨리 열리기를 소밍합니다.

오후 5:03

실패한 전략회의 Vs. 성공한 전략회의

중국 전국시대 위나라 무후(武侯)가 신하들과 군사전략회의를 가졌다. 신하들 중 그 누구도 무후를 능가하는 전략을 제시하지 못했다. 무후는 회의를 마친 후 의기양양하게 침소로 향했다. 훗날 병법서 '오자'를 펴낸 손자에 버금가는 병법가인 오기(오자)가 위 무후에게 충언했다. "옛날 춘추시대 초나라 장왕은 군사전략회의를 마치고 나면 항상 수심에 잠겼습니다. 한 신하가 그 이유를 물었습니다. 장왕은 '내가 신통찮은 임금인데도 신하들이 나보다 못하니 초나라의 운명이 걱정이다'라고 한숨을 지었습니다. 좋은 신하가 없는 같은 상황을 두고 초 장왕은 근심했는데, 무후께서는 기뻐하시니 제가 근심하지 않을 수 없습니다." 오기의 충언에 무후는 크게 부끄러워하였다. 이로부터 무후는 천하의 인재를 두루 모으는데 힘썼고, 재위 16년간 위나라는 강국의 성세를 유지할 수 있었다.

학급반장 선거라면 반장 후보의 개인기로도 이길 수 있다. 그러나 세계 12위권 경제대국에다 특수한 남북관계, 게다가 이명박근혜 9년의 분탕질로 위기에 처한 나라의 대통령선거에서 당선되려면 후보자의 개인기만으로는 승리를 거둘 수 없음은 명약관화하다. 오늘도 각 대선캠프는 후보자 주재로 전략기획회의를 할 것이다. 후보는 지시하고 참모들은 '적자생존'하는 '실패한 회의'였는가? 참모들은 참신한 아이디어를 내고, 후보는 이를 대국적인 관점에서 통합조정한 '성공한 회의'였는가? 얼벗들은 일터에서 '성공한 회의'를 하고 계시죠. 지금 막 이지스함장도 '성공한 회의'를 했습니다.

오후 6:20

헌재가 박근혜의 재판지연 술책에 철퇴를 내렸다. 8인 헌법재판관 판결이 부당하다며 "내란 선동" 하더니 이도 먹히지 않자 이런 지랄염병 자해소동까지 벌인다. 탄핵열차는 종착역 도착 일보직전이다. 늦어도 3월10일 "박근혜 탄핵인용" 판결 난다.

2017년 2월 23일 목요일

오전 9:46

지랄용천하네. 박근혜와 그 일당의 막가파 또라이짓을 잘 묘사하는 잊혀져가는 순우리말, 사자성어, 외국어를 알려주세요. 쌍욕보다 찰진 말이 더 효과적인 것 아시죠. 제일 좋은 말 제보하신 분께 말술 쏩니다. [지랄용천] 꼴사납게 마구 법석을 떨거나 분별없이 행동함을 속되게 이르는 말

오후 2:29

文生奸 武生錢(문생간 무생전) 문신은 간신짓으로 비루한 삶을 도모하고, 군인은 방산비리로 쩐을 챙기며 배를 불린다. 박근혜는 많은 관료와 군인을 비루한 삶으로 몰았다. 탄핵 후 '文死諫 武死戰(문사간 무사전)' 밝은시대를 열자. 文死諫 武死戰(문사간 무사전) 문신은 죽는 날까지 윗사람의 잘못을 고치라고 간하고, 무신은 죽는 순간까지 전장을 지키며 싸워야 한다.

오후 8:05

박근혜 4년, 너희들의 세상은 끝났다.

<시민나팔부대 제17차촛불 집결 안내> ◇1차 집결: 3시30분 이순신동상 뒷편 ◇1차 행진: 4~6시 헌재 및 총리 공관 ◇2차 집결: 6시 광화문광장 북측 끝 무대 뒷편 ◇2차 행진: 7시30분 본대와 함께 청와대로 행진 ◇3차 집결: 9시 광화문 앞 (경복궁 정문) ◇3차 행진: 9~10시 본대와 함께 헌재로 행진

오후 11:34

헌법재판소의 박근혜 탄핵 인용이 확실시되자 친박 쓰레기들이 헌법재판관들을 호시탐탐 노리고 있다. 오천만 대한국민은 헌재의 탄핵인용을 확신한다. 삼척동자라도 금번 탄핵심판의 결론을 알 수 있다. 어둠과 거짓의 자식들에게 경고한다. 망동하지 말라. 칼을 드는 자는 제 칼에, 총을 드는 자는 제 총에 죽으리라. 어둠은 빛을 이길 수 없고, 거짓은 진실을 이길 수 없다.

보라! 박근혜 없는 새봄이 밝아오고 있지 않은가.

2017년 2월 24일 금요일

오전 8:39

"멈춰라, 너 정말 아름답구나!" 악마가 내 영혼을 거두려하지만, 사랑이 나의 영혼을 구원하리라.

우리는 이기는 싸움을 하고 있다. 사람이기에...

오전 9:31

황교안 대통령권한대행 시계라니? 박근혜와 함께 이미 탄핵됐어야 할 자 아닌가. 분수도 모르고 시계까지? 황교안, 특검 연장하라! 국민의 최후통첩을 우습게 듣다가 신세 조진다.

오전 10:46

박사모, 탄핵기각시키려 헌법재판관을 암살하겠다? 어젯밤 박사모 게시판에 오른 암살 협박글이다. 이정미 헌법재판관을 죽이겠다고 공언했다. 헌법재판관을 죽이려면 나부터 죽여야 할 것이다. 나를 죽이면 또다른 시민들이 너를 막아설 것이다. 대한국민 모두를 죽여야 헌법재판관들을 볼 것이다. 오늘 12시 헌재 응원하러 간다. 짐승만도 못한 것들아, 나부터 먼저 죽여라.

오후 6:05

시민나팔부대 참여하고 계신 전영관 시인께서 시민혁명 승리를 기원하는 시를 보내주셨다. 감사드린다.

<시민나팔부대 진군가> 광장으로 오라 지위도 남녀도 없다 친구여 뜨거운 가슴으로 주먹을 쥐어라 약속은 없어도 깃발 아래 모여라 우리 모두 나팔을 불자 힘껏 힘껏 차벽을 넘는다 담장을 넘어간다 주인자격 없으니까 나가라고 우리가 나팔을 분다 민중의 함성을 알아듣지 못하니까 우리는 나팔을 분다 주인 자격 없으니까 당장 나가라 주인 자격 없으니까 당장 나가라 친구여 민중이여 모여라 전진하자 나팔부대여 모여라 정의로 전진하자 (이 시를 노래로 만들어주시는 분은 청와대 청소에 큰 역할을 하시는 겁니다. 기다립니다)

오후 11:20

친박 쓰레기들이 오늘밤 박영수 특검의 자택이 있는 반포의 아파트단지에 쳐들어와 협박집회를 열었다. 오늘 박사모 사이트에 박영수 특검의 자택이 있는 신반포역에 모이자는 글이 붙더니 수백명이 모여들었다. 헌법재판관과 특별검사를 암살하자거나 위해를 가하자는 백색테러 집회는 단연코 현행범으로 모두 박살내야 한다. 희망의 빛이 비치자 어둠의 세력이 발악하는구나. 내일 17차촛불에서 분연히 떨쳐일어나 어둠을 분쇄하자.

2017년 2월 25일 토요일

오전 12:06

오늘 발표된 시가 단 10시간만에 노래가 되다. 전영관 시인이 지은 시 <시민나팔부대 진군가>를 본 어느 얼벗께서 경쾌한 행진곡으로 작곡해 보내오셨다. 전문 편곡자가 완성된 악보도 보내주시기로 하셨다. 우리는 단 10시간만에 시가 노래가 되는 놀라운 혁명의 시대를 살고 있다.

오전 11:23

☆ 17차촛불 데모 꿀팁 ☆ 뜨겁게 펄떡이는 심장으로만 오라!

오후 9:42 헌법재판소 앞에서 탄핵인용 33배

아스팔트 33배, 탄핵인용과 민주주의 새시대 열망하며... 17차촛불 마지막 행진코스인 헌법재판소 앞, 시민나팔부대와 시민들이 아스팔트에서 33배를 드렸다. 33회 제야의 타종처럼 새시대를 여는 33회 나팔에 맞춰 40여 명의 시민들이 간절한 맘으로 33배를 드렸다. 헌법재판관님, 탄핵인용 국민의 뜻을 받들어 주십시오. 시민 여러분, 우리 힘으로 새시대 열어갑시다.

2017년 2월 26일 일요일

오후 2:33

태극기를 쳐들었다고 빵점 짜리를 백점 주랴. 박근혜 변호인단, 내일 헌재 최종변론의 종합준비서면조차 못냈다. 그래놓고 어제 성조기집회에 나가 게거품 물었다. 박근혜는 반드시 탄핵된다. 백지 시험지에 빵점 주는 건 인류사 불변의 전통 아닌가.

오후 7:26

박근혜, 헌재 최후변론 불출석, 고향으로 도망쳤다가 수갑 차고 끌려온 전두환 꼴 나겠군. 훗날 염라대왕 호출도 거부하다 저승사자에게 질질 끌려갈거야.

2017년 2월 27일 월요일

오전 9:35

젖은 무릎 누가 이 여인을 모르시는가 (전영관 시인 지음)

칼자루 쥔 사람에게만 온화한 헌법재판소 대문에 방석 깔고 일배, 이배, 삼배 오체투지로 주인이 종에게 절하는 심정을 아시겠는가 종내는 눈물이 터져 올라왔음은 우주만물과 감응하는 33배의 뜻이러니 없이 살고 업신여김 당하는 사람들의 땀과 설운 눈물이 흐르고 흘러 출구를 찾은 뜻 아니겠는가 정의를 절하며 사정해야하는 부라퀴들의 땅에서 그들을 녹여버릴 눈물이여 흐르라 사필귀정을 불안해하는 야차들의 땅에서 씻김으로 정화시킬 힘으로 눈물이여 흘러라 누가 이 여인을 울게했는가 거기 당신, 외면하면 우리에게 외면당한다 침묵하면 침묵 강요받는다

오후 2:48 강남역 11번출구에서 점심피켓팅

강남역 11번 출구 강남스퀘어의 태극기. 자주독립과 민주주의의 선혈이 서린 조국의 상징, 박사모가 더이상 능욕하게 놔두지 않으리라. 박근혜 없는 새봄, 이제 며칠 남지 않았다. 매화탄핵 기운에 강남역은 더 없이 포근하다. 내일 시민나팔부대 점심피켓팅은 헌재 앞에서 탄핵인용 염원 33배로 진행한다.

오후 5:42

오늘 헌재에서 최후변론 먼저 하겠다며 말다툼까지 한 박근혜 측 변호사들, 탄핵될 것이 뻔한 박근혜 곁에 똥파리처럼 줄줄이 꼬인 이유를 오늘 알았다. 탄핵인용 이후 감옥에 줄줄이 갈 박근혜와 그 일당들의 변호를 맡아서 쩐을 챙기려는 속셈이다. 똥묻은 쩐 잘 챙겨먹고, 바람벽에 똥칠할 때까지 잘 살아라. 유유상종, 참 진리의 말씀이다.

오후 9:26

17개 탄핵 사유, 17차 헌재 변론, 17차 촛불 집회, 이제 박근혜의 18년에 조종을 울릴 차례다.

2017년 2월 28일 화요일

오전 8:39

그녀는 헌법과 국민 앞에 끝내 나타나지 않았다. 청와대와 헌재의 거리는 1.3km. 그녀는 초딩 수준의 글만 대독시키고 오지 않았다. 그녀에 의해 뒤집어진 나라, 국민이 바로잡으리라.

오전 10:02

모든 혁명은 분노와 희망의 조직화로부터 시작된다. 분노의 조직화로 시작한 대한민국 시민혁명, 희망의 조직화로 승리를 마무리지으려 한다. 더 높이 들자. 희망의 촛불! 승리의 깃발!

오후 6:59

활동기간 끝나는 오늘까지 최선 다하는 특검, 고맙습니다. 헌재가 탄핵인용하는 즉시 검찰은 평시민이 된 피의자 박근혜를 소환하여 그 죄과에 따라 엄정하게 처벌하라. 검찰이 제대로 수사하지 못할 경우, 제2기 특검으로 정의를 바로세워야 한다.

오후 8:27

★ 삼일절 18차촛불 데모꿀팁 ★

박근혜의 정치인생 18년을 쫑낸다는 씩씩한 각오로만 오라!

오후 9:47

왜 3.1혁명인가? 반제독립혁명이자 민주공화혁명이기 때문

이다. 일제로부터 독립하여 민주공화국을 수립하고자 했다. 3.1
혁명은 근대적 민주공화제를 표방한 대한민국임시정부라는 옥
동자를 낳았다. 대한민국임시정부는 대한민(주공화)국으로 이어
졌다. 올해는 3.1혁명 98년, 민주공화국 98년이다.

독립혁명 만세! 민주혁명 만세! 민주공화국 대한민국 만세!

2017년 3월 1일 수요일

오전 12:20

"20대 초반 어머니를 여의고"(2017.2.28. 헌재에서 대독된
박근혜의 최후진술)라며 동정심을 구걸하는 그녀, 304명의 국민
이 바닷 속에 잠겨 온 나라가 비탄에 빠져있던 참사의 순간에
주사를 맞으며 세월의 때를 빼고 얼굴에 광을 냈다. 이러고도
대한민국의 대통령이냐? 우리는 너를 결단코 용서할 수 없다.

오전 11:11

3.1독립혁명과 촛불시민혁명의 비교

3.1독립혁명은 1919년 3월1일을 기점으로 약 2개월간 전국
적으로 지속되었다. 참여한 대한국민은 2,023,098명, 당시 전
체 인구의 10%에 달한다. 사망자는 7,509명, 부상자는 15,961
명, 일제에 의해 체포된 사람은 46,948명이다.

촛불시민혁명은 2016년 10월29일 제1차촛불을 기점으로
2017년 3월1일에 이르기까지 123일째 현재진행형이다. 17차

촛불까지 참여한 대한국민은 1428만명, 전체인구의 30%에 달한다. 1987년 20일간 지속된 6월항쟁엔 400만명이 참여했다.

3.1혁명은 민주공화제를 국체로 삼은 대한민국임시정부의 수립과 무장독립운동과 조직적 민중운동 등 국내외 독립운동의 산파 역할을 담당했다. 세계사적으로도 제1차 세계대전 이후 전승국의 식민지에서 최초로 일어난 대규모 독립운동으로서 중국의 5.4 운동, 인도의 무저항 독립운동에 큰 영향을 끼쳤다.

촛불시민혁명은 부패하고 무능한 권력과 대재벌의 적폐를 파헤치는 민주개혁과 함께 진행되고 있다. 박근혜는 현직 대통령으로는 처음으로 피의자로 규정되었고, 김기춘 등 친박 고위관료와 삼성 이재용이 박영수 특별검사에 의해 구속되었다. 3월 초순 헌법재판소의 탄핵인용 결정이 나면 탄핵 후 60일 이내 대통령선거를 통해 평화적 정권교체를 한 후 민주주의 혁명의 새로운 국면에 돌입하게 된다. 촛불혁명에 참여하는 시민들이여, 자부심을 갖자. 국사교과서와 영화로만 보던 3.1혁명에 못지 않은 질풍노도의 혁명에 우리가 직접 참여하고 있지 않은가.

오후 12:33

친박 너희들은 일장기가 딱! 군복 박사모는 욱일승천기가 딱! 3.1혁명의 정신과 투혼은 촛불시민혁명에만 계승되고 있다.

오후 4:12 라이브방송 광화문 세월호광장에서

시민들과 함께하는 박근혜 탄핵인용 기원 강강수월래와 33배

2017년 3월 2일 목요일

오전 9:09
사람과 짐승이 서로 다른 방향으로 가고 있는데, 민심이 갈렸다니... 안중근과 이완용의 분열을 민심 분열로 모는 개소리다 짐승들은 더이상 망동 말라!

오후 2:09
다리는 지쳤지만 심장은 요동치고 영혼은 힘이 넘칩니다.

2017년 3월 3일 금요일

오전 9:16
아, 홍매화... 출근길 집앞 봉은사에서 처음 만나다. 겨우내 기다리던 영각의 홍매화가 꽃을 피우기 시작했다.앞으로 열흘 내, 홍매 활짝 피는 박근혜 없는 새봄이다.

오전 10:36
19차촛불에서 우리가 탄핵 방망이를 두드리자. 박근혜 탄핵 인용 판결 전 마지막 촛불일 가능성이 높다. 지금까지 달려온 페이스에 가속도를 더 붙여보자. 광장을 가득 메운 우리들이 한 마음 한 뜻으로 박근혜 탄핵 방망이를 두드리자.

오후 4:06

민주주의자는 민주화의 불을 피우는 사람이다. 민주화의 꽃을 피우는 사람이다. 민주화의 따뜻함을 이웃과 나누는 사람이다.

오후 4:35

★ 19차촛불 데모 꿀팁 ★ 본인상喪 아니면 광장으로 오라.

2017년 3월 4일 토요일

오후 11:03   19차촛불 광화문광장에서

19차촛불, 백만촛불이 다시 모여 박근혜 없는 새봄을 부르다. 20차촛불은 민주주의 새시대 여는 시민대축제가 되리라. 벗들과 함께 한 130일의 여정, 감격의 시간이었다. 헌재가 이 감격의 여정에 마침표 찍으리라. 고맙습니다. 사랑합니다. 행복합니다.

2017년 3월 5일 일요일

오후 12:44

어린 시절, 국경일 아침마다 태극기를 걸었다. 왼쪽 가슴에 손을 얹고 국기에 대한 맹세를 외웠다. 소년의 심장은 조국의 멋진 내일을 그리며 고동쳤다. 조국과 태극기가 더 이상 능욕당하게 둘 수 없다. 민주주의 대한민국의 가슴 설레는 새봄이 왔다.

오후 3:08

탄핵촛불이 끝난 뒤에도 민주개혁촛불은 계속 타오른다. 시민촛불, 민주개혁 대장정의 등대다. 촛불등대 없이는 새 대통령과 새 정부는 칠흑같은 기득권의 터널을 뚫고 전진할 수 없다. 민주정부는 촛불시민과 대연대, 대연정해야 성공할 수 있다.

오후 10:16

민주주의의 본질은 선입금이다. 선先입금 후後민주! 선입금 않고 무임승차한 분도 조만간 후불해야 한다. 촛불참여가 대표적 선불! 투표참여가 대표적 후불!

2017년 3월 6일 월요일

오전 1:13

새봄은 맞이하러 가는 것, 기다린다고 오지 않는다. 월~목 꽃샘의 시샘만 물리치면 토요일엔 봄봄봄새봄 잔치 열린다.

오전 1:52

일제시대 기독교 주류는 신사참배 천황숭배에 앞장서고도 광복 후 공식참회를 거부했다. 지금 대형교회 목사들이 친박집회에 신도들을 동원하고, 촛불시민을 빨갱이로 매도하며 박근혜를 옹호하는 것도 똑같은 배교행위다. 이런 참담한 주장을 펴는 기독인을 나는 형제 기독인이 아닌 적그리스도 세력으로 본다.

오후 3:44

오늘 발표된 100쪽의 특검 수사결과 읽다가 울컥했다. 감동의 눈물이었지만, 한편으론 분노의 눈물이었다.

☆감동의 눈물 −12월1일부터 90일 활동함 −총원 122명, −19테라 디지털자료 압수하여 9.1테라 증거추출

☆분노의 눈물 −박근혜 최순실, 이재용 뇌물수수 −박근혜 최순실 직권남용 −세월호참사 당시 박근혜의 행적은 밝히지 못했다. 대면조사와 청와대 압수수색을 이루지 못했기 때문이다.

오후 10:15

동양에서 헌법(憲法)의 어원은 이렇다. "선한 자에겐 상을, 간악한 자에겐 벌을 주는 것이 나라의 헌법이다" (노나라 좌구명의 '국어(國語)') 헌법은 이렇듯 시민에게는 민주공화국의 상을, 박근혜에겐 벌을 내리라 명령한다. 헌법을 수호하고 국민기본권을 지켜야 할 헌재가 간악한 권력자를 탄핵하는 것은 겨울이 가면 봄이 오는 것 같은 자연의 순리와 마찬가지 아니던가.

2017년 3월 7일 화요일

오전 9:57

우리가 승리한다고 봄 박근혜 탄핵된다고 봄
민주花 피어난다고 봄 겨우내 촛불밝히는 새
찾아온 민주주의의 봄 #봄봄봄새봄

오후 11:54

배에 새긴 식스팩은 언젠가 사라지지만, 몸으로 익힌 노하우는 잊어먹을 수 없다. 겨우내 든 촛불의 위대한 힘이여!

2017년 3월 8일 수요일

오후 5:00

대통령후보 출사표도 레오나르도 다 빈치처럼....

여야 대통령후보들의 출사표들을 모두 읽었다. 큰 감동이 없었다. 이런 출사표 던져보라. 지지율 급상승을 보장한다.

레오나르도 다 빈치가 30세이던 1480년 밀라노의 대공 루도비코 스포르차에게 보낸 것이다. 그 결과 채용되어 그의 전속 화가이자 군사 기술자이자 건축가로 일하며 17년 동안 일했다.

★레오나르도 다 빈치의 자기소개서★ 이루 말할 나위없이 빛나는 존재이신 각하. 자칭 거장이요 전쟁무기의 발명가라고 일컫는 사람들의 제반 보고서를 검토한 결과, 그들의 발명품과 소위 기구라는 것들이 흔히 쓰이는 물건들과 모든 면에서 크게 다를 바 없음을 알게 되었습니다. 그러므로 다른 사람에 대한 편견없이 용기를 내어 저만의 비밀을 각하께 알려드리려고 합니다. 첫째, 저는 물건을 쉽게 운반할 수 있는 매우 가볍고 튼튼한 기구의 제작계획안이 있습니다. 둘째, 어떤 지역을 포위했을 때 물을 차단할 수 있는 방법과 성곽 공격용 사다리를 비롯한 여러 도구를 만드는 방법을 알고 있습니다. 셋째, 높고 튼튼한 성벽에

포격을 가해도 요새를 무너뜨릴 수 없는 경우, 반석 위에 세운 성곽이나 요새라 할지라도 무너뜨릴 방책이 있습니다. 넷째, 대단히 편리하고 운반하기 쉬우며, 작은 돌멩이들을 우박처럼 쏟아낼 대포를 만들 계획안이 있습니다. 다섯째, 해전이 벌어질 경우 공격과 방어 모두 적당한 여러가지 배의 엔진을 만들 계획이 있습니다. 또 위력이 대단한 대포와 탄약과 연기에 견딜 수 있는 전함을 만들 계획안도 있습니다. 여섯째, 적에게 들키지 않고 땅 밑이나 강 아래로 굴이나 비밀통로를 만들어 통과하는 방법을 알고 있습니다. 일곱째, 쉽게 공격받지 않는 차량도 만들 수 있습니다. 이 차량으로 밀고 들어가면 대포를 갖춘 적이 밀집한 곳이라도 흩어지지 않을 수 없을 겁니다. 또한 차량 뒤를 따라 보병부대가 어떤 피해도 없이 적의 반격을 물리치고 진군할 수 있습니다. 여덟째, 필요하다면 대포와 박격포, 가벼운 포까지 만들 계획안도 있습니다. 흔히 쓰이는 보통 대포와는 전혀 다르게 멋있고 세련된 모양이 될 것입니다. 아홉째, 대포를 사용할 수 없는 곳이라면 사출기와 덫을 비롯해 놀라운 효과를 발휘하는 특별한 엔진을 만들 수 있습니다. 간단히 말해 다양하고 무한히 많은 종류의 공격과 방어용 엔진을 공급할 수 있습니다. 열번째, 평화시에는 공공건물이나 개인용 건물을 건축하는데 그 누구보다도 각하께 만족을 드릴 수 있다고 믿습니다. 그리고 어느 곳에서든 다른 곳으로 물길을 낼 수도 있습니다. 열한번째, 대리석이나 청동, 진흙으로 조각상을 만들 수 있으며, 그림 또한 그릴 수 있습니다. 제 작품은 어느 미술가와 비교해도 뚜렷한 차이를 드러낼 것입니다. 열두번째, 더욱이 저는 청동 기마상을 만들고 싶습니다. 이 기마상은 각하의 아버님이신 황태자님과

명예롭고 훌륭한 스포르차 가문을 영원히 추억하게 할 기념물이 될 것입니다. 위에서 말씀드린 사항 중 의심이 가거나 실용적이지 않다고 생각하는 내용이 있다면, 각하의 공원이나 각하가 원하는 장소에서 직접 시험해 보여드릴 수 있습니다. 이루 말할 수 없는 겸허한 마음으로 각하께 제 자신을 추천하는 바입니다.

오후 7:38
병신년丙申年에 시작된 대한민국 시민혁명,
병신일丙申日에 탄핵인용으로 1차승리한다.

오후 10:11 광화문광장에서 시민나팔부대와 함께
박근혜없는새봄맞이 시작했다. "역사의 선택을 기다립니다.
믿습니다! 탄핵인용"을 함께 외쳤다. 내일 이순신동상 옆에 텐트를 치고 1박2일을 한 후 역사적 사건의 증인이 될 것입니다.

2017년 3월 9일 목요일

오전 12:55
대한민국 8대빵 1. 전주 풍년제과 수제 쵸코파이 2. 군산 이성당 야채빵 3. 대전 성심당 튀김소보로 4. 광주 궁전제과 공룡알빵 5. 대구 삼송빵집 옥수수빵 6. 부산 옵스 왕슈크림빵 7. 서울 약수동 화수분 단팥빵 8. 대구 박사모 탄핵인용 8대빵

오전 9:50
이쁘게 싸우니까 봄 신나게 싸우니까 봄
다함께 싸우니까 봄 홍매화 피어나는 새
다가온 민주화의 봄 #봄봄봄새봄 #박근혜없는새봄

오후 6:16 광화문광장에서 시민나팔부대 1박2일 캠핑
광화문 캠핑촌 식구들의 열렬한 환영 가운데 집들이를 하고
시민나팔부대가 만든 명품빵 <탄핵인용 8대빵>을 나눠먹었습니
다. 새봄이 성큼 다가왔습니다. 내일입니다. #박근혜없는새봄

2017년 3월 10일 금요일

오전 9:22 광화문광장에서 시민나팔부대 출정 동영상
박근혜없는새봄 탄핵인용 감격의 순간 맞이하러 출정합니다.

오후 1:45 헌법재판소 앞에서
싸웠노라! 보았노라! 이겼노라!
벗들과 함께 승리하여 영광입니다.

오후 3:39
박종철 형, 고맙습니다. 이한열 동지, 고맙소. 그대들이 우리
조국을 지켜주어 오늘의 승리를 이뤄냈소. 대한민국 민주주의
봄, 큰 결실을 맺도록 내내 지켜주소서.

오후 11:58

특검의 박근혜 대면조사와 청와대 압수수색이 이뤄졌다면 세월호참사 당시 박근혜의 헌법과 법률 위반행위는 당연히 탄핵인용 제1호 이유가 되었을 것이다. 세월호참사의 진실을 규명해 별이 된 아이들과 유가족들의 눈물을 닦아드리는 일, 탄핵 이후 촛불혁명의 제1 과제다. 잊지 않겠습니다. 함께 하겠습니다.

2017년 3월 11일 토요일

오전 8:37

한 번도 꿈꾸지 않았던 검사, 오늘만은 칼잡이가 되고 싶다. 박근혜 긴급체포하고 싶다. 근혜씨, 아침 먹었으면 체크아웃해!

오전 9:53

"헌법 수호의 이익이 대통령 파면에 따른 국가적 손실을 압도할 정도로 크다. 피청구인 대통령 박근혜를 파면한다."
백 번 읽어도 행복하다. 다 외웠다.

오후 10:57 제20차촛불 시민나팔부대 연설

박근혜 없는 새봄, 박근혜 없는 새봄, 박근혜가 더 이상 대통령이 아닌 새봄이 마침내 왔습니다. 새들이 울었던 자리마다 봄꽃이 피어나듯, 시민이 촛불을 밝혔던 자리에 이렇게 아름다운 탄핵의 꽃이 피었습니다. 그러나 대한국민 여러분, 지금 우리가 맞은 봄은 냉기가 채 가시지 않은 봄입니다. 금요일에 돌아오겠다고 제주로 향했던 세월호의 우리 아이들, 어제 금요일 탄핵의 기쁜소식과 함께 돌아오지 못했습니다. 세월호 참사의 진실을 밝혀내야만 우리는 진달래 개나리 벚꽃이 만발한 진정한 봄을 맞이할 수 있습니다. 사드 배치를 철회시켜야 봄입니다. 국정교과서를 폐지하여야 봄입니다. 한일위안부합의를 폐기하여야 봄입니다. 파탄난 민생경제를 살려내야 진정한 봄입니다. 메멘토 모리. 너의 죽음을 기억하라. 결코 방심하지 말라, 교만하지 말라. 저 옛날 로마군대가 개선행진을 할 때의 외침을 기억하십시오. 석고대죄는커녕 호시탐탐 반격의 기회만 노리는 어둠의 세력 자유당과 친박 쓰레기들을 모조리 쓸어버려야 합니다. 대한민국 발전의 열쇠는 오직 하나, 민주주의입니다. 사면초가의 민생경제와 국제관계, 민주화로 돌파합시다. 평등한 나라, 잘 사는 나라, 민주화로 이뤄냅시다. 촛불로 지켜낸 대한민국, 민주화의 모범국가로 만듭시다. 나라를 지켜낸 여러분, 그대들이 진정한 영웅입니다. 사랑합니다. 존경합니다. 함께 해서 영광입니다.

2017년 3월 12일 일요일

오후 4:47

순수시민? 참여시민! 민주공화국 시민의 일상이란 생업에 종사하면서도 시민단체의 회원으로서 그 활동에 정기적으로 참여하는 것이다. 대학생이 학과 공부에 매진하면서도 동아리에 가입하여 그 활동에 참여하는 것과 같다. '촛불집회'라는 '한시적 시민단체'에 참여한 촛불시민들이 그 경험을 바탕으로 '영속적 시민단체'에 참여하여 국가와 지역사회를 바꾸는데 힘을 모은다면 우리 공동체의 발전에 큰 힘이 되리라 믿는다. 투표나 구호봉사 활동 외에는 시민단체 참여를 하지 않는 소위 '순수 시민'이란, 기득권 세력이 자신들만의 정치·경제 독점을 지켜내려고 설정한 속임수 프레임이다. '참여 시민'이 민주공화국의 참된 시민이다. 나는 이번 시민혁명의 가장 큰 교훈으로 이걸 꼽는다.

오후 6:11 　라이브방송

박근혜, 청와대 불법점거 2박3일만에 방 빼고 삼성동 집으로 오는 현장. 내가 사는 삼성동에 온다. 이런 악운이 있나. 며칠 안에 또 삼성동 방도 빼게 되리라 믿는다.

2017년 3월 13일 월요일

오전 10:25

전두환과 그 옆에 선 자들이 모두 감옥에 갔듯, 박근혜와 그 옆에 선 자들도 모두 감옥에 간다.

오후 6:03

계란으로 바위깨기, 이렇게 성공했다. 준비물은 달걀 10개, 생명력 강한 씨앗 10개. 바위의 정수리에 달걀 10개를 던져 깨뜨린다. 그 위에 씨앗을 뿌린다. 씨앗이 달걀의 영양분을 흡수해 싹을 틔우고 뿌리를 내린다. 그 뿌리가 바위에 파고든다. 바위는 그 생명력에 자신도 모르게 서서히 굴복한다. 뿌리가 바위에 파고든다. 바위가 서서히 균열된다. 바위는 갈라지며 깨어진다. 계란으로 바위를 깼다. 바위에 뿌리내린 씨앗은 10개 중 하나 둘에 불과하다. 강렬한 생명의 의지와 오랜 기다림이 바위를 깨뜨린다. 그 씨앗은 바로 당신이다. 바로 나... 바로 우리... 세월호 참사 이후 3년, 작년 10월부터 5개월...

오후 10:53

헌법재판소 법정에서 박근혜 파면 결정을 이끌어낸 대학 후배 전종민, 탁경국 변호사와 만났다. 3개월간 국회 소추위원의 대리인단으로 활동하며 박근혜의 변호사들을 전면 압도하며 승리를 일궈낸 공로자들이다. 1987년 6월항쟁에서 함께 민주화를 외치며 싸우던 우리, 30년 후 시민혁명 승리에 감격해하며 멋지게 지천명을 맞았다. 하늘에서 시민혁명의 승리를 응원해주신 박종철 형, 고마워요. 더 큰 승리를 위해 열심히 살아갈게요.

2017년 3월 14일 화요일

오후 3:32

[속보]검찰 특수본, 박근혜에게 내일 소환날짜 '통보'. '피의자 신분'으로 조사한다. 무관용으로 수사해 구속시켜라.

2017년 3월 15일 수요일

오전 11:19
일이 힘들고 몸도 피곤한가? 이 말을 떠올리라. 다시 힘난다
"피청구인 대통령 박근혜를 파면한다!"

오후 12:31
촛불집회 빚 1억, 촛불시민이 갚아드립시다 촛불집회를 주최
하는 '박근혜정권퇴진비상국민행동', 탄핵전야인 3월9일부터
20차촛불인 3월11일까지 3일간 집회무대를 계속설치 운영하느
라 1억이 넘는 빚이 쌓였다고 한다. 그동안은 시민모금으로 집회
비용이 충당됐는데... 모두 힘 모아서 빚을 청산시키자.

2017년 3월 16일 목요일

오전 9:32
문서파쇄기 따위론 결코 부숴지지 않는 것이 있다. 진실이다!
문화부 사례처럼 청와대도 내부자 고발이 이어질 것이다.

오후 5:35
"훈아, 친구에겐 네 등을 믿고 내주거라"
생전에 아버지께서는 나에게 말씀하셨다. 같은 길 가는 친구

가 힘들어하면 업어주고, 지고 가는 짐을 힘겨워하면 메어주라
고. 혹여 친구가 등뒤에서 해꼬지해도 받아주라고. 오죽 답답하
고 화가 치밀면 그러겠냐고. 그랴 친구야, 내 등은 자네에게 늘
열려 있네. 힘든 길 같이 왔는데 조금 더 힘내, 고지가 눈앞일세

오후 9:45   강남역 11번 출구 세월호 서명운동에서
세월호 안에 아직 우리 이웃이 있습니다. 세월호 참사의 진실
을 우리가 밝혀냅시다. 박근혜를 탄핵한 위대한 시민들이 세월
호참사 진실규명에 힘을 모읍시다. 세월호참사 발생 1065일

2017년 3월 17일 금요일

오전 9:56
5.9. 대통령선거일 전에 우리가 꼭 기억해야 할 것이 있다.
4.5. 세월호 선체인양 예정   4.16. 세월호 참사 3주기

오후 5:57   홍콩 첵랍콕 국제공항에서
홍콩공항 도착해 폰 켜는 순간, 불과 48시간 만에 2만명의
시민이 8억8000만원을 퇴진행동에 쏴주셨다는 소식에 감격...

오후 10:26
홍콩의 봄바람, 참 시원하네요. 홍콩의 센트럴에서 맞는 새봄,
홍콩의 촛불시민들과 함께 맞는 새봄!!!

2017년 3월 18일 토요일

오전 10:55

홍콩이 영국으로부터 중국에 반환된 지 20년, 50년간 1국가 2체제로 중국과 동거하기로 했으니 앞으로 30년 뒤에는 완전편입될텐데, 내 생에 그것까지는 볼 수 있겠다.

2017년 3월 19일 일요일

오전 12:14

홍콩예술제에 갔다가 사진 한 장에 가슴이 울컥했다. 개미들이 온 몸으로 서로를 지탱하는 모습. 지난 5개월 우리는 이렇게 서로를 지켰구나. 겨우내 나를 지탱해준 벗들에게 감사드린다.

오후 4:44

연산군과 박근혜 폭군 연산은 사냥을 무척 좋아했다. 도성 밖 30리 내 민가를 철거하고 짐승을 풀어놓았다. 그의 사냥유희에는 무려 5만 명의 인원이 동원됐다. 3만의 군사에 사대부집 하인들 2만을 강제 징발했다. 5만이 동원된 사냥길 주변 농사 피해가 막심했다. 일부 신하가 가을사냥을 피할 것을 청했으나 소용없었다. 연산이 내뱉은 이 참람한 말을 보라. "10월은 사냥의 계절, 추수를 못한 건 백성의 과실이다." 그의 주된 사냥터는 한강 건너 청계산이었다. 5만 명이 한강을 건너려면 '배다리'가 필수적이다. 왕의 사냥 유희를 위해서만 800척의 배를 징발했다. 연산은 한강에 설치된 배다리를 타고 사냥을 다녔다. 배다리는 1년 네 차례 4계절 사냥 때만 설치됐을까? 아니다. 아예 상설 설치하라고 명령하여 시행된다. 배를 빼앗긴 백성들의 재산·생업 피해가 막심한데다, 배다리에 막혀 경제동맥이던 한강 수상 운송이 두절됐다. 조선후기 유행한 <한강원가>는 이를 두고 회자된 것이다. "강원도 뗏목 장수 뗏목 빼앗기고 울고 가고, 전라도 알곡 장수 통 배 뺏기고 울고 가면, 삼개(마포) 객주 발 뻗고 운다네. 노들나루 색주가 여인은 머리 잘라 파는구나." 왕의 1년 4차례 사냥 유희에 나라살림이 멍들어갔다. 연산군을 몰아낸 중종반정의 사회경제적 배경이다. 청년실업률과 가계부채 총액이 사상 최고조에 이르고, 수출은 계속 감소하는데다 남북은 냉전으로 회귀했다. 1506년 폭군을 몰아냈듯, 511년 후 박근혜를 몰아냈다. 이제 새로운 시대로 나아가자. 예서 멈출 수 없다.

2017년 3월 20일 월요일

오후 3:13

민주당 대선후보 선거인단 참여의 이익이 불참에 따르는 손실을 압도할 정도로 크다. 난생 처음 민주당 선거인단 등록한다. 기호 O번 OOO을 지지한다! 이렇게 다부지게 마음 먹었다가 아비규환 막말 앗싸리판에 상처받아 민주당 선거인단에 불참하는 사람이 수십만 명은 되지 않을까? 고마 쫌 해라. 박근혜도 끄지 못한 촛불마저 꺼트려먹겠다.

오후 6:55
촛불집회 빚 1억 소식에 12억이 모였다. 감격스럽고 자랑스럽다. 화사한 새봄 함께 열었으니, 가을 결실도 함께 맺어보세.

2017년 3월 21일 화요일

오전 9:52
박근혜 검찰 소환되면서도 박사모에게 손 흔드는 깨알서비스... "국민들에게 송구하다. 성실하게 조사받겠다" 포토라인에서 이렇게 말한 자 모두 큰집에 갔다. 박근혜는 반드시 구속된다.

오후 6:44
20살 민주화운동을 할 땐 열정과 용기만으로 참여했다. 50살 촛불시민혁명에는 여기에 재정을 더해 참여했다. 지천명의 내 친구들 수백 명의 서울대85, 시작하며 1000만원, 마치며 550만원을 퇴진행동에 보냈다. 자랑스럽다 내 친구들. 우리 아이들 살기좋은 세상 만들기 위해 더 힘을 내자.

2017년 3월 22일 수요일

오전 1:22

촛불혁명, 민주주의가 동네와 직장에 깃드는 일상의 혁명으로 이어져야 한다. 시민단체들이 더 좋은 나라를 만드는 데 앞장설 테니, 국민들에게 단체 가입하는 게 어떠시냐고 권하고 싶다.

오전 9:36

헌재 심리에서는 김평우 변호사란 자가 박근혜를 더 불리하게 만든 X맨이었다. 검찰 조사에서는 손범규 변호사란 자가 X맨 역할 하는구나. 나름 예우해줬는데 저렇게 검찰 약 올리면 검찰 이 가만 있나. 검찰의 구속영장 청구는 기정사실이 되었다.

오후 4:16

오후 4시 16분입니다. 1072일만에 세월호가 인양되고 있습니다. 포기하지 말아달라는 간절한 호소를 가슴에 새깁니다.

2017년 3월 23일 목요일

오전 11:29

진보정당의 영원한 조직부장, 오재영 동지의 명복을 빕니다 국회가 박근혜를 탄핵하는 날, 국회 앞에서 나팔을 불던 나를 껴안고 "형, 좀 더 힘냅시다"며 밝게 웃던 사랑하는 정의당의 오재영 동지. 그 날이 재영이와의 마지막 만남이 되었다. 1987년 서울대 외교학과에 입학한 이후 30년 간 한결같이 민주화운동과 진보정치운동에 매진해온 충직한 일꾼이었는데 정말 하늘이 야속하다. 재영아, 네가 생전에 이루지 못한 일들은 나와 동지들에게 맡기고 하늘에서 부디 평안하여라.

오후 6:08
파도여 바람이여, 잠잠하여라. 아이들이 엄마 품에 안길 때까지, 이웃들이 가족에게 돌아올 때까지 부디 잠잠하여라...

오후 11:29
세월호 무사히 인양됩니다. 진실은 낱낱이 밝혀집니다. 박근혜 반드시 구속됩니다. 민주정부 확실히 수립됩니다. 촛불승리 DNA가 우리 가슴에 새겨져 있으니까요.

2017년 3월 24일 금요일

오전 9:44
온 국민이 세월호 인양을 위해 사흘째 간절히 기도하는데... 박근혜는 오늘도 미용사 자매를 불러 올림머리를 하고 화장을 한다. 어제도 그랬고 오늘도 그랬다. 세월호 참사 일어난 그날처럼 그러나 다음 주부터는 못한다. 구치소 안에는 미용사가 없다.

오후 3:07

<세월호참사 진실규명 3대 과제> 1.세월호 침몰 원인 밝히자.

2.구조하지 않은 이유 밝히자.   3.진실규명 방해이유 밝히자.

오후 3:38

벗: 나팔부대, 박근혜 탄핵됐는데 21차촛불 또 출격합니까?

나: 기껏 박근혜 하나 탄핵하자고 겨우내 촛불 든게 아닙니다.

벗: 그럼 앞으로 무엇을 위해 촛불을 듭니까?

나: 민주주의 대한민국을 만들기 위해 촛불을 듭니다.

벗: 민주주의 대한민국이란 어떤 나라입니까?

나: 주권자인 시민이 늘 깨어있고, 대한민국 공동체 구성원의

　　자유와 평등을 위해서 기꺼이 행동하는 나라입니다.

벗: 왜 촛불집회에서 나팔 불며 행진합니까?

나: 나라도 구하고 내 몸도 구하니까 일석이조입니다.

벗: 저도 내일 입대할 수 있습니까?

나: 당연히 입대할 수 있습니다. 튼튼한 심장만으로 오십시오.

2017년 3월 25일 토요일

오전 10:19

★ 21차촛불 데모 꿀팁 ★ 내복으로 무장하고 오라.

겨울냉기가 가시지 않았다. 박근혜는 아직 구속되지 않았다.

오후 1:43

검찰이 촛불시민들에게 도와달라고 한다. 백만촛불로 박근혜 구속 외쳐달라고 한다. 3월10일 탄핵인용 이후 보름이나 지나도 구속영장 청구조차 못하는 검찰, 참 딱하다. 돌이켜보라. 국회의 탄핵의결도, 헌재의 탄핵인용도 모두 촛불시민의 힘으로 이뤄낸 일 아닌가. 박근혜 구속도 결국 촛불시민이 해낼 수밖에. 오늘 촛불은 용기없는 검찰에 대한 마지막 경고다.

오후 4:37 라이브방송 21차촛불 광화문광장

승리의 DNA를 가슴에 새긴 우리들의 21차 촛불집회

박근혜를 구속시킨 후, 참사의 진실을 낱낱이 밝히는 일과 민주정부 수립으로 힘차게 전진하는 일만 남았다.

2017년 3월 26일 일요일

오전 11:24

나무와 숲을 함께 보라 총관세찰 總觀細察

과열되는 대선후보 경선, 예선 너머 본선까지 보라.

오후 8:19

☆ 승리의 DNA를 뼛속 깊이 새긴 청(소)년 세대와 패배의 DNA에 여전히 사로잡힌 중장년 세대 ☆

12월3일 232만명이 광장에서 촛불을 켠 역사적 사변을 보고서도 12월9일 국회 탄핵의결이 200석 못넘긴다고 불안에 떨던 사람들이 있었다. 그 사람들은 헌재의 탄핵판결을 앞두고는 재판관 3명이 기각을 결정해 인용이 불발될 지 모른다고 불안에 떨었다. 탄핵이 막상 결정되자 박근혜가 청와대에서 버티면 어떻게 끌어내냐고 또 걱정했다. 검찰이 박근혜에게 소환명령을 내리자 박근혜가 삼성동 집에서 나오지 않을지도 모른다고 걱정했다. 검찰 수사가 끝난 후에는 검찰이 박근혜에게 구속영장을 청구하지 않을 것 같다며 또 걱정하고 있다. 검찰이 구속영장을 청구해도 법원이 기각할지 모른다며 걱정하고 있다. 심지어 대선에서 질지도 모른다고 걱정까지... 항상 걱정이 태산이다. 불안, 초조, 염려, 걱정, 되치기... 1987년 6월항쟁, 김대중 노무현의 승리의 기억보다 노태우의 승리, 민자당 합당과 김영삼 당선, 광우병 촛불의 패배, 박근혜의 당선 등 패배의 기억에 사로잡힌 전형적인 모습이다. 이들은 세대적으로 40~60세가 주류다. 패배의 DNA에 사로잡힌 사람들의 전형적인 모습이다.

반면 촛불혁명 전 과정에서 승리의 DNA로 무장하고 거침없이 전진한 전형적인 사람들도 있다. 태블릿PC 보도 이후 시민혁명이 발발하며 박근혜에 대한 국정지지도가 곤두박질 칠 때 20대와 30대의 지지도가 순식간에 0%라는 기록적인 수치로 세상을 놀라게 했다. 10대를 비롯한 2030세대는 순식간에 박근혜를 대통령에서 지웠고, 새로운 미래를 갈망했다. 그들은 국회의 탄핵판결에도, 헌재의 탄핵인용에도 가슴 졸이지 않았다. 헬조선의 가장 큰 피해자들로 불리는 이들이었기에, 헬조선을 탈출할 통로가 열리자 급격하게 자신의 정치적 태도를 결정했다. 40~60세 세대의 일부가 과거 민주화운동에 참여한 경험으로 세월호 참사 이후 3년 여간 거리로 나와서 싸움을 할 때 2030세대의 대다수는 '행동과 실천'에 무관심했다. 그러나 헬조선을 만든 악의 축이 그 실체를 드러내자, 가장 단호하고 일사분란한 행동으로 악의 축에 대한 심판을 결정하고 행동으로 참여했다.

촛불시민혁명을 거치면서 중장년 세대에게도 승리의 DNA가 많이 생성된 것이 사실이다. 그러나 여러 차례 큰 패배의 경험으로 생성된 패배의 DNA에 눌려 승리의 DNA는 쉽사리 우성인자가 되지 못한다. 그러나 청(소)년세대들은 사실상 인생 첫 대회전에서의 승리의 경험을 바탕으로 승리의 DNA를 압도적 우성인자로 보유하게 될 것이다. 촛불승리 이후에도 불안정한 일자리, 취업공포에 시달리는 대학생활, 입시공포에 시달리는 중고교 생활 등의 생활의 공포는 여전하지만, 향후 이 문제를 대하는 청(소)년 세대의 태도는 질적으로 크게 달라지리라고 기대한다.

촛불승리 이후에 정권을 잡고, 정치와 경제를 주도하게 되는 이들은 여전히 중장년 세대들일 것이다. 그러나 '민주정부'를 대표하는 중장년 세대들의 정치가 헬조선의 억압적 현실을 돌파하는 해법을 제시하지 못한다면 청(소)년 세대로부터 엄청난 비난과 공격을 받게 될 것이다.

차기 민주정부를 주도할 중장년 세대들은 청(소)년 세대를 시대를 주도하는 세력으로 인정하고 그들의 의견을 수렴할 통로를 적극적으로 만들며, 정치 일선에도 청년층의 진출을 대폭 확대해야만 한다.

나는 중장년세대의 이니셔티브가 아닌 청(소)년 세대의 이니셔티브를 인정하는 '세대간 연대'가 차기 민주정부의 국민통합전략의 핵심이라고 본다.

2017년 3월 27일 월요일

오전 11:31   서울중앙지방검찰청 앞에서
검찰, 박근혜 구속영장 청구! 법원은 구속영장 발부하라.

오후 1:06
그녀의 구속영장 심사 최후진술 예상 1.올림머리 못해서 감옥 못가요. 2.변기가 안맞아서 감옥 못가요. 3.내가 감옥가는게 꼭 필요해요?
국민의 대답 "응. 꼭 필요해."

오후 10:11
영장전담판사는 3명. 그 중 한 명이 심사한다. 만약 함께 심사하면 3대0으로 영장발부된다. 헌재 8대0처럼. 역사의 순리다.

2017년 3월 28일 화요일

오전 1:09
"우리 국민 취미가 국난극복 아닌가. 정치인이 제 역할을 한다 해도, 국민의 본업은 공동체에서 목소리를 내는 거다. 그게 얼마나 재밌나." 개그맨 김제동과의 대화는 늘 즐겁고 유익하다.

오전 9:38

봄이 완연합니다. 겨우내 꼭꼭 품었던 씨앗을 뿌렸더니 싹을 틔우네요. 그러나 아직은 연약한 싹이지요. 물을 주고, 거름을 뿌리며 애지중지해야 합니다. 물보다 거름보다 더 중요한 건 관심과 사랑입니다. 사랑한다는 말, 이쁘다는 말 건네보세요. 이 싹들이 더 풍성한 열매를 맺을테니까요. 사랑한다 애들아.

오전 10:59

Book smart(헛똑똑이)와 Street smart(참똑똑이)

옛날에 고집이 쎈 사람 하나와 똑똑한 사람 하나가 있었다. 둘 사이에 다툼이 일어났는데, 다툼의 이유인즉슨, 고집쎈 사람이 4X7=27 이라 주장하고, 똑똑한 사람이 4X7=28 이라 주장했다. 답답한 나머지 똑똑한 사람이 고을 원님께 가서 심판을 받자고 하여 갔다. 사연을 들은 원님이 한심스런 표정으로 둘을 쳐다본 뒤 고집쎈 사람에게 물었다. "4x7=27이라 말하였느냐?" "네, 당연한 사실을 당연하게 말했는데, 글쎄 이놈이 28이라고 우기지 뭡니까?" 그러자 고을 원님은 다음과 같이 판결했다. "27이라 답한 놈은 풀어주고, 28이라 답한 놈은 곤장을 28대 쳐라!" 고집쎈 사람은 신나서 그 자리를 떠났고, 똑똑한 사람은 곤장을 맞았다. 곤장을 맞으면서 똑똑한 사람이 원님께 억울하다며 하소연했다. 그러자 원님의 대답은 "4x7=27이라고 우기는 아둔한 놈이랑 싸운 네놈이 더 어리석은 놈이니라!"

2017년 3월 29일 수요일

오전 12:02

축구광인 나는 사장이 되어 월드컵 경기를 맘 편히 보려고 2002년 4월1일 이지스함 창업을 결행했다. 낮 시간대에 열리는 경기가 대부분이라 '사장답게' 자유롭게 땡땡이를 치며 맘껏 경기를 보리라 기대했다. 그런데 쥐뿔... 딱 한 경기만 땡땡이를 치고 볼 수 있었다. 창업 3개월 차 병아리 사장은 도무지 쉴 틈이 없었다. 직장 다니며 창업 준비하는 분들이 많을텐데, 땡땡이는 사장 10년차 쯤 되어야 한다는 걸 명심하시라. 겨울에는 거리에서 싸우느라, 봄에는 새해농사 씨뿌리느라 땡땡이를 못치고 있어 몸살이 날 지경이다. 아... 대낮 땡땡이...

오후 2:29

더 큰 승리를 위한 논공행상. 공을 세운 사람은 후히 상을 내려라. 공이 작거나 없는 이도 격려하라. <吳子直解오자직해>

오후 4:53

13개 항목 모두 유죄라면 징역45년~무기징역. 범죄혐의가 소명되었는데도 구속 안하면 법치의 붕괴다. 전직 대통령 예우도, 파면 대통령 비난도 고려하지 말라. 법원은 그냥 한 명의 피의자로서 구속 요건만 살펴 결정하라.

2017년 3월 30일 목요일

오전 12:08

☆ 박근혜 구속 이후 촛불시민들이 할 일 ☆ 1.무기징역까지 처할 수 있는 "대통령직을 남용한 중대한 범죄혐의"가 영장심사에서 소명될 것이기에 당연히 구속된다. 그게 정의다. 법과 원칙이다. 2.박근혜가 구속되면 처벌 문제는 법정공방으로 옮아간다. 국민들은 박근혜 문제 따위로 더이상 노심초사할 필요없이 생업에 종사하는 한편, 민주대개혁(적폐청산)의 추진에 관심을 갖고 참여할 여유를 가지게 된다. 3.박근혜 구속 이후 국민들은 (예를 들면) '민주대개혁 10대 과제'를 놓고 토론하며 이를 추진하는데 가장 적합한 대통령을 선출하는데 힘을 모으면 된다. 4.촛불시민혁명이 구체제의 '파괴'였다면, 이제부터의 민주대개혁은 새시대의 '건설'이다. 박근혜구속(우병우 잔당도 일부 남았지만)으로 1단계 마무리하고 2단계로 전진하는 일만 남았다. 5.법원의 구속영장 기각? 헌재의 8:0 탄핵인용을 기억한다면 그런 걱정은 기우에 불과하다고 자신있게 말씀드릴 수 있다.

오후 1:48

독재자와 공생하는 예스맨 모리배들. '예스맨'들에게 둘러싸인 지도자는 자기가 알고 싶어하는 자료만을 표시해주는 계기판만 보며 맹목적으로 비행하는 조종사와 같은 존재다. 그러한 독재자는 독립심과 창조력이 있는 인재들을 축출하고 자기의 정책에 대한 비판의 소리를 모조리 봉쇄했기 때문에, 파국이 도래하는 날이면 누구도 구체적 대안을 제시하지 못한다. 나아가 그를 대신해 지휘할만한 지도자가 그 조직에는 없다. 오늘 박근혜를 마지막으로 알현하러 삼성동에 온 친박들을 보니 딱 그렇다.

2017년 3월 31일 금요일

오전 12:05

대한민국과 운명공동체인 국민은 최순실·재벌과 경제공동체인 박근혜의 구속과 준엄한 처벌을 겨우내 명령해왔다.

새벽닭 울음과 함께 마무리짓자!

오전 6:43

"승리의 DNA,이기는 습관" 근현대 150년 묵은 난제, 6개월 촛불시민혁명이 마침내 풀었다. 시민은 계속 승리하리라!

오전 10:39

기쁜 날엔 맘껏 기뻐해야 계속 전진할 에너지 충전된다. 12.9국회탄핵 3.10헌재인용 3.31법원구속 3연속 행복불금! 영산포홍어 나주막걸리 왔다!

오후 5:53

자유당은 무슨 똥배짱으로 뇌물사건 피고인 홍준표를 대통령 후보로 뽑았단 말인가. 막가파는 조폭이지 정당이 아니다.

촛불대선 승리!
새로운 대한민국!

세상을 바꿀 촛불은 계속되어야 한다

그림 김주대

세상을 바꿀 촛불은 계속되어야 한다

'촛불 대선' 60일의 장정, 선거구도는 명료했다.

탄핵찬성 후보 4인과 탄핵반대 후보 1인의 대결이었다. 문재인 심상정은 촛불시민혁명을 대표하는 후보였다. 안철수는 국회 탄핵 전 촛불집회에 참여했지만 그 후로는 헌재의 심판을 기다리며 촛불과 거리를 뒀다. 유승민은 국회에서 탄핵찬성표를 던졌을 뿐 촛불에는 단 한 차례도 참여하지 않았다. 홍준표는 일관되게 탄핵반대였다.

흥미로운 것은 박근혜를 지지하던 표의 움직임이었다. 국회 탄핵 가결 직후 국민 가운데 25% 내외의 탄핵반대 표심은 선두 문재인에 맞설 후보를 쇼핑하기 시작했다. 반기문, 황교안, 안철수, 홍준표로 말을 갈아타며 문재인 대항마 찾기에 나섰다. 심지어 민주당 경선에도 개입하며 대연정과 통섭을 표방한 안희정을 밀기까지 했다. 안철수가 초반 TV토론에서 스스로 무너지자 홍준표가 네 번째 쇼핑대상이 되었고, 홍준표는 이들만을 겨냥한 선거캠페인으로 안철수에게 간 옛 박근혜 지지표까지 박박 긁어모아 2위로 올라섰다.

촛불시민혁명을 대표하는 문재인 심상정 후보를 살펴보자. 문 후보는 5인의 완주를 전제로 한 선거전략에 따라 무리한 외연의 확대보다 40% 내외의 박스권 지지를 더욱 강하게 다지는데 주력해 41% 득표율로 승리했다. 심상정 후보는 TV토론에서의 강세를 바탕으로 20대 청년층에서 큰 지지를 얻으며 비록 최종 성적 5위였지만 역대 진보후보 가운데 최고득표율을 기록했다.

1위는 대세, 2위와 3위의 변동, 4위와 5위의 순위 쟁탈이라는 19대 대선의 양상은 15·16·18대의 접전에 비한다면 한국 대선 특유의 다이내미즘은 찾아보기 어려웠다. 오히려 당선 이후 문재인 정부의 개혁행보가 세상을 놀라게 할 만큼 다이나믹하다.

문재인 대통령은 당선이 확정적이던 9일 밤 광화문광장을 찾아 세월호 가족부터 만나 위로했다. 임기 시작 첫 날인 10일부터 적폐청산을 위한 단호한 조치들과 함께 개혁인사들을 요직에 발탁하면서 '준비된 대통령'의 면모를 국민에게 선보였다. 5.18 37주년 기념사와 고 노무현대통령 8주기 추모사와 같은 국정개혁의 비전을 명료하게 제시하는 명문의 연설로 국민을 감동시켰다. 정치인 문재인의 능력에 반신반의하던 여론주도 그룹이 일제히 문재인의 초반 행보를 지지하면서 임기 초반 지지율은 역대 최고 수준으로 치솟았다. 고구마 문재인 후보가 대통령이 되더니 사이다 대통령이 됐다는 재치있는 평가까지 나왔다.

문 대통령의 당선 후 개혁 행보는 역설적이게도 "세상을 바꿀 촛불은 계속되어야 한다"는 점을 촛불시민들에게 각인시키고 있다. 대통령 당선에 안주하지 않고 진취적으로 개혁을 추진하는 대통령처럼, 촛불시민들도 박근혜를 몰아낸 후 새 대통령을 선출한 것에 안주하지 않고 세상을 바꾸는 개혁에 목소리를 내며 능동적으로 참여해야 하는 것 아닐까.

민주정부를 세운 투표용지가 되었던 희망 촛불, 이제는 작은 촛불이 되어 시민의 일터와 삶터의 일상에서 밝힐 차례다.

제6장

촛불대선 승리! 새로운 대한민국!

2017년 4월 1일 토요일

오전 9:50

서울역사박물관 '촛불시민혁명' 기획전시에서 내 사진액자를 만나다. 이 전시는 2017년 4월1일 오늘 하루만 시범공개된다. 본 전시는 6월10일 시작되는데, 시민들이 기증한 수백 점의 촛불집회 용품과 사진 등을 만날 수 있다. #만우절 포스팅

오전 11:29

어제 법원이 영장심사하고 오늘 새벽 박근혜구속 발표했으면 나라가 대혼란에 빠졌을 듯. 웃을 수 있는 만우절이라 다행이다.

2017년 4월 2일 일요일

오후 9:38

고맙습니다. 이지스커뮤니케이션즈 창업15년(2002.4.1.~)

늘푸른 소나무처럼 당당하게 살겠습니다. 지지하고 응원해주신 벗님들께 깊이 감사드립니다. 조만간 축하잔치에 모시겠습니다.

오후 11:48
전두환 회고록은 박근혜 석방사면 절대불가라는 증거다. 박근혜 용서와 사면 운운하는 자, 대통령이 될 수도 될 자격도 없다.

2017년 4월 3일 월요일

오전 9:28
KBS가 정의당 심상정 후보의 대선후보토론회 참가 막았다. 민주당이 앞장서 철회시켜라. 순망치한을 기억하라.

오후 1:26
19살에 처음 마주친 제주 4.3항쟁의 진실
반공이데올로기의 노예인 채 대학에 입학한 1985년, 독재자 전두환 타도 주장에도 고개를 끄덕이기 힘들었다. 4월3일, 서울대캠퍼스 한켠에서 4.3 추모식이 열렸다. 중고등학생 시절 공산폭도들의 반란으로 배웠는데... 빈약한 자료였지만 누군가 자료집을 만들어 돌리고, 매직으로 갈겨쓴 대자보가 캠퍼스 곳곳에 붙었다. 자료집과 대자보를 읽었다. 두려운 마음으로... 읽어가며 하염없이 눈물을 쏟았다. 무고한 양민학살... 그렇게 내 마음 속 한 켠에 제주의 고통이 자리잡았다. 역사에 대한 평가는 이데

올로기에 따라 다를 수 있다. 그러나 무고한 제주인들이 학살당한 역사의 진실만큼은 결코 왜곡하면 안된다. 평화의 섬 제주에 우리는 많은 빚을 지고 있다. 4.3항쟁 피해자들의 명복을 빈다.

오후 5:11

새 민주정부, 기득권체제의 머리와 심장으로부터 개혁하라!

민주당 대선후보 경선이 오늘 사실상 끝난다. 민주당 대선후보가 19대 대통령이 될 것이다. 촛불시민혁명이 낳은 옥동자, '민주정부'다. 민주대개혁으로 촛불혁명 정신을 이어가야 한다. 그럼 민주대개혁의 돌파구는 어떻게 열 것인가? 흥선대원군과 김영삼의 개혁을 참고해보라.

흥선대원군은 노론의 영수인 송시열이 지은 만동묘(임란 때 구원병을 파병한 명나라 황제 신종을 기리는 사당)부터 훼철하면서 서원 철폐를 시작했다. 이런 정공법으로 전국에 난립한 650개의 서원을 47개로 줄일 수 있었다.

김영삼은 취임 11일째 육참총장과 기무사령관을 전격 경질하며 하나회 척결 시작했다. 강제예편된 장성 18명, 떨어진 별은 40개를 넘었다. 영관 및 위관급 하나회 회원까지 강제예편시켰다. 하나회 척결은 전두환 노태우의 구속으로 완결됐다. 이후 군사쿠데타를 걱정않아도 되었다. 민주대개혁, 기득권의 머리와 심장부터 쳐라. 손발부터 치는 것은 실패로 가는 지름길이다.

오후 11:00

내 사랑 한강아, 청담교야... 겨우내 변치않고 잘 있었구나. 겨울광장에서 하루 12km씩 행진하며 기른 체력으로 새봄부터는 그대들을 열심히 사랑하겠노라. 한강 달리기로 힘차게 시작하는 새봄, 세상을 바꾸려면 몸이 튼튼해야 한다.

2017년 4월 4일 화요일

오전 12:08

페북, 내 성향 따라 과잉대표된다. 페북 여론만 보고 착각하면 진다. 촛불 시민도, 성조기 할배도 1인 1표 행사한다. 더 넓게 보니까 우린 이긴다! 더 넓게 보아야 확실히 이긴다!

오전 12:42

우리는 경쟁한 것이다. 전쟁한 것이 아니다. 작은 상처를 빨리 치유하고 팀원으로서 같은 길 가자. 이재명 시장, 참 훌륭하다.

오전 10:43

5.9 대선은 5자구도로 완주할 것이다.

문재인 안철수 선두권 외에도 심상정 홍준표 유승민 추격권도 이번 대선에서 무조건 완주한다. 내년 지방선거가 있지 않은가. 완주 못하면 당 조직이 붕괴된다. 나는 특히 홍준표의 완주를 응원한다. 9.99% 득표로 빚더미에 올라 파산하기 바란다. 추격권 세 명의 후보를 제외하고 문 Vs. 안 양자대결의 승패를 물어본 내일신문의 여론조사는 공상소설 창작용 자료일뿐이다.

오전 11:48

지금 이 시간 서울구치소 앞. 감옥 안 박근혜에게 절하는 사람들, 도대체 사람이 이렇게 망가질 수도 있다니. 이렇게 만든 것들을 색출해서 박근혜와 함께 심판해야 한다.

2017년 4월 5일 수요일

오후 2:14

문재인 이길 승부사, 누구입니까 문재인이 가장 두려워하는 후보, 누구입니까? (안철수) 추격만 하다가 선거 마치고 싶으면 계속 이렇게 열변 토하면 된다.

오후 3:21

"5·18은 '폭동' 외에 표현할 말이 없다"(전두환 회고록)
전두환을 '살인마'라는 말 외에 더 표현할 말이 없다. 회고록을 샅샅이 뒤져 사자死者 명예훼손으로 다시 감옥에 쳐넣자.

오후 10:59

왜 떨죠? 왜 두려워하죠? 철옹성 박근혜 몰아냈잖아요. 국회 탄핵도, 헌재 인용도, 법원 구속도 우리가 해냈잖아요. 쫄지마!

2017년 4월 6일 목요일

오전 8:26

벗님들, 오늘 바쁘겠지만 요거 하나는 꼭 짚어주이소. 병우야, 오늘은 학교 가자. 두 번이나 땡땡이쳤으면 많이 해뭇다 아이가.

오전 8:58

의문문은 촛불시민의 화법이 아니다.

승리의 DNA 새긴 시민은 말한다 "5.9 대선, 촛불이 이긴다"

오후 12:35   이지스함 함장실에서

나주의 홍양현 형이 보내준 영산포 홍어와 막걸리로 시민나팔 대원들과 푸짐하게 번개했다. 양현 형 고마워요. 통일시대를 향한 비전까지 이야기하며 촛불혁명 1단계 승리를 더 큰 승리로 열매맺자고 다짐했다. 승리의 DNA를 심장에 새긴 촛불시민의 앞길에는 오직 민주주의 승리의 깃발만이 나부낄 뿐이다.

오후 2:20

사드 찬성으로 180도 돌아선 안철수 후보. 안 후보는 관훈토론에서 한미 국방장관 공동발표로 국가간에 합의했으므로 이를 존중하여 수용한다고 했다. 반기문 특사 등을 통해 중국 설득하겠다고 말했다. 유권자로서 안철수 후보에게 묻는다. "한일 외교장관이 공동발표했으므로 10억엔 '위안부'합의도 유효한가?"

오후 9:34   강남역 11번출구 세월호 서명운동에서

생명의 봄, 피어나지 못한 꽃들이 있다. 그 바다에 아들을 품은 아버지가 있다. 세월호 참사 1087일, 강남역서명 1060일

2017년 4월 7일 금요일

오전 10:30

'대장부' 박영수 특검이 직접 법정에 출동했다. 오늘 10시에 시작된 이재용 재판에 이 멋진 형님께서 윤석열 검사와 함께 나오셨다. 박영수 특검의 활약은 역사에 단디 기록해야 한다.

오후 12:18

정의가 이긴다! 심상정, 4.19 KBS토론회 참석확정! 촛불민심이 KBS의 횡포를 저지했다. 촛불이 이긴다! 정의가 이긴다!

2017년 4월 8일 토요일

오전 12:45

박근혜 구속 후 첫 불금, 삼성동 주민들의 야외파티가 열렸다. 따뜻한 봄날이다. 우리는 이렇게 박근혜 없는 새봄을 즐긴다.

오후 10:07

세월호 참사 3주기 앞두고 더 바빠진 노란리본공작소를 후원해주세요. 지난 3년간 500만개의 리본을 만들어 보급했다. 시민들의 자발적 후원과 자원봉사로 꾸려왔다. 3주기를 앞두고 목포신항, 4.15집회, 4.16안산추모제에서 나눌 수 만개의 리본을 만드느라 여념이 없다. 촛불혁명 매주마다 6~8만개를 만들었다. 일손 보태주시고, 후원계좌로 정성 보내주시기를...

2017년 4월 9일 일요일

오후 9:40

목련 엔딩, 새로운 시작 화려하게 피어나는 뒤안에 허무하게 지는 때가 있음을 잊지 않으며 살아야겠습니다. 꽃잎이 떨어진 마디 마디마다 연록 새순이 소박하게 돋아나며 긴 새 생애를 시작하고 있습니다. 화려한 촛불 엔딩은 가슴에 묻고 더 큰 민주주의의 열매를 맺으려 한 발 더 앞으로 나아가려 합니다.

오후 10:47

☆검찰관님, 재판장님, 사형구형 영광입니다. 감사합니다.☆
1975년 4월 8일, 2차인혁당 사건으로 기소된 8명의 무고한 시민이 대법원에서 사형판결 확정됐다. 구속된 1년간 그 누구도 가족과 면회하지 못한 상태였다. 박정희 정권은 불과 18시간 후인 4월9일 아침 서대문 형무소에서 8명 전원에게 사형을 집행했다. 세계사 유례없는 사법살인으로 세계인의 규탄을 받았다. 2차 인혁당은 학생운동 조직인 민청학련을 배후조종했다는 누명을 뒤집어썼다. 수십 명의 대학생들이 함께 구속됐고, 지도부들도 사형구형을 받았다. 다행히 사형 선고에는 이르지 않았다.

민청학련의 막내인 22살 서울대생 김병곤도 사형을 구형받았다. 그러나 그는 최후진술에서 환하게 미소를 지으며 "영광입니다"를 외쳐 유신의 광기를 쳐부셨다. "검찰관님, 재판장님, 영광입니다. 감사합니다. 아무것도 한 일이 없는 저에게까지 이렇게 사형이라는 영광스런 구형을 주시니 정말 감사합니다. 사실 저는 유신 치하에서 생명을 잃고 삶의 길을 빼앗긴 이 민생들에게 줄 것이 아무것도 없어 걱정하던 차에 이 젊은 목숨을 기꺼이 바칠 기회를 주시니 고마운 마음 이를 데 없습니다. 감사합니다." *(『영광입니다』, 1992, 180 ~181쪽)

유신의 광기에도 살아남았던 그였지만, 전두환 말기 1987년 구로구청 부정투표함 항의농성에 참가해 구속된 후 감옥 안에서 위암에 걸려 1990년 12월 39세를 일기로 세상을 떠났다. 민주정부의 대통령감이라는 세간의 평을 뒤로 한 채 청년 김병곤이 갔다. 수의를 입고 수갑을 찬 채로도 환한 표정을 짓는 김병곤을 보라.(1988년 재판정 출두할 때 사진)

유신에 의해 억울하게 살해당한 8명의 인혁당 관계자들(모두 재심에서 무죄판결을 받았다), 박정희에 이어 전두환 노태우에게 탄압당하며 죽임을 당한 고 김병곤 동지의 명복을 빈다. 그들의 높은 뜻과 기상이 대한민국을 이끈 힘이다.

선배님과 함께 구로구청에서 군사독재에 맞서 싸워 영광입니다. 이 나라를 지켜주셔서 촛불혁명 승리했습니다. 고맙습니다.

2017년 4월 10일 월요일

오전 9:50

이번 대선의 중요 승부처, 민생 살리기 정책공감이다.

올해 1~3월 수출이 작년 대비 15% 늘어났다. 그런데 내수는 여전히 최악이다. 소매판매는 겨우 0.5% 상승, 소비자심리지수도 바닥이다. 내수 부진은 자영업에 치명타다. 선진국보다 10% 높은 자영업 비율 27%, 항상 화약고다. 내수 부진은 가계소득의 실질감소를 증명한다. 국민총소득(GNI) 중 가계소득 비율이 계속 감소세다. 2001년 GNI의 66%이던 가계소득이 2015년 62%가 됐다. 반면 기업소득은 같은기간 18.8%에서 24.6%로 늘어났다. 3만달러 시대, 여전히 빈지갑인 가계소득을 늘려야 한다. 민생 살리기, 이번 대선의 중요 승부처다.

오전 10:50

이기는 방법은 딱 하나! 이길 때까지 도전하는 것이다. 메이저 대회 74번 도전해 이제 첫 우승한 가르시아! 겨우내 촛불 들고 싸워 마침내 승리한 대한국민! 이지스함도 새해농사 마무리 위해 오늘도 무한도전하고 있다. 벗들도 도전하시라! 승리하시라!

오후 3:40

문재인 대통령후보님께

김연아와 아사다 마오의 이야기로 말문을 열고자 합니다. 2010년 벤쿠버올림픽, 2014년 소치올림픽에서 김연아는 금메

달과 은메달을 각각 땄습니다. 아사다 마오는 김연아에게 모두 고배를 마셨습니다. 두 선수 모두 최고 무대에 선 중압감을 느꼈을텐데, 왜 연아는 최고의 연기를 펼치고 마오는 무너졌을까요?

자신의 경력에 가장 중요한 순간, 최고 기량을 선보이기 위해 안간힘을 다하는 순간, 즉 중압감이 최고조가 되는 결정적인 순간에 스스로 무너지면서 세계적 선수가 평범한 선수로 전락하는 이 현상을 초킹(chocking)이라고 합니다. 김연아는 스스로 만족하고 행복감을 느끼는 연기에 몰입하였기에 초킹의 저주를 극복할 수 있었습니다. 아사다 마오는 평생의 숙적을 이기려는 욕망에 사로잡혀 트리플악셀을 무리하게 뛰다가 초킹의 저주를 피하지 못했습니다. "왜 하늘은 주유를 낳고 어찌 제갈량을 낳았는가"라는 주유의 탄식이 아사다 마오의 패인을 대변합니다.

문재인 후보님, 경쟁자를 의식하기보다 스스로에게 몰입하십시오. 오로지 당신께서 평생에 걸쳐 벼려온 비전과 정책을 국민들만 바라보고 우직하게 소통하십시오. 오직 국민만 바라보며 세월호 가족과 함께 울고, 겨우내 촛불을 들고 민주주의를 지키려고 애쓴 당신의 진심을 믿기에 감히 고언을 드립니다.

5월 9일, 문재인 후보님이 목표하는 바대로 대한민국 제19대 대통령에 당선되어 국민들과 함께 손을 맞잡고 민주주의의 새시대를 열어가기를 충심으로 바랍니다. 건승을 기원합니다.

2017년 4월 10일 시민 전상훈 드림

오후 10:28

리더는 뒷모습으로도 말한다. 2014.7.14. 광화문광장에 내리쬐는 뙤약볕을 우산으로 겨우 가린 채 세월호특별법 제정을 요구하는 농성을 시작한 세월호 유가족들을 찾아 위로하는 문재인 의원. 문 의원은 당시 민주당 지도부(박영선 대표)의 정치적 유·불리를 따지는 우려에도 불구하고 유민아빠의 46일 단식에 9일간(8.20~28) 동조단식을 하며 우는 이와 함께 울었다.

2017년 4월 11일 화요일

오전 10:59

촛불시민, 나팔부대와 함께 박근혜 탄핵인용! 박근혜없는 새 봄, 함께 승리하여 영광입니다. 2016년 내 페북은 이렇게 요약되는구나. 2014~2016 3년 연속 많이 쓴 단어는 '함께'다. 2017년은 또 어떻게 될까?

오전 11:43

1960.4.11. 마산 앞바다에 떠오른 김주열 그리고 세월호

1960년 3월15일, 마산상고2학년 18살 김주열 군이 이승만의 부정선거에 항의하는 시위에 참여했다가 최루탄이 눈에 꽂힌 채 사망했다. 당시 손석래 마산경찰서장은 마산경찰서 박종표 경비주임에게 시신 유기를 지시했다. 3월16일 새벽5시 박종표는 반공청년단원인 김덕모(20세)를 불러 그가 모는 지프차를 이용해 시신을 싣고가 마산 앞바다에 유기했다. 무거운 돌과 철사로 묶인 김주열의 시신은 바다로 가라앉았다. 이 범죄에 참가한 자는 박종표와 김덕모 외에 2명의 경찰관(한대근·황재만), 그리

고 이름이 밝혀지지 않은 반공청년단원 등 5명이었다.

그러나 진실은 결코 가라앉지 않는다. 한 달여 마산 앞바다에 가라앉아 있던 김주열의 시신이 4월11일 떠오른 것이다. 돌과 시신을 연결한 철사줄이 풀리며 시신이 떠오른 것이다. 부산일보 마산 주재 허종 기자는 김주열의 참혹한 시신을 촬영해 본사에 보고했고, 부산일보는 4월12일자로 특종보도했다. 잦아들었던 3.15 부정선거 항의시위는 김주열의 시신이 떠오른 것을 계기로 다시 불붙었고, 4월19일 그 절정에 이르며 이승만의 퇴진으로 이어졌다. 죽은 김주열이 산 이승만을 쫓아낸 것이다.

지프를 운전했던 김덕모 씨는 작년 4월에서야 김주열을 찾아 참배하며 56년 전 일을 사죄했다. 올해도 김덕모 씨는 사죄하는 마음으로 김주열의 묘소를 참배할 것이다. 2014년 침몰한 세월호가 떠올랐다. 세월호에는 그날의 진실이 담겨있다. 김주열 또래의 아이들이 다시 부활하여 진실을 은폐한 악의 세력들을 물리칠 날이 머지 않았다. 진실은 결코 침몰하지 않는다.

오후 1:33

"과격하다"는 부자들에게 감세해준 정치인들이 최저임금 인상을 주장하는 사람을 비난하며 딱지붙이는 비열한 용어다.

그렇소, 나는 과격분자요. 과격분자로 불리워 영광이오.

오후 3:08

승부가 박빙이면 문재인 후보에게 표를 줄 생각인 심상정 후보 지지자 여러분, 심블리 누나에게는 지금 돈을 몰아줍시다. 40년 민주주의와 진보의 외길을 걸어온 심상정 후보는 시민들이 보내준 선거자금을 갖고 심블리의 마력을 발휘하여 자력으로 홍준표와 유승민을 제끼고 3위로 도약할 것입니다. 차기 민주정부는 민주당과 정의당이 순망치한의 관계로 연대하며 민주주의의 새시대로 나아갈 것입니다. 1위 문재인과 2위 안철수의 표차가 5% 이상 벌어지는걸로 막판 조사에 나오면 그때는 마음놓고 기분좋게 우리 아이들의 미래를 위해 심블리에게 투표합시다.

2017년 4월 12일 수요일

오전 1:04

세월호참사 검찰 수사 방해한 우병우 구속영장 기각이란다. "이게 나라냐" 여전히 외쳐야 하나보다. 박근혜 잔당의 소탕을 위해 4.15 광장에서 다시 힘을 모읍시다

오전 9:59

시민의 운동에서 중요한 건 세상을 놀라게 하는 전투가 아니라, 고되고 끈기있는 투쟁을 통해 조금씩 얻어낸 확고한 영토다. 3.10에 이어 5.9, 우리는 민들레영토를 더 크게 확장할 것이다.

오전 11:36

아무리 열받아도 이렇게 극혐 네가티브하지 말자. 영화 장면 패러디라지만 경쟁자에게 총을 겨누다니. 촛불시민혁명에서 보여준 품격으로 승부하자. When they go low, we go high!

오후 2:23

나는 지금 A,B 후보 중 한 명에게 투표하려 한다. A후보 지지 모임 갔는데 육두문자, 말 자르기, 삿대질 난무하더라. 자기 당 정책은 토론도 하지 않고, B후보 공격전략만 짜고 있더라. B후보 지지모임 갔는데 의견이 다른데도 끝까지 듣고 토론하더라. 자기 당 정책을 토론하고, 그 정책을 홍보할 전략을 토론하더라. 나는 어느 후보에 투표해야 할까?

오후 5:02

"청년이여 시민이여, 종이돌을 던져라" 나는 작년 4.13총선을 앞두고 계속 외쳤다. 주권자가 4년에 하루 갑질할 수 있는 날, 청년, 시민들은 작심하고 종이돌 포화를 날렸다. 그 결과 새누리당은 쑥대밭이 되었고, 4.13총선은 촛불혁명의 발화지가 되었다. '촛불돌'을 난사하며 박근혜를 몰아낸 우리 아닌가. 5월 9일엔 다시 '종이돌'을 난사하며 시민승리를 확인하자.

오후 6:05

내 삶을 바꾸는 정권교체(문재인) 노동이 당당한 나라(심상정) 대신할 수 없는 미래(안철수) 비전·정책 경쟁! 멋지게 선거하자!

오후 9:53

심블리의 눈물은 진심이다. 출마를 선언하는 자리에서 청년의 삶을 이야기하며 눈물짓는 그녀. 엘리트 서울대학생의 안온한 삶을 버리고 구로공단 노동자가 된 심상정의 진심을 믿는다.

2017년 4월 13일 목요일

오전 8:12

작년 오늘 4.13총선 투표일, 벗들과 함께 간절한 맘으로 거리로 나가 투표참여 캠페인을 했다. 결과는 승리, 촛불혁명의 도화선을 만들었다. 5.9 대선, 우리는 또다시 승리하리라 확신한다.

오후 6:34

"대중의 요구에 민감하게 반응하는 것을 기초로 당내의 견해 차이와 갈등을 집권의 에너지로 융합시킨 정당이 궁극적으로 승리한다." 시민단체, 대선캠프와 정당 관계자들이 지금 시점에 읽어보면 유익하다고 생각해 내가 쓴 서평을 하나 포스팅한다.

『혁명의 시간_러시아혁명 120일 결단의 순간들』 (1976년 초판 발행. 알렉산더 라비노비치 著)

이 책의 저자는 러시아 공산당의 탄압을 피해 미국으로 망명한 유태계 러시아인이다. 그는 미국에서 교육받았고(1956년 미국 녹스칼리지 졸업), 러시아혁명 연구에 평생을 바쳤다. 인디애나 대학 역사학과 교수로 퇴임한 후 명예교수로 있다. 이 책은 10월혁명을 다룬 최고의 연구서라는 평가를 받고 있다. 러시아 공산당의 탄압을 받은 집안 출신답지 않게 그는 러시아 10월혁명을 "평등을 목표로 삼은 진정한 민중혁명"이라 정의한다. 이 책의 목표는 "소수파 볼셰비키는 어떻게 다수파를 제압하고 권력을 손에 넣었나"를 규명하는 것이다. (볼셰비키는 '다수파'란 뜻의 러시아어이다. 1905년 사회민주노동당 당 대회에서 레닌이 이끈 좌파가 다수파가 되었다고 해서 이렇게 불렸다. 그러나 그 이후 1917년 10월혁명 성공순간까지 공산주의자 내에서도 소수파였다) 10월혁명에 대한 우파 진영의 대표적 견해는 아시 다시피 "역사적 우연이다. 제대로 된 대중의 지지를 받지 못한 채 능란하게 수행된 음모적 쿠데타"이다. 정반대편 '소련' 공산당의 공식 견해는 "역사적 필연이다. 레닌이 지도하는 혁명정당 볼셰비키가 일관되게 올바른 노선에 입각하여 치밀하게 계획하여 이뤄낸 사회주의 혁명"이다. 그러나 저자가 보기에 양자의 주장은 '소수의 혁명'이라는데 궤를 같이한다. 저자의 견해는 다르다. 당의 혁명적 규율과 조직의 통일성, 그리고 지도자 레닌의 지도방침에 대한 당 조직의 복종이라는 요소만으로는 혁명의 성공을 설명할 수 없다는 것이다. 경쟁정당과 정파에 비해 볼셰비키의 조직적 통일성은 상대적으로 높았지만, 저자는 "볼셰비키 당이 내부적으로 비교적 민주적이고 관용적이며 분권화된 당이며, 본질적으로 개방적이고 대중적인 당"이었기 때문에 최후의 승리를 거머쥘 수 있었다고 평가한다. 저자는 방대한 사료의 분석을 통해 모든 국면에서 레닌이 볼셰비키 당의 다수를 대변하지 않았다고 밝혔다. 당시 레닌과 견해가 다른 카메네프 등 다른 지도자들이 많이 있었고, 각기 신념이 다른 지도자들이 당의 정책결정에 중요한 영향력을 행사하기 위해 경쟁했다고 밝힌다. 그 경쟁이 궁극적으로 당이 승리하는데 이바지했다고 평가한다. 그래서 저자는 우파의 주장이자 스탈린주의자들의 레닌 신격화 논리인 '소수의 음모적 쿠데타'를 부정하고 '민중혁명'으로 10월혁명을 규정한다. 1917년 짜르를 퇴위시킨 2월혁명 당시 볼셰비키 당원은 약 2000여명에 불과했다. 그러나

4월 16,000명, 6월 32,000명으로 기하급수적으로 늘어났다. 외곽 군사조직도 급팽창했다. 볼셰비키는 1917년 이전 비합법 정당 시기의 직업혁명가로 구성된 소규모 전위정당의 개념을 포기하고 노동자, 병사, 수병에게 문호를 개방하는 대중정당으로 나아갔다. 그 결과 볼셰비키 당은 대중의 요구에 상당히 민감하게 반응하고 그들의 곤궁한 처지를 반영하는 공세적인 정책(전쟁 중단, 토지 몰수, 모든 권력을 소비에트로!)과 전술(군사조직의 확장과 무장봉기의 준비)로 무장했으며, 이는 결과적으로 대중의 광범위한 지지를 얻어냈다. 물론 경쟁자들의 허약성도 지적되어야 한다. 짜르 퇴위 후 권력을 장악한 산업-상업 자본주의의 대표자(자유주의자)들은 집권 초기 미국 건국 당시 워싱턴 대통령 정부에 버금간다는 찬양받았지만, 1차대전의 지속 여부와 심각한 경제난을 극복하는 대책에서 무능함을 보여 짜르와 다를 바 없는 민중의 적으로 각인된다. 멘셰비키 등 온건 사회주의자들은 6월 전 러시아 소비에트 대회에서 533명의 다수파 대의원을 보유하여 105명의 볼셰비키를 압도했지만, 6월시위 이후 자유주의와의 연립정부에 참여하는 그릇된 선택을 함으로써 민중들로부터 외면당했고, 정국의 이니셔티브를 결정적으로 상실했다. 이 책의 목표인 "소수파 볼셰비키는 어떻게 다수파를 제압하고 권력을 손에 넣었나"에 대한 저자의 견해를 내 나름으로 정리하면 다음과 같다. "대중의 요구에 민감하게 반응하는 것을 기초로 당내의 견해 차이와 갈등을 집권의 에너지로 융합시킨 정당이 궁극적으로 승리한다." 이 책은 크게 네 부분으로 구성되어 있다. 1917년 2월 혁명에서 7월 봉기까지의 주요 사건들을 간략하게 요약한 긴 프롤로그와 1장, 7월 봉기의 여파로서 볼셰비키의 급격한 쇠퇴, 임시정부 탄압정책의 비효율성, 볼셰비키의 신속한 세력 회복 등을 다룬 2~5장, 코르닐로프의 등장과 쿠데타 시도, 그리고 좌절 등을 살펴본 6~8장, 마지막으로 코르닐로프 쿠데타의 실패 이후 10월 혁명까지를 다룬 9~15장과 에필로그. 특히 이 책의 9~15장은 볼셰비키당의 여러 조직들, 곧 당 중앙위원회, 페테르부르크위원회, 군대 내 조직, 급진적인 일반 당원들 사이에 발생했던 입장 차이와 논쟁에 초점을 맞춰 살펴본다. 저자는 "과거의 재구성이 어쩔 수 없이 주관적이고 부정확하다. 사실과 추측을 분리하고, 추측은 추측이라고 분명하게 밝혔다"고 썼다. 광범위한 사료를 종합적으로 분석하면서도 자신의 논문이 주관적이고 부정확할 수 있다고 겸양하는 태도에 대가의 풍모를 느끼게 된다. 당내의 견해 차이와 갈등을 집권의 에너지로 융합시킨 정당이 궁극적으로 승리한다.

오후 11:26
친북좌파 주적 문재인이라고? 그 입 다물라 대한민국 대통령 후보로 나온 자가 씨부릴 말이냐. 성조기 집회나 가서 떠들어라 TV토론은 그대에게 과분하다.

오후 11:58
2부 주도권 토론에서 그림자 취급당하는 후보가 있다. 질문도 못 받고 멀뚱대지 말고 그냥 자리 비우고 나가렴. 앞으로 대선 토론회 말고 개콘 무대 나가라.

2017년 4월 14일 금요일

오전 12:14

난 보수도 진보도 아닌 실용파다 (이명박) 난 우파도 좌파도 아닌 상식파다 (OOO) 차라리 무협지 무당파라 하지...

오전 12:52

선빵 날리고 세탁기 돌리고~ 심, 빛났다. 문, 탄탄해. 유, 급상승. 안, 불안해. 홍, 쳐발림. 3번만 토론 더하면 게임 끝!

오전 1:41

오늘 3대 개그 소재는? 3위.그런게 아닙니다 2위.고장난 삼성 세탁기 1위.트럼프와 와튼스쿨 동문. 정치는 개그의 밥이다.

오전 7:34

열이 펄펄 나는 8살 훈이를 업고 학교에 가서 담임 선생님께 조퇴를 허락받은 후 다시 병원으로 업고 간 '결석대장' 엄마

40여 년 전 이맘 때다. 8살 훈이가 밤새 열이 펄펄 났다. 변변한 해열제 하나 없으니 엄마는 찬 수건으로 연신 전신을 닦아주며 간호했다. 아침이 되어도 열은 내리지 않고, 눈도 제대로 뜨지 못했다. 병원에 가지 않을 수 없는 상황이 되었다. 엄마는 아버지에게 아침밥을 해드린 후 훈이를 들쳐 업고 잰걸음을 놀리기 시작했다. 그런데 가는 방향이 병원과는 정반대 방향이다.

엄마 등에 업힌 훈이가 눈을 뜨고 보니 낯익은 풍경이 휙휙

지나간다. 국민학교 가는 길이다. 또래보다 머리 하나는 더 큰 8살 아들을 업은 엄마의 온 몸은 땀투성이가 되었다. 쉬지 않고 20여분 걸어가서 마침내 도착한 곳은 훈이의 국민학교 교실. 담임 여자 선생님께 엄마가 저간의 사정을 이야기한다. 밤새 열병을 앓았는데, 아침에도 열이 내리지 않아 업고 왔노라고. 결석은 절대 시킬 수 없으니 조퇴를 허락해달라고 말씀하신다.

"제가 초등학교 시절 별명이 결석대장이었어요. 7남매의 맏이여서 어머니께서 농사를 나가면 어린 동생들 돌보느라고 학교를 하루 걸러 결석했거든요. 6학년 담임선생님께서 저에게 결석대장이라고 별명지어주실 때 얼마나 서럽던지... 훈이만큼은 초등학교 6년 개근을 시키고 싶어서 다 큰 아이를 업고 왔습니다."

애잔한 눈빛으로 엄마와 훈이를 쳐다보던 담임 선생님은 조퇴를 허락하신다. 연신 고맙다며 고개를 조아린 엄마는 다시 훈이를 들쳐업고 동네 병원까지 30여분을 걸어 갔다. <서부의원>이라는 동네 의원이다. 소아마비로 다리를 절던 의사 선생님은 아주 근엄한 분이셨는데, 만면에 웃음을 띠우며 엄마와 훈이를 맞아주셨다. 청진기를 가슴과 등에 대어보고, 열을 재고, 주사를 놔주시고, 약을 지어주신다. 진찰을 받는 사이 숨을 돌린 엄마는 훈이를 다시 들쳐업고 집으로 가서 아랫목에 훈이를 누이고 이불로 덮어준다. 훈이가 잠든 것을 본 후 엄마는 부업인 홀치기를 부지런히 하기 시작했다. 엄마의 정성, 담임선생님의 인자함, 의사선생님의 세심한 진료로 8살 훈이는 한숨 자고 일어난 후 거뜬하게 정상으로 돌아왔다. 친구들과 골목을 누비며 놀았다.

엄마의 정성으로 훈이는 국민학교 6년 개근상을 받았다. '결석대장' 엄마는 지금도 아들의 6년 개근상을 가장 소중한 상으로 여긴다. 다 큰 훈이를 업고 학교로, 병원으로, 다시 집으로 내달렸던 어머니. 이제는 연로하신 어머니를 아들과 손자가 업어드려야 하는데. 봄꽃 만발한 팔공산에 올라 업어드리고 싶다.

　*아이가 밤새 아파 힘들어하는 어느 엄마의 글을 보고 썼다. 세상의 엄마들에게 위로와 감사를 드린다.

　오전 9:02
　장수 간 1차 진검승부 마친 지금부터는 보병전!
　장수 다섯이 서전부터 진검승부를 펼쳤다. 30일 전쟁의 승패가 예감되는 서전이었다. 그러나 장수간 대결로 최종승부는 나지 않는 법. 언제나 그랬듯이 마지막 승부는 보병이 맡는다.
　현대 선거전의 보병부대는 누구인가. 지역과 직능의 당조직, 지지 유권자그룹이다. 중앙선대본의 참모를 제외하면 모두 보병이다. 정책·기획·홍보·재무를 제외하면 모두 보병이다. 선두 후보는 유의하라. 참모가 아니면서도 곁에서 얼쩡댄다면 내쳐라.
　이번 대선은 보병 당조직에 대한 평가와 인센티브가 명확한 선거다. 내년 6월 지방선거 때문이다. 각 지구당과 지구당 아래 마을별 대선 득표율에 따라 내년 지방선거에 출마할 예비후보의 공과가 평가된다. 득표율 외에 어떤 평가기준도 없으니 공평하다. 공천이라는 인센티브가 있으니 이 또한 명쾌하다. (물론 지방선거의 정당공천이 사라질 수도 있다)
　만부부당의 우리 장수가 전장을 누비는데 현혹되어 보병부대의 조직을 게을리하면 대세를 그르친다. 전쟁의 승자는 화려한 기병대를 택했던 유럽 명문귀족 출신 장군들이 아니라 힘들고 더러운 포병대를 선택한 코르시카 촌뜨기 출신의 나폴레옹이었음을 기억하라. 어제 노란리본을 달고 1차대결에서 승기를 잡은 문재인, 심상정 캠프에 고언하는 글이다. 메멘토 모리!

오전 10:40

빛나는 심블리, 어제 토론 보셨죠. 심상정에게 힘을! 대통령후보 공보물은 16쪽까지 낼 수 있는데, 정의당은 선거자금이 적어 8쪽으로 만든다. 16쪽에 들어갈 말을 8쪽에 우겨넣느라 글자가 깨알처럼 박혔다고 한다. 노회찬 선대위원장이 많은 양의 글을 덜어내며 얼마나 속상해하는지... 후보가 하고 싶은 말 중에 절반을 들어냈다니 얼마나 가슴 아팠을까. 총30회까지 할 수 있는 TV광고도 절반인 15회만 한다. 큰 정당은 전국 시군구에 한 대씩 2백대가 넘는 유세차를 배치하지만, 정의당은 중앙과 16개 광역시도에 17대만 운영한다. 유급 선거사무원을 3800명까지 둘 수 있지만 심상정 선거운동은 모두 자원봉사 사무원으로 치른다. 더 빛나는 심블리를 만나고 싶으면 힘을 더 실어줘야 합니다. 노동이 당당한 나라를 위해 분투하는 심상정 후원해주세요.

오후 1:46

혁신개혁파 병가兵家 Vs. 보수개혁파 유가儒家

유가(儒家)의 부국강병 정책과 병가(兵家)의 부국강병 정책은 너무나 다른 전제에서 출발한다. 유가에서는 무형적 요소인 '지도자의 인격과 덕성'이 부국강병의 기초라고 본다. 반면 병가에서는 유형적 요소인 '물질적인 조건' 속에서 나라가 부강해진다고 본다. 유가의 경전인 <대학>은 승리하는 조건의 연관성을 다음과 같이 지적한다. "지도자는 인격을 닦아야 한다. 인격이 완성되면 자신을 추종하는 귀족이 늘어난다. 이들이 늘어나면 토지가 저절로 늘어난다. 토지가 생기면 재정이 늘고, 재정이 늘면 국력을 확장하는데 쓸 수 있다. 부국강병을 위해서는 무엇보다 지도자의 인격이 가장 기본이고, 자본이 가장 말단이다. 그런데 그 근본을 도외시하고 말단을 근본으로 하는 정치를 하니, 온 나라 사람이 서로 다투고 빼앗으려고 혈안이 된다."

병가의 경전인 <손자병법>에서는 승리하는 조건의 연관성을 다음과 같이 지적한다. "地生度(지생도), 지형에 따라 국토의 광협이 결정된다. 度生量(도생량), 국토에 따라 자원의 다과가 결정된다. 量生數(량생삭), 자원은 인구의 다소를 결정한다. 數生稱(삭생칭), 인구는 군사력의 기초가 된다. 稱生勝(칭생승), 그리고 군사력의 강약에 의해서 승리가 결정된다."

공자를 태두로 한 유가의 사상가들은 지도자의 정신과 인격이 세상을 바꿀 수 있다고 보는 보수적 개혁파로 분류할 수 있겠다. 반면에 손자를 태두로 한 병가의 사상가들은 합리주의를 체득하고 물질적 조건에 기초하여 세상을 바라보는 혁신적 개혁파로 매김할 수 있겠다. 부국강병의 기초는 물질적 조건이라는 병가의 사고는 근대적 사유의 전형을 띠고 있으며, 유가의 사상에 비해 합리적이며 진보적인 사상으로 평가할 수 있을 듯하다.

그러나 알다시피 동양사회의 사상적 주류는 유가였다. 상대적으로 합리적이며 진보적인 사상이 왜 병법 수준으로 격하되며 홀대를 받았을까? 유가의 대학자이자 경세가인 율곡의 십만양병설이 실현되지 못한 이유는 그 주장이 유가의 관념적인 부국강병책이라는 사상적 뿌리에 기초하고 있었기 때문이 아닐까.

<결론> 지도자의 고매한 인격이나 정신승리로는 개혁을 결코

이뤄낼 수 없다. 물질적 조건에 기초하여 세상을 바라보고 개혁의 방략을 내놓아야 한다.

오후 9:08
문, 박근혜 득표율을 뛰어넘고.
심, 진보정당 뿌리를 확고하게. 더 겸손하게!

2017년 4월 15일 토요일

오전 12:16
태양이나 달을 보았다고 해서 눈이 밝다고 하지 않을 것이다. 천둥소리를 들었다고 해서 귀가 밝다고 하지 않을 것이다. 추호 같은 가벼운 털을 들었다고 힘이 세다고 하지 않을 것이다. 우정의 충고는 나의 눈을 밝게 하고, 나의 귀를 열게 하고, 나의 힘을 북돋운다. 고맙다! 친구야.

오후 5:43 광화문광장에 있습니다
노란리본공작소 시민나팔부대 블랙침묵퍼포먼스
잊지않겠습니다! 행동하겠습니다! 잊지말라0416

2017년 4월 16일 일요일

오전 12:26

<촛불대합창 동영상> 어둠은 빛을, 거짓은 참을 이길 수 없다. 세월호참사 3년, 미수습자들이 가족 품에 돌아오기를. 참사의 진실을 낱낱이 밝혀낼 수 있기를 소망한다.

오전 1:21

내년 4월16일은 304 별들이 눈물을 그치고 영롱한 빛을 발하기를...깨어있는 시민, 행동하는 양심들을 통해 부활하소서

오후 12:00

주일 아침 교회에 예배드리러 가기 전 교회 옆 광화문 세월호 광장에서 넋들을 기억하며 헌화했습니다. 감사하게도 가톨릭 사제들과 성도들이 부활대축일 현장미사를 참사 희생자들을 기억하며 드리고 있었습니다. 오늘 광화문광장은 차 없는 거리입니다. 나들이하시는 분들은 분향소에 가서 헌화해주십시오. 안산 합동분향소 기억식은 3시에 열립니다.

오후 6:31

남녘 동포들이 큰 슬픔에 잠겨있는 오늘 4월16일, 김정은 정권은 오늘 군이 미사일을 쐈어야했단 말인가. 핵미사일보다 더 무서운 건 인심을 잃는 것임을 정녕 모르는 것들이다.

오후 10:24

인권변호사 문재인, 노태우정권의 보안사가 사찰하다. 1990
년 10월4일 보안사 이병 윤석양이 탈영하여 보안사에 의해 자행
된 민간인 1303명 사찰의 실상을 폭로했다. 박근혜의 문화예술
계 블랙리스트보다 더 충격적인 사건이었다. 사찰대상 명단을
보면 김수환 추기경을 비롯하여 김대중, 김영삼, 백기완, 노무현
등 당대의 야권인사와 한승헌, 홍남순, 조영래 등 당대의 거물
인권변호사들과 함께 경력 7년차의 청년변호사 문재인(당시 38
세)이 포함되어 있었다. 1988년 한겨레신문 창간위원으로 부산
에서 2천만원의 전세를 살면서 2억원을 대출하여 창간기금을
내고, 거리로 나가 신문을 시민들에게 나눠주는 모습을 보다가
불현듯 그가 1990년 윤석양 이병의 보안사 민간인 사찰 명단에
포함되어 있었다는 기억을 떠올렸다. 정의당 심상정 후보(당시
32세)는 당시 전노협의 실무부장을 맡고 있었는데, 보안사가 노
동운동의 실력가를 당시에 제대로 파악하지 못했기 때문인 걸로
보인다. 심상정, 의문의 1패!

2017년 4월 17일 월요일

오전 9:38

가장 뛰어난 예언자는 과거다. (시인 바이런) 민주주의! 통일!
공평한 성장! 후보들의 삶의 궤적에 답이 있다. 살아온 모습이
그 사람을 증명한다.

오후 3:13　명동성당에서

어제 눈물이 오늘 내립니다(예은아빠 유경근 님) 매주 월요일 점심 명동성당 앞에서 피켓팅하는 시민들이 함께 모여 참사 3년 이후 첫 날의 피켓팅을 했다. 어제 안산합동분향소에서 열린 기억식에서 대통령후보들은 저마다 진상규명을 다짐했다. 하지만 우리는 그 말만 믿고 가만히 있을 수 없다. 시민들은 지난 3년과 똑같이 잊지않고 행동한다. 3년의 약속을 반드시 지킬 것이다.

오후 6:14

보여주려 하지 마세요. 알리려 애쓰지 마세요. 진심은 우러나옵니다. 그 향기는 천리 만리에 저절로 퍼집니다. 22일간의 선거 대장정, 선전을 기원합니다.

2017년 4월 18일 화요일

오전 12:25

촛불시민혁명의 정신은 심상정, 문재인 두 사람후보를 통해 상호보완하며 관철되고 있다. 서로를 응원하며 이번 대선에서 압승을 거두자. 촛불의 심지를 더 돋우며 멋진 미래로 나아가자.

오전 9:43

심상정 문재인 두 후보가 백만 시민들을 모셔놓고 광화문광장 합동유세하는 멋진 광경을 보고 싶다.

오전 10:39

내일의 범죄에 용기를 주는 어리석은 짓을 되풀이 말라.(알베르 카뮈) 자유당엔 단 한 표도 주지 말라. 박근혜 사면하지 말라.

오후 12:17

이번 대선에서의 주요목표 하나! 심상정 문재인 후보가 내가 살고 일하는 강남3구에서 합산득표율 50% 넘는 것이다.

오후 7:32

박근혜, 손석희 앵커를 자르라고 이재용 홍석현에게 겁박

<1> 2016년 2월 박근혜와 이재용의 독대 중 손석희를 갈아치우라는 압력이었다. 이재용이 난색을 표하자 박근혜는 삼성 광고를 하지말라 했다. JTBC의 삼성 광고가 급감했다. <2> 홍석현은 "2016년 10월 24일 태블릿PC 보도 전에 청와대 외압이 5~6회 있었다. 박근혜의 직접 외압도 두 번 있었다"고 밝혔다.

2017년 4월 19일 수요일

오전 10:05

"내 발에 딱 맞는 10문7 고무신"(4.19 기념 포스팅)

고무신 선거가 판 치던 이승만 시대 이야기다. 여당인 자유당 후보가 가가호호 고무신을 돌렸다. 사이즈는10문(240mm), 10.5(252mm), 11(264mm). 그런데 성격 까다로운 아저씨가

야단법석을 부렸다. 고무신을 돌리던 이장에게 가서 항의를 했다. "나는 10문7이 딱 맞아. 안 주면 안 찍어준당께" 0.5문 단위로 나오는데 이장이라고 별 수 있나. "아따 양말 신고 11문짜리 신으면 딱 맞겠구마..." 그런데 이 아저씨, 엄청나게 고집을 부린다. "가오가 있지. 양말 신고 어찌 고무신 신는당가" 결국 이 아저씨, 자유당 후보 반대운동에 앞장서고 이 지역에서는 자유당 후보가 낙선한다. 딱 맞는 고무신 없어서 낙선했다 여긴 자유당후보, 선거 후 고무신회사 족쳐 사이즈를 다양화시킨다. 다음 선거에 다양한 사이즈 고무신 준비해놨는데, 아뿔싸, 4.19로 이승만 쫓겨나고 자유당 몰락한다.

52년 뒤 박근혜는 기초연금 고무신으로 대선 이기고, 총선에서 영구집권 노리다 감옥 갔다. 미완의 4월혁명을 촛불혁명으로 완성시키려면 대선의 압도적 승리로 고무신세력 심판해야 한다.

오후 5:35
선관위, "개표조작 없었다. 18대 대선 투표지 재검표하자" <더 플랜>의 개표조작 의혹에 선관위가 오늘 반박했다. 5.9 대선 전에 무작위 샘플링으로 재개표하자. 개표조작 의혹에 마침표 찍고 대선 치르자. 무작위 샘플링 재개표에 양측 승복을 전제로 진행하자. 한 점 의혹없는 상태로 민주정부 수립 축제 맞이하자.

오후 9:33
오류를 인정하며 고개 숙여 사과하는 손석희 앵커. 그러나 박근혜 4년의 무수한 오류를 반성않는 언론들, KBS MBC, 수많은 종편들과 신문들의 자성을 촉구한다.

2017년 4월 20일 목요일

오전 12:44
대한민국 제19대 대통령은 오늘 TV토론에서 결정났다. 총리 경제부총리는 누구? 촛불민심 대변자와 함께 국정운영하시라.

오전 10:29
주적이 누구냐는 질문에 YS는 이렇게 쏴붙였을거다.
"씰데 없는 소리 고마해. 지금 육참총장 뽑는기가?"

오후 12:40
처칠 "지금까지 살아온 삶이 오로지 이 순간을 위해 준비해온 듯한 느낌마저 들었다" '준비된 대통령'의 어원은 2차대전 전시 상황에서 수상이 된 처칠의 취임 소회에 뿌리를 두고 있다. "그날 일에 대해 독자들에게 숨기고 싶은 마음은 없다. 나는 그날 새벽 3시경에 잠자리에 들면서 무척 마음이 가벼웠다. 마침내 전체 권력을 쥐었고, 이제야 마음대로 명령을 내릴 수 있게 되었다. 지금까지 살아온 삶이 오로지 이 순간을 위해 준비해온 듯한 느낌마저 들었다. 나는 실패하지 않으리라는 확신이 있었다. 그 때문에 아주 잘 잤다." (윈스턴 처칠의 노벨문학상 수상작인 『제2차 세계대전』 중 1940년 5월10일 수상 취임 날의 기록)
　1992년 대선 패배 후 영국으로 갔던 DJ는 장관을 3수한 후 4번째에는 수상이 된 윈스턴 처칠의 정치여정에 영향을 받아 대권 4수와 '준비된 대통령'의 꿈을 다시 꾸게 되었으리라 짐작한다. 박근혜도 '준비된 대통령'을 썼는데, 나라를 말아먹을 준비만 했다는게 증명됐다. 20일 후 당선 즉시 대한민국의 제19대 대통령이 될 분은 실패하지 않으리라는 확신을 갖고 깊은 잠을 이룰 수 있을까? 꼭 그래주셔야 하는데...

오후 6:30
촛불혁명, 전투에서도 전쟁에서도 이겼다. 겨우내 익혔는데도 전투만 이기고 전쟁은 지려하다니. 당은 달라도 우린 촛불팀!

오후 10:16   강남역 11번 출구 세월호 서명운동에서
머리로는 잊어버릴까 가슴에 새겨둡니다. 슬픈 3년을 지나 또다시 1년을 시작합니다. 희망을 품고 굳게 자리를 지키겠습니다. 이웃의 고통이 끝날 때까지 잊지 않겠습니다. 희망의 문이 열릴 때까지 함께 하겠습니다. 고통 앞에 중립은 없습니다.

2017년 4월 21일 금요일

오전 10:20
문 40%, 안 30%, 홍 9%, 심 4%, 유 3%. 오늘 여론조사에서 문과 안의 격차가 10%로 벌어졌다. 문은 40% 유지, 안은 7~8% 하락. 홍은 친박 모으며 상승세, 심은 유를 제끼며 4위 도약. 18일 남은 대선, 남은 과제는 두 가지다. 문 후보가 50%를 자력 돌파하는 것. 심 후보가 홍을 제끼고 3위로 올라서는 것.

오후 3:38

문·안의 '엇갈린 희비 쌍곡선', 카메라가 먼저 잡아냈다. 2차 TV토론 이후 승부의 추가 크게 기울고 있다. 문의 지지세는 견고하고, 안의 지지세는 추풍낙엽이다. 2007년 오바마와 클린턴의 당내 경선 사진을 보라. 오바마는 열기·차분·집중, 클린턴은 피로·흥분·산만이다. 문과 안의 유세 사진을 보라. 열광·집중하는 문 지지자, 녹색에 둘러싸인 안 후보. 겨우내 단련된 촛불시민들의 뜨거운 열기가 이어지며 선거 기간 중반 판세를 좌우하고 있음을 잘 알 수 있다. 사진 한 컷으로 모든게 설명가능하냐고? 보수성향 중앙일보 사진부의 사진이란 점을 알려둔다.

오후 11:04

전국의 고시원 1만 1700개, 10만 개가 넘는 좁은 방들... 발을 제대로 뻗지 못하는 참혹한 모습에 숨이 턱 막힌다. 여기서 수많은 대학생, 청년, 사회적 약자들이 산다. 이들을 어찌 보듬어 안아야 할 것인가. 촛불시민혁명과 대통령선거는 이리도 참혹하게 사는 극빈층의 삶을 어찌 보듬어야할 지 응답해야 한다.

2017년 4월 22일 토요일

오후 4:17

문재인 후보 창원유세 라이브방송을 보는데, 시민 한 분이 연설내용을 타이핑하여 댓글로 계속 올린다. 그 분의 타임라인에 들어가보니 수화통역사였다. 청각장애인들을 위해 연설내용을 올리는 것이다. 계속되는 오탈자를 보니 캠프에 유급고용된 분은 아니다. 이렇게 자발적으로 자원봉사하는 시민들의 모습을 보니 겨우내 모진 추위 이기며 광장에 나온 촛불시민을 만난 듯, 촛불집회의 수화통역사를 만난 듯 가슴이 뭉클하다. 무너진 정의를 바로세우고 참여와 민주주의가 꽃피우는 새시대가 이렇게 멋지게 열리고 있다.

오후 8:30

조계종 총무원(원장 자승)이 명진 스님(전 봉은사 주지)의 종적을 부처님 오신 날을 며칠 앞두고 박탈했다. 명진 스님은 오늘 낮 화성행궁에서 열린 경기불교문화원의 법석자리에 참석이 불허되었고, 스님은 행궁 앞 길거리에서 사부대중 앞에서 이런 일갈을 하셨다고 한다. "정의를 행하고도 알아줌이 없는 것이 불의를 행하며 이를 얻는 것보다 낫다." 스님의 평생의 벗 백기완 선생님은 이렇게 말씀하신다. "명진스님의 밝고 맑은 웃음은 그대로가 부처님인 것 같다. 만약에 이런 진짜 우리들의 부처님을 괴롭히는 무도한 세력이 있다면 온세상의 착한 마음들은 명진스님의 뒷바라지에 나서되, 온몸으로 나서야 될 것이다." 불교, 개신교, 가톨릭 등 주요 종교의 지도자들이 국민의 삶을 보살피기보다 권력과 자본의 이익을 대변하는 현재 상황을 혁파할 날이 머지 않았다고 믿는다.

2017년 4월 23일 일요일

오전 9:07
심블리의 제주도 벗들이 선보인 상큼한 싱크로나이즈드 2030 여성들의 심상정 지지세가 급상승세다. 오늘밤 TV토론, 심블리의 성범죄자 박살신공 기대한다.

오후 1:40
주말 300주 연속 산행 고향 친구, 대학 동기, 6월항쟁 동지, 촛불시민 동지... 33년 우정을 나누는 벗 박서기의 300주 기념 산행 7년 전 쓰러졌다가 기사회생한 후 주위의 조언을 받아 시작한 산행이 6년 300주 연속 진행되고 있다. 고래심줄보다 질기게! 질기게 싸우는 법, 벗으로부터 배웠다. 오늘 코스는 북한산의 가장 험로 의상능선이었다. 새봄 산행에 절로 힘이 난다.

오후 8:12
"성폭력범 홍준표와는 오늘 토론하지 않겠습니다. 홍 후보는 즉각 사퇴하십시오." 심상정, 모두발언에서 정문일침! 선빵 잘 날렸다. 최고다. 심블리!

오후 8:59
유승민 "박지원, 평양 대사한다는 발언은 엄청나게 문제있다" 안철수 "박지원, 유세에서 농담했다" 박지원, 의문의 1패!

오후 9:23

안, "문 후보님, 제가 MB 아바타란 소문 막아주세요"

문, "안 후보님, 제가 제일 많은 의혹을 받고 있어요"

오후 9:37

문재인, 홍준표를 그로키로 몰다 "(타 후보가 그림자 취급해서) 남는 시간이 많으니 좋으실텐데, 유치한 토론 그만 하시죠."

오후 10:05

오늘 TV토론의 하이라이트

심,"성폭력범 꺼져!" 문,"심 후보, 개혁정치 함께 합시다."

촛불혁명, 대선승리로 이어진다. 대선 판세, 결판났다.

2017년 4월 24일 월요일

오전 10:17

문·심, 25일 토론 '미래'로 승부 매조져라. 미래 여는 이야기 하자. 청년실업 해결책 토론하자. 비정규직, 고시원 어떡할래.

오후 3:35

세월호 참사 1105일, 명동성당 앞 점심피켓팅. 지난 4월16일 합동분향소에서 열린 3주기 기억식, 문재인 심상정 후보는 참사의 진실을 밝히는데 새 정부가 앞장서겠노라고 약속하였다. 새

대통령과 민주정부가 그 약속 지키리라 믿으며, 우리 시민들은
이웃의 고통을 기억하며 함께 한다.

2017년 4월 25일 화요일

오전 9:46
바른정당 쫌팽이들이 유를 버리고 홍을 지지하면 동정표 몰려
유의 지지율은 급등한다. 버텨라 유승민! 사즉생!

오전 11:29
홍+유+안 단일화 예상하는 분 많은데, 3자 단일화 가능성
1도 안되니까 걱정마시라. 유와 안의 단일화도 희박하다.

오후 8:47
'지·옥·고', 청년들과 극빈층의 비참한 삶터 지하방, 옥탑방,
고시원... 실업자, 취준생, 비정규직, 저임금 노동자들의 비참한
삶터다. 최소 100만 명 이상이 지옥고에서 살고 있다. 청년들과
극빈층의 처진 어깨를 보듬어주는 일, 차기 민주진보정부가 가
장 먼저 해야할 일이다. 오늘 토론, 아름다운 선빵을 기대한다.

2017년 4월 26일 수요일

오전 12:45

더 깊어지는 심

더 넓어지는 문

더 좁아지는 안

더 약해지는 유

더 빨개지는 홍

*아쉬운대로 TV토론 채점

오후 5:33

　차기 대통령이 유력한 문재인 후보는 차기 정부에서 사드 배치를 국회와 함께 신중하게 검토하겠다고 공약했다. 그런데 왜 황교안 대행은 사드 알박기를 시도하는가? 오늘 새벽 원불교 성직자들과 지역주민들을 폭력진압하고 레이더와 포대를 반입할 만큼 급한 이유가 있는가? 이런 작태는 뭔가 말 못할 은밀한 내막이 있다는 증거다. 주권자 국민을 개무시하다가 쫓겨나고 감옥에 간 박근혜의 꼴을 황교안은 벌써 까먹었단 말인가.

오후 7:52

　오는 토요일(4.29) 제23차 촛불집회가 열린다. 밤손님처럼 사드 반입한 황교안과 트럼프에게 주권자인 국민들의 힘을 보여주자. 23차촛불, '사드격퇴 민심대포'를 앞세우고 총리공관과 미대사관을 향해 돌격 앞으로!!!

2017년 4월 27일 목요일

오후 12:49

당당한 청소년, "내 콘돔입니다"

미국의 콘돔 회사가 실제로 집행한 광고CF다. 중년 여선생님이 화난 표정으로 고등학교 교실에 들어온다. 학생 사물함 앞에 떨어진 콘돔을 들고 있었다. 학생들을 향해 누구 것이냐며 질책한다. 이때 한 여학생이 당당하게 일어난다. 곧이어 옆자리 남학생도 당당하게 일어난다. 한 명씩, 한 명씩 계속 일어나고, 교실에 있는 학생들 절반 이상이 일어난다. 콘돔을 사용하는 것은 부끄러운 일이 아니라 청소년들에게도 꼭 필요한 것이라는 것을 잘 보여준 수작으로 평가받았다. 당연히 콘돔 판매도 늘어났다.

지난 겨울, "내 조국입니다!"를 외치며 광장에 나온 수많은 우리 청소년들의 당당한 모습이 불현듯 떠올라 기록에 남긴다.

오후 4:03

심상정 급상승 원인 1.여성·청년,심블리 안고 운다 2.문-안 격차 15% 넘자 소신투표 성향 폭발 3.심쿵한 미모

내일 토론 후 심상정의 득표율 10% 돌파를 예상해본다.

오후 5:09

대선 삼위일체 승리공식 -.문재인 과반 득표 승리 -.심상정 15% 득표 돌파 -.홍준표 9.9%득표 몰락

박근혜 몰아낸 현명한 국민들, 대선 승리도 멋지게 해낸다.

오후 10:06 강남역 11번출구 세월호 서명운동에서

나는 대통령을 채용합니다. 오늘 강남역 세월호참사 진실규명 서명운동은 투표참여캠페인 병행하며 진행했습니다.

2017년 4월 28일 금요일

오전 12:32

어리석은 자는 설득하기 어렵다. 내가 좀처럼 설득당하지 않는 이유다. 나를 꼭 설득하려는 분들은 정(情)으로 감싸주시라. 말(言)은 다함이 있으나 정(情)은 다함이 없나니...

오전 10:12

광장의 경고, 촛불민심을 들어라. 제19대 대선은 위대한 촛불혁명의 산물입니다. 대통령후보들은 촛불민심에 귀 기울여야 합니다. 민주정부 수립, 민주개혁의 대장정은 깨어있는 시민의 조직된 힘에 달려 있습니다. 시민나팔부대, 23차촛불 참여합니다.

오전 11:18

트럼프, 사드 알박기 끝내자마자 "한국, 10억달러 내라." 이런 장삿꾼의 농간에 넘어가면 우리는 대한민국 국민이 아니다. 트럼프, 당신은 나에게 모욕감을 줬어. 트럼프 탄핵 촛불혁명, 미국에 수출할까보다.

오후 3:29

여론조사로 확인된 심상정의 청년지지율 급상승세. 심상정의 전체 지지율은 7%인데, 19~29세 지지율은 무려 15%다. 지난 주 심의 전체 지지율이 4%였을 때, 19~29세 지지율도 4%였다. 상전벽해다. 문재인의 19~29세 지지율은 지난 주 53%, 그런데 이번 주는 44%로 크게 빠졌다. (다른 후보들의 청년지지율은 변화가 없다) 청년세대의 최강자 문재인의 분전이 필요하다. 문과 심의 청년 표심 획득 경쟁이 볼만해졌다. 심상정의 청년세대 지지율 급상승세가 샌더스 효과가 되길 바란다.

오후 4:41

이게 나라냐. '전략적 우호 동반자' 중국과의 25년 쌓아온 선린관계가 단번에 파탄났다. 소위 동맹국 미국의 대통령이란 자는 사드 알박기 하자마자 시침 뚝 떼고 돈 내란다. 국익 손실, 국격 훼손 당하고도 벙어리 냉가슴 앓는 나라, 도대체 이게 나라냐. 나라 망가뜨린 자들, 탈탈 털어 제대로 손 보자.

오후 8:46

홍발정 박살내는 심블리. 홍:담배세 인하 찬성하나? 심:먼저 사과부터 하라. 집권할 때 인상해놓고 선거하니까 표 구걸하냐.

오후 9:51

홍, 연봉 6000 이상이면 자영업자이지 노동자 아니다
심, 홍 후보,그렇게 살지 마세욧
홍의 모교 영남고 교훈 '잘살자'를 심블리가 알고있는 듯.

오후 10:40

점잖은 인격자인 문재인 후보 입장에서 볼 때도 이런 자가 어찌 이 자리까지 나왔나 싶었을거다. 꼿꼿한 자세로 차분하게 잘 들어주면서도 떼쓰는 엉터리 논리는 잘근잘근 잘 부셨다. 차기 대한민국 대통령의 품격을 잘 보여줬다.

2017년 4월 29일 토요일

오전 11:42
더 든든해진 문   더 숭악해진 홍
더 무너지는 안   더 버텨내는 유
더 강해지는 심   4.28 TV토론 채점

오후 9:18   라이브방송 삼청동 총리공관 앞 최전선
시민나팔부대, 촛불시민 선봉대로 사드 반대 외치다.

2017년 4월 30일 일요일

오전 11:45

18대 대선 48%득표한 문재인 후보, 촛불혁명 후 19대 대선에서 과반수 득표 가능하다. 문 지지자 여러분, 쫄지마시라.

심상정 비난 포스팅이 넘실댄다 더 많이, 더 쎄게 비판하시라 그 덕분에 표가 점점 불어나고 있다 원님 덕에 나팔 부는 격~

오후 4:55

색깔론 종북몰이 하는데도 저 문재인이 갈수록 오르고 있다. 이제 국민들도 속지 않는다, 이놈들아! <문, 공주 유세 어록>

오후 7:30

탄핵 후 처음 스승님을 광장에서 뵈었다. "상훈아, 박근혜 쫓아낸다고 수고했다. 하지만 상훈아, 끝이 아냐. 더 싸워야 해" 85세 청년 백기완은 광장의 맨앞에 서셨다. 50살 청년 제자도 촛불의 맨앞에서 싸웠다. 선생님, 우리 당대에 통일을 이뤄 선생님의 고향 황해도 장산곶으로 제자가 꼭 모시고 가겠습니다.

2017년 5월 1일 월요일

오전 7:35

새벽에 눈 떠 찬물에 어푸어푸 세수하고 거울을 보니 흰머리 삐죽삐죽, 잔주름 자글자글한 남자가 날 쳐다본다. 빙그레 웃어주며 물기 묻은 손으로 어루만졌다. 흰머리는 사라지고, 잔주름도 펴졌다. 난 오늘만큼은, 5월만큼은 스물 한 살 청년이다. 왜? 금방 찬물로 세수한 청신한 얼굴의 5월이니까. 또 5월은 청년의 기개로 세상을 바꾸는 계절이다. 5월9일, 화룡점정을 찍자.

오후 4:33

발정 홍이 2등이라니, 대한민국의 수치다. 민주정부 국정운영 힘들다. TK와 어르신들 총력설득하자. 청년들 투표 많이 하자.

오후 5:17

김부겸 의원의 칠성시장 앞 격정 호소 "대구가 밀었던 그 정당, 우리나라 와장창 뭉가뜨렸잖아요. 정신 차립시대이."

오후 11:51

유승민 후보, 완주 천명했다! 건투를 빈다! 나는 비록 유승민 후보를 지지하지 않지만 새누리당을 탈당하고 바른정당을 창당하여 국회에서의 박근혜 탄핵 가결이라는 험난한 길을 선택한 것만으로도 격려받아 마땅하다고 본다. 오늘 저녁 유 후보는 자필로 "끝까지 간다"는 대국민 메시지를 페이스북을 통해 천명했다. 유 후보와 바른정당이 민주정부의 협치 파트너로서 자유당을 대체하는 보수정당의 대표주자로 우뚝 서기를 희망한다.

2017년 5월 2일 화요일

오전 11:00

시민나팔부대가 촛불시민혁명에 참여하며 사용한 용품들을 서울역사박물관 요청으로 영구기증했다. 서울역사박물관은 촛불혁명 용품들을 기증받아 오는 6월6일부터 한 달간 기획전시한다. 겨우내 함께 한 나팔, 북, 깃발, 전투복, 피켓들이 동시대의 역사로 시민들께 생생하게 전해지며 촛불혁명 계속전진의 공감대를 확산할 것이다. 우리가 역사다! 시민이 역사다!

오후 2:31 강남역 11번 출구에서
"대통령선거 투표하실거죠?" "네~" "당연하죠~" "사전투표해요~" 투표참여 캠페인 시작했다. 대부분이 투표의지 밝혔다.

오후 6:08
백기완과 방배추(방동규)의 60년 우정
1950년대 청년 백기완이 이름난 주먹 방배추와 처음 만났다. 백기완은 초면에 그에게 다짜고짜 물었다. "힘깨나 쓴다며. 그래 몇 명이나 때려눕히는데?" "한 열 명쯤~" 그 말과 동시에 눈에서 불이 났다. 따귀가 후끈했다. "사내 새끼가 주먹을 한번 빼들었으면 천하를 울리고 세상을 쥐고 흔들어야지, 뭐 겨우 10명? 사람이나 때린다고? 사내 자식이 그걸 힘자랑이라고 하고 다녀? 재수 없는 놈, 당장 내 앞에서 꺼져!"
천하의 주먹 방배추는 어물어물 물러나왔다. 속에서 일어났던 열불은 차츰 부끄러움으로 바뀌었다. 며칠 뒤 백기완을 찾아갔다. "친구로 받아 달라." 둘은 평생지기가 되었다. 1992년 백기완이 대통령선거에 출마했을 때 그는 경호대장이 되었다. 황석영은 조선의 3대 구라로 백기완, 방배추 그리고 자신을 꼽았다.
85세 청년 백기완과 82세 청년 방배추는 지난 토요일 제23차 촛불집회에서도 함께 촛불을 들었다. 세월호 참사 이후 3년, 그리고 지난 겨울 촛불혁명에서 여러 벗들과 평생을 맹약할 수 있었음에 감사한다. 백기완 선생님께서 삶 그 자체로 가르쳐주셨듯이 부족한지만 나 또한 평생의 벗들과 함께 할 것이다.

오후 8:37

문·심 후보, 초반에 안 후보와 토론집중한다. 성안격홍(聲安擊洪)이다. 안도 홍을 쳐다보지 않고 문과 토론집중한다. 소외된 홍은 안을 먼저 치고, 문을 공격한다. 친박잔당 홍을 소외시킴으로써 홍을 무너뜨리고자 하는 문·심·안의 토론전략에 홍이 반발하는게 초반 양상이다.

오후 10:25

홍, 미 항모 칼빈슨호에서 한미 정상회담하겠다? 1945년 9월 2일 오전 9시 도쿄만에 정박한 미해군 전함 미주리호 함상에서 일본 외상 시게미쯔 마모루가 점령군사령관 맥아더가 지켜보는 가운데 허리를 굽혀 항복문서에 조인했다. 오늘 홍준표는 자신이 당선되면 미국 항공모함 칼빈슨호에서 트럼프와 회담하겠다고 말했다. 대한민국은 전함이 없나?최첨단 이지스함 세종대왕함을 비롯한 여러 전함이 있다. 북한에 비해 압도적 국방비를 쏟아붓고도 정작 북한의 위협에는 꼬리를 말고 미국의 힘에만 의존하려는 비굴한 모습을 보이니 나라가 이 모양 아닌가. 우리 국민과 국군이 군 최고통수권자의 이런 비굴한 모습을 보고 어찌 싸울 용기를 갖겠는가? 자랑스런 대한민국 국민과 국군의 자긍심을 깡그리 무너뜨리는데 발정난 자를 이번 대선에서 최우선적으로 심판해야 한다.

2017년 5월 3일 수요일

오전 11:38

"할매요, 할배요. 어무이요, 아부지요. 걸레 빨아서 행주 쓰실 랍니까." 5월9일까지 계속 홍발정 파헤쳐 알려드리자.

오후 4:51

개혁이 먼저입니다. 박근혜 탄핵 구속된 것 말고 아무 것도 달라지지 않았습니다. 지금 문재인 후보 마산유세 포효!

2017년 5월 4일 목요일

오전 12:47

어이 황교안 씨, 향후 30년 못 보게 만들어 기분 좋소? 하지만 황교안 씨, 국회 결의만 있으면 다 볼 수 있소. 찌질하게 왜 그라 요? 주군 박근혜 따라 감옥 갈 준비나 착실하게 잘 하소.

오후 2:26 강남역 11번출구에서

시민들과 눈을 맞추며 아무 말 없이 "투표하실거죠" 피켓을 내밀었다. 시민들은 밝은 표정으로 내 눈을 바라보며 고개를 끄 덕인다. 5년 전 투표율 75.8%, 이번에는 80%를 넘길 기세다.

오후 9:33

청년 여러분, 살아있었다면 20살 성년이 되어 투표에 참여했을 250명의 단원고 친구들을 기억하고 그들의 몫까지 대신해 투표에 꼭 참여해 주십시오.

2017년 5월 5일 금요일

오전 12:39

"엄마, 오늘은 공장에 가지마!" 8살 동생이 어린이날에도 공장으로 출근하는 엄마의 치맛자락을 붙잡고 늘어집니다. 10살 형의 눈에는 눈물이 그렁그렁합니다. 소매로 눈을 쓱 닦고 동생을 엄마로부터 떼어냅니다. 어린이날, 형제는 와룡산에 가서 개구리를 잡으며 하루종일 놀았습니다. 엄마가 준 어린이날 특별 용돈으로 사먹은 라면땅은 참 특별한 맛이었습니다. 70년대 우리 엄마들은 어린이날에도 일터로 떠났습니다. 40년이 지난 지금도 아이들의 칭얼거림을 뒤로 하고 눈물을 삼키며 일터로 떠난 엄마아빠들도 많이 계시겠죠. 엄마 아빠 여러분, 힘 내시기 바랍니다.

오후 1:34

문 후보 51%이상 득표하면 민주정부의 힘이 더 커진다. 심후보 10%이상 득표하면 진보개혁의 힘이 더 쎄진다. 촛불혁명 승리하는 길이다.

오후 3:24

잊었나. 참혹한 현실의 뒷골목에서 용기없는 자학을 되씹던 사람까지 촛불을 들었다. 나가자. 자유의 비밀은 용기일뿐. 청년아. 80% 투표율로 응답하라!

2017년 5월 6일 토요일

오전 12:10

정권교체는 냉혹하다. 부자들을 위한 트럼프케어, 미 하원 통과 빈자들을 위한 건강보험인 오바마케어를 대체하는 트럼프케어가 미 하원을 통과했다. "건강보험법안을 가장한 세제법안입니다. 근로계층의 돈이 부자와 기업에게 옮겨갑니다." 의회예산국은 트럼프케어를 시행하면 연방정부 적자가 10년간 380조 절감되는 대신 2400만명이 혜택을 잃는다고 했다. 정권교체란 이렇게 냉혹하다. 수백만명의 생존이 달려있다. 더 긴장하자!!!

오전 9:56

·거짓말을 하려면 굉장한 거짓말을 하라. ·대중은 이해력이 부족하고 잘 잊어버린다. ·대중은 지배자를 기다릴 뿐, 자유를 줘도 어찌할 바를 모른다.(히틀러의 『나의 투쟁』) 박정희−전두환−이명박−박근혜−홍발정, 파쇼독재자들이 애정하는 통치·선전술이다. "할매 할배요, 박근혜한테 투표했다가 식겁해놓고 와 또 홍발정한테 투표할라카는데예? 고마 하이소"

오후 12:27

헬조선의 역사적 기원

일제가 조선을 삼키면서 상층지배계급이 교체됐다. 예전의 양반귀족 대신 친일반역자들이 '출세'했다. 양반 출신이 많았고, 평민과 천민도 일부 있었다. 해방이 된 후에도 같은 일이 벌어졌다. 친일반역자들이 잔존했지만, 출세문이 새로이 열렸다. 지배계급을 향한 시민의 무한경쟁이 촉발됐다. 출세를 위한 필요조건은 '학력'과 '연줄'이었다. 출세해서 뭘할 것인지보다 출세 조건 갖추기에만 몰두했다. 독립된 근대국가의 시민이 갖춰야 할 덕목인 자유·평등·우애의 가치는 홀대받고, 출세만이 우대받았다. 지배층에 진입하기 위해 질주하는 사람들이 바로 자신의 현재 모습이자 미래의 모습일 수 있는 노동자·농민·빈민의 고통을 돌아보는 것은 정신적 사치였다. 오로지 출세한 후 소외계층을 '잘 돌보면' 되는 일이었다. 산업화·정보화 시대 '개룡남'의 실체와 본질이다.

90년대와 IMF를 경과한 후 한국의 지배질서가 고착화됐다. 대기업과 관료집단 주축의 강력한 지배시스템이 구축됐다. 거기에 고도성장 시대가 막을 내리며 출세문은 급격히 좁아졌고, 부와 권력의 세습이 고착됐다. 현재의 지배시스템은 새로운 피의 수혈을 스스로 막고 있다. 그런 점에서 대한민국의 상층 지배엘리트 충원방식은 신분제사회인 前근대 시대로 사실상 회귀했다. 외환위기에도 살아남았고 글로벌화된 대기업은 공고하고, 공공과 민간의 테크노크라트도 대개 부자로부터 충원된다. 19세기 조선말 세도정치의 폐쇄성과 본질적으로 같다. 소위 명문대 졸업자마저도 취업하지 못하는 시대, 겨우 떡고물 정도만을 허락하는 폐쇄적 지배시스템, 이것이 바로 헬조선의 현실태다. 1950년대에서 90년대까지의 출세 의식과 다를바 없는 각자도생의 각오로 뭉친 출세, 취업, 임금인상의 아우성은 헬조선의 아성을 더욱 공고하게하는 불쏘시개일 뿐이다.

청년들이여, 청년들의 부모들이여, 홍준표가 청년들의 롤모델인가? 홍준표가 대통령인 헬조선에서 살고 싶은가?

오후 2:22

경찰이 유담 양을 성추행한 일베충의 여죄를 캐기 위해 일베 서버를 압수수색한다고 하자 일베충들이 일제히 꼬랑지를 내리며 숨기 바쁘다. 일베에서 '유담' 검색하면 줄줄이 삭제된 글천지다. 범죄글 올리고 즐긴 놈들은 모두 잡아넣어야 한다. 일베는 음란사이트 소라넷과 사실상 동격 아닌가. 근혜가 불법으로 공공연하게 키워온 홍위병 아닌가. 민주정부는 일베를 음란유해 사이트로 지정해 폐쇄하고, 음란·혐오 범죄자는 엄벌하라.

오후 4:00

낭창낭창한 대나무가 하늘 높이 치솟는 것은 마디가 있기 때문이다. 마디에서 멈추어 쉬며 더 위로 치솟는 힘을 다진다. 마디는 멈춤과 휴식이요, 성장을 위한 새 매듭이다. 불(火)전차처럼 달린 촛불혁명 5개월을 뒤로 하고, 대한민국은 3일 후 새로운 매듭을 짓는다. 정권교체! 민주정부 수립! 민주진보 대개혁! 역사의 새로운 매듭 짓기에 3일만 더 힘내자.

오후 6:59

한 사람의 촛불시민으로서, 강남주민으로서 문재인 심상정 후보의 강남권 유세에 참여했다. 촛불혁명을 계승해 출마한 두 후보의 건승을 기원한다. 촛불혁명의 뜨거운 열기를 강남에서도 느끼는 뜻깊은 시간이었다. 문재인 51%, 심상정 10% 기원한다.

오후 9:34

홍이 광성교회 안수집사이며, 일제 시대 신사참배를 거부하다가 순교한 주기철 목사님의 생가 복원에 7억원을 헌금했다는 '가짜뉴스'가 기독교인들 카톡으로 돌고 있다. 모두 가짜다. 심각한 건 가짜뉴스인줄 아는 교활한 목사와 장로, 집사들이 신도들에게 이 가짜뉴스를 퍼나르고, 무지몽매한 신도들은 '아멘'을 외치며 2번에 투표하자며 부화뇌동하고 있다. 기독교인들은 정신줄 놓지 말거라. 가짜뉴스 퍼나르며 부화뇌동하면 반드시 지옥간다. 이런 자가 득표율 15% 넘는 건 대한민국의 수치!

2017년 5월 7일 일요일

오전 9:03

문 후보, 원활한 국정운영 위해 과반 지지 노력 중이다. 심 후보, 진보개혁을 위해 10% 지지 노력 중이다. 두 후보의 협력적 경쟁이 촛불혁명 전진의 굳건한 토대다. 촛불혁명 승리를 원하면 1, 5번을 선택하라. 보수개혁 원하면 안과 유를 선택하라.

오후 12:23

문재인 심상정 후보를 지지하는 촛불시민 여러분! 오로지 스스로를 다듬고 깎아 멋진 작품 만듭시다. 촛불혁명에선 동지였지만 촛불대선에서 경쟁자가 됐다고 상대를 처참하게 깎아내린다면 촛불혁명의 작품은 엉망이 될 것입니다. 박근혜 탄핵구속 작품을 만들 때처럼 이틀 뒤 우리 함께 멋진 작품 만들어냅시다.

오후 4:53

문재인 당선을 예고하는 뉴스 빅데이터 분석 ●5.5~5.6 뉴스 기반 빅데이터 분석(by 네이버)● 뉴스 키워드에서도, 뉴스에 달린 댓글 키워드에서도 문재인의 압도적 우위가 드러난다. 문·심·안·유 후보에 관한 상위키워드는 긍정 또는 사실 키워드인 반면, 홍에 대한 키워드는 돼지발정, 일베적폐 등으로 부정 키워드 일색이다. 여론조사 공표가 금지된 깜깜이 상황에서 여론추이를 살피는데 유용한 데이터로서 참고할 가치가 높다.

오후 8:04

3.10. 피청구인 대통령 박근혜를 파면한다.
5.10. 제19대 대통령 문재인 당선을 선포한다.
촛불혁명, 8대빵으로 승리했다. 촛불대선, 압승한다.
5.9. 저녁8시 촛불혁명 승리의 광장에서 모입시다.

오후 10:25

지휘관이 아군에게 "패배할 수도 있다"는 공포심을 조장하고도 승리한 전쟁이 역사상 단 한 번이라도 있었던가. 충무공은 명량해전 출전 전야에 말씀하셨다. "한 사람이 지키면 능히 천 명을 두렵게 할 수 있다 (一夫當逕 足懼千夫)." 그리고 무겁게 말씀하셨다. "태산처럼 고요하라!" 자기가 무섭다고 비명 지르며 공포확산하는 건 이적행위다. 정 무서우면 눈이라도 부릅 뜨고 입은 다물어라. 우리는 결코 두려움에 질 수 없다!

2017년 5월 8일 월요일

오후 5:36

아무리 열심히 공부하고 아무리 열심히 노력해도 도대체 미래가 안보인다. 새 정부는 청년부터 보듬어주시라 청년이 사랑하고 자부하는 나라!

오후 7:17 대구백화점에 있습니다.

오십 아들이 일흔다섯 어무이를 번쩍 업었다. 대구백화점 앞 문재인 후보 유세에 온 고향 대구 분들이 박수쳐 주신다. 어무이가 엄지척! 하신다. 일찌감치 1번 선택 작정하셨단다. 동네 할매들이 빨갱이라고 말할 때마다 모두 엉터리 거짓말이라고 말씀하셨단다. 50년 넘게 나를 키워주고 지켜주신 어무이, 늘 아들에게 힘 주시고 함께 해주신 어무이. 아부지요, 어무이 25년만 더 모시다가 보내드릴게요. 그때까지 외로워도 잘 참고 계시이소. 어무이 말씀대로 진짜배기 어버이날 선물은 내일 드릴게요. 어무이, 내일 이기고 난 후 전화 드릴게요. 사랑합니다 어무이.

2017년 5월 9일 화요일

오전 7:04

새벽에 눈을 뜨니 탄핵일 새벽 8대0 느낌 그대로다. 세월호 참사의 진실을 밝히기 위해, 촛불시민혁명의 과제 완수를 위해 민주공화국 시민의 주권을 행사했다. 촛불시민 여러분, 오늘밤 촛불혁명 광장에서 승리의 노래 함께 부르자.

오전 9:36 마석 모란공원 민주열사묘역에서

종철 형, 고마워. 30년 내내 변함없이 지켜줘서. 오늘 하루 더 응원하고 지켜줘. 꼭 이길게. 6월10일, 승리의 깃발 들고 동지들과 함께 올게. 투표일 아침 박종철 열사 묘 앞에서.

오후 2:40 강남역 11번 출구 투표참여 캠페인에서

청년 여러분, 세월호 친구들의 몫까지 대신해 투표하십시오. 제19대 대통령님, <대통령 직속 세월호 참사 특별조사위원회>를 제1호 대통령령으로 설치해주십시오. #투표참여캠페인

오후 6:58

광화문으로 택시타고 가는데 인상좋은 61세 기사님 "5개월 촛불 들고 싸웠습니다" 말씀드리니까 "80년 광주에서 총 들고 싸웠습니다" 말씀하신다. 오늘밤 쥐새끼 같은 돼지발정제 물리치고 민주정부 대통령이 승리하리라 믿는다 말씀하신다. 이제 광화문광장! 우리 승리하리라!

오후 8:15

촛불시민혁명 만세! 촛불대선승리 만세!

문재인 후보의 제19대 대통령 당선을 축하합니다.

오후 8:44

탄핵찬반 여론대결과 대선 득표율이 일치하다

탄핵찬성한 4당 후보의 득표율 합계 78%, 탄핵찬성한 국민여
론의 78%와 거의 일치한다. 탄핵반대한 홍준표는 당시 찬반의
사를 밝히지 않은 5%(샤이 탄핵반대)를 흡수하여 23% 내외를
득표했다. 촛불시민은 탄핵후 60일간 흔들림 없었음이 증명됐
다. 단지 촛불혁명 계승한 후보와 정당이 잠시 흔들렸을 뿐이다.
문재인 대통령 당선을 축하한다. 촛불대통령, 촛불시민정부로
성격을 분명히 하고 개혁에 박차를 가해주기 바란다.

제7장

대학생 전상훈의 6월항쟁 기록

서막

6월항쟁 미완의 승리를 넘어
촛불시민혁명의 승리를 축하하며

1987년, 나는 대학 3학년이었다. 1987년 벽두, 선배 동지 박종철이 경찰에 고문살해당하는 참극이 벌어졌다.

전두환 파쇼정권을 타도하기 위한 투쟁의 기치가 다시 높이 올랐다. 동지의 죽음을 부여안고 우리는 거리로, 거리로, 거리로 나섰다.

새 학기 들어 학생운동과 민주화운동의 동력이 많이 회복됐다. 그러나 전두환 파쇼정권은 아랑곳하지 않고 호헌을 발표하고 폭력을 휘둘렀다.

6월10일 전두환의 후계자를 뽑는 날, 우리는 승부수를 걸었다. 6.10 전야 연세대 이한열 동지가 또다시 쓰러졌다. 더이상 물러설 수 없었다.

6월10일, 우리는 이길 수 있다고 확신하지는 못했다. 적어도 전두환의 마빡에 살인마의 낙인은 확실히 찍어주리라 다짐했다.

보름간의 완강한 투쟁 끝에 마침내 우리는 승리했다. 비록 미완의 승리였지만, 나의 뼛속에는 승리의 DNA가 깊이 아로새겨졌다.

30년 전 내 가슴에 새겨진 승리의 DNA가 30년 후 발발한 촛불시민혁명을 승리로 이끌었다. 우리는 더 이상 굴종과 패배를 용납하지 않을 것이다.

30년 전, 치열했던 6월항쟁의 그 순간으로 달려가보자. 사랑하는 동지 박종철과 이한열을 기억하며, 그들과 함께...

제1부

6.10 전야, 이한열이 쓰러지다

1987년 1월14일, 전두환정권이 박종철을 고문살해하다

서울대 언어학과 3학년 박종철이 1987년 1월14일 치안본부 남영동 대공분실에서 경찰의 모진 고문 끝에 사망했다. 1986년 건국대 사태 이후 전두환 정권의 공안탄압으로 혹독한 겨울을 보내던 학생운동과 민중운동이 이 사건을 계기로 다시 전열을 정비한다.

1986년 10월28일 전국 26개 대학 학생들이 건국대에서 '전국 반외세 반독재 애국학생투쟁연합(애학투) 결성식'을 열었다. 그런데 전두환 정권은 이날 모인 2000여명의 학생들을 "전쟁터의 적"으로 대했다. 경찰의 봉쇄로 건물에 갇힌 학생들은 어쩔수 없이 농성을 벌였다. 이른바 '건국대 사태'였다.

나흘째 굶주림과 추위로 학생들이 하나둘 탈진하기 시작했다. 전두환 정권은 10월31일 아침부터 헬리콥터로 소이탄을 쏘는 한편 8000여명의 전투경찰을 동원해 최루탄을 쏘면서 건물들로 쳐들어가 1525명의 학생을 연행하고 이 가운데 1287명을 구속시켰다. 언론에서는 당시 경찰의 '전투작전'을 "용공 좌익 학생 소탕작전"이란 끔찍한 명칭을 붙여 대대적으로 보도했다.

3월3일 박종철 사십구재 거리시위, 시민들이 참여하다

"탁 치니 억 하고 죽었다"는 전두환 정권의 발표를 국민 누구도 믿지 않았다. 민중운동 진영에서는 민통련과 종교운동 단체들이, 학생운동 진영에서는 민족해방파와 제헌의회파를 가릴 것 없이 거리투쟁에 나선다.

2월7일 '범국민 추도회'가 열렸고, 박종철 열사의 사십구재 때인 3월3일에는 '고문 추방 전국 평화대행진'이 열렸다. 국민추도회 발기인으로 무려 7만2674명의 시민이 자발적으로 참여했다. 고립되었던 학생운동이 거리의 시민들의 박수를 받으며 거리를 행진했다. 경찰의 무차별 최루탄 진압에도 학생과 시민들은 물러서지 않았다.

서울·부산·광주·대구·대전·인천·전주·청주·마산·수원·춘천·안동·원주·무안 전국 곳곳에서 시민들이 참여했다. 2.7과 3.3의 투쟁경험은 6월항쟁의 중요한 자양분이 되었다.

4월13일 전두환의 '호헌' 망동, 전 국민이 저항하다

3월 내내 점증되는 민주화운동의 열기에 쐐기를 박고자 전두환은 4월13일 호헌을 발표한다. 이른바 '고뇌에 찬 결단'이다. 그러나 김수환 추기경은 예정됐던 부활절(4.19) 메시지를 4월13일 전두환의 호헌 발표 직후에 대내외에 발표했다. 그 내용은 정말 강력하다.

"마지막까지 우리는 통치권자의 마음을 비운 결단을 기대했지만, 막상 내려진 이른바 '고뇌에 찬 결단'은 한마디로 말해서 국민에게 슬픔을 안겨주었고, 생각하는 이들의 마음은 더 큰 고뇌로 가득차게 됐으며, 이 땅 위에는 다시 최루탄이 그칠 줄 모르고 터져 국민의 눈과 마음 속깊은 곳에는 눈물 마를 날이 없게 됐다."

어용 한국노총과 한국예총은 '고뇌에 찬 결단'을 지지해 국민들의 가슴에 상처를 안겨주었다. 이제는 정면대결만이 남았다.

5월27일 '민주헌법 쟁취 국민운동본부'가 결성되다

3월과 4월에 각 대학은 총학생회 간부들을 선출하며 투쟁의 전열을 정비했다. 민통련을 중심으로 한 민중운동과 학생운동 세력은 4.19 투쟁에서 1985년 수준으로 투쟁의 대오를 확대하는데 성공했다.

주로 민족해방파(NL) 계열이 중심이 된 서울지역 총학생회는 '서대협(서울지역대학생대표자협의회)'를 결성하고 대중운동의 활성화를 통한 투쟁력 강화에 주력한다. 서대협 지도부는 5.18 광주민중항쟁 기념투쟁을 비폭력 평화투쟁의 방식으로 거리시위를 조직했으며, 거리에서의 연좌·연와 시위 등으로 시민들의 심정적 지지와 동조를 이끌어내는데 기여했다.

학생운동의 또다른 축이던 제헌의회(CA) 계열은 각 대학별 투쟁위원회를 중심으로 4.19와 5.18의 거리투쟁에 조직적으로 참여했다.

박종철 고문살인의 진상이 은폐됐다는 천주교정의구현사제

단의 충격적인 폭로(5월18일 명동성당)는 다시 한 번 국민의 공분을 자아냈다. 민통련은 재야, 종교계, 학생운동은 물론 야당과의 연대를 제안했다. 야당은 아직 정권의 눈치를 보고 있었고, 가톨릭과 개신교 측도 정치권의 참여로 인한 순수성의 훼손을 우려해 처음에는 반대의사를 밝혔다.

그러나 전두환 정권의 폭압에 맞서 모든 세력은 연대하라는 시대와 국민의 요구 앞에 결국 하나의 운동조직을 결성했다. 5월 27일 '국본(민주헌법 쟁취 국민운동본부)'가 결성되었다. 문익환-백기완 등 재야 지도자와 김대중-김영삼 등 야당 지도자, 김수환 추기경 등의 종교계 지도자들이 모두 국본의 깃발 아래 하나로 뭉쳤다.

6월10일 체육관에서 전두환의 후계자를 선출하다

전두환 정권은 장기집권을 위해 한 단계 더 전진하고자 했다. 당시 대통령선거인단을 통한 간접선거가 명시된 5공화국 헌법에 의거해 출마하여 사실상 자동으로 당선될 민정당의 차기 대선후보로 노태우를 지명하기로 했다. 잠실실내체육관을 둘러싼 수만명의 경찰들과 수천명의 핵심당원들의 박수를 받으며 노태우는 전두환의 후계자로 책봉됐다. 국민에 대한 선전포고였다.

국본을 중심으로 한 민주화 운동 세력은 6월10일 전국 동시다발로 "호헌철폐, 민주헌법 쟁취"를 핵심슬로건으로 한 대규모 시위로 맞불을 놓기로 했다. 전두환 정권의 충견들은 주요 재야인사와 야당인사에 대한 예비검속에 들어가고, 학생운동 지도자들을 6월10일 이전까지 체포하기 위해 혈안이 됐다. 그러나 전두환 정권에 맞서기 위한 국본의 준비는 매우 치밀했고, 학생운동 또한 사상 최대 규모의 투쟁을 위해 만반의 준비를 다하고 있었다.

6.10 전야, 박종철에 이어 이한열이 쓰러지다

전두환의 민정당이 노태우를 차기 대선후보로 선출하는 전당대회가 열리는 6월10일을 앞두고 긴장은 최고도로 높아졌다. 전두환 정권은 투쟁의 예봉을 꺾기 위해 6월8일 주요 재야인사 및 야권 인사를 가택연금하는 초법적조치를 취했다. 전국 110개 대학 총학생회 등을 압수수색했다.

그러나 당시 투쟁지도부인 국본(민주헌법 쟁취 국민운동본부)의 주요인사 20여명이 가택연금을 피해 서울 도심의 성공회 대성당에 6월7일에 모이는데 성공했다. 8일쯤 가택연금을 할 것으로 예상하고 보기좋게 선수를 친 것이다.

신문사 기자들을 불러 투쟁지도부가 모였음을 만천하에 알렸다. 중요한 싸움에서는 선빵이 중요하다. 투쟁지도부의 선빵은 학생들을 비롯한 시민들에게 희망을 주었고, 싸움에 자신감을 불어넣어 주었다. 각 대학 총학생회는 8일과 9일 범국민대회 참가 결의대회를 개최하며 기세를 높였다. 그러나 9일 저녁 비보가 들려왔다.

6월9일 오후5시 연세대 정문, 6.10대회 출정식을 마치고 교문시위를 하던 대학생들을 향해 수백 발의 최루탄이 발사됐다.

한 대학생이 비틀거리며 쓰러지자 동료들이 그를 안았다. 최루탄에 직격된 뒷머리에서는 피가 흐르고, 코로 피를 흘렸다. 세브란스병원 응급실로 달려갔지만 결국 절명했다.

연세대 경영학과 2학년 이한열 군이 경찰의 직격 최루탄에 맞고 의식을 잃고 쓰러진 것이다. 박종철에 이어 이한열이 파쇼 경찰의 폭압에 쓰러진 것에 대한 분노가 극에 달했다.

6월10일의 여명은 박종철과 이한열의 선혈을 머금어 더욱 붉디붉었다.

제2부

6.10투쟁에서 6월항쟁으로

6.10 첫날부터 화이트칼라의 합류가 시작되다

이한열의 최루탄 피격 소식에 대학생 사회의 분노는 극한으로 끓어올랐다. 각 대학별로 87년 1학기 중 최대인원이 각 대학 광장에 모여 출정식을 열고 불퇴전의 결의를 다졌다. 화염병을 준비한 조직적 시위행동을 준비한 제헌의회 그룹 소속의 일부 대학생들을 제외하면, 거의 대부분의 대학생들은 맨손으로 거리로 나섰다. 87년 2.7, 3.3 투쟁, 5월 광주투쟁 등에서 비무장 시위를 하면서도 시민들의 지지를 받은 경험이 있던 학생들의 사기는 높았다.

국본이 발표한 전국 주요 대도시 20여개 대회장은 경찰들의 철통같은 봉쇄로 진입이 어려웠다. 그러나 이 또한 예상된 수순이었고, 서울지역 각 대학 학생회는 도심 곳곳을 서로 나누어 맡으며 거리시위를 일으켰다.

20여개 지방 대도시에서도 그 양상은 비슷했다. 시위 참여자가 적을 때에는 1~2개소에서 시위가 벌어지지만, 6.10 시위는 서울에서만 30여개소 이상에서 동시다발로 벌어졌다. 5만8000명의 경찰 병력은 분산적으로 대처할 수밖에 없었다.

시위 초기 최루탄이 넉넉할 때에는 비무장 시위대가 도로로 쏟아져나오자마자 최루탄 공세에 밀려 해산했지만, 금방 다시 모여들어 전열을 가다듬고 거리를 행진했다. 경찰의 극렬한 최루탄 진압이 계속되자 학생들은 보도블럭을 깨어 던지며 자위적 조치들을 강구하기 시작했다. 시위대에 고립된 몇몇 전경부대가 시위대에 의해 무장해제되기도 하면서 승리의 예감이 높아졌다.

6월10일 오후부터 시작된 시위는 밤늦게까지 계속되었으며, 경찰에 의해 연행된 사람들은 3831명에 달했다. 명동성당과 성공회대성당은 약속된 국민대회 시간인 오후6시에 타종을 하여 시민들의 참여를 촉구했다. 시민들은 학생 시위대에 박수를 보내고, "호헌철폐 독재타도" 구호를 함께 연호하기 시작했다.

6.10 첫날부터 화이트칼라의 합류가 시작된 것이다.

명동성당 농성, 6월항쟁의 분화구가 되다

명동성당 농성은 민주화운동 지도부의 계획된 작품이었을까? 아니었다. 밤늦게까지 시위를 하는 시위대를 경찰들이 토끼몰이하듯 몰아세우며 대거 연행하려는 과정에서 명동성당으로 대규모 시위대가 피신한 것이다.

경찰들은 명동성당을 철통같이 포위하고 제2의 건국대 사태라는 미몽을 꾸었다. 전국적으로 하루만에 3831명을 연행한 경찰은 1000명 정도 더 연행하여 전두환의 칭찬을 받고 싶었던 것이다.

그러나 역사의 필연은 우연을 통해서 관철된다고 했던가. 명동성당에 시위대가 고립됐다는 소식을 접한 학생운동 지도부는 11일 오전에 각 대학별로 출정식을 갖고, 다시 거리로 나섰다. 야당인 민주당도 의원총회를 열고 명동성당 농성에 대한 무력진 압을 반대하고, 평화시위 보장을 촉구했다.

명동성당 주변 일대에서 11일과 12일에도 10일에 버금가는 규모의 시위가 열렸다. 시민들의 호응은 더 높아졌고, 중장비로 무장한 전경대의 피로도는 극심해져 곳곳에서 무장해제당하는 일이 빈번해졌다.

명동성당 농성투쟁은 10일 당일의 대규모 시위로 끝날 수 있었던 6월의 시위를 6.29까지 이어지게하는 불쏘시개가 되었 다. 한편 명동성당 농성 시위대는 시민들의 뜨거운 성원을 받으 며, 더 이상 물러설래야 물러설 수 없는 투쟁을 이어갔다. 형님 누나 화이트칼라와 명동성당 사제단, 수녀단이 먹거리와 생필품 을 지원해주었다. 명동성당에 이웃한 계성여고의 여고생들은 집 에서 싸온 도시락을 보내왔다.

현장에서 자발적으로 급조된 명동성당 농성 지도부와 시위대 는 호헌철폐와 민주헌법쟁취라는 목표가 달성되기 전까지는 결 코 농성을 해제하지 않을 것을 다짐하며 단 한 발자국도 물러나 지 않았다. 그들의 결의에 가톨릭 사제들과 수녀단은 명동성당 입구에 앉아 경찰들의 무력진입을 가로막고 나섰다.

6.10투쟁, 6월항쟁으로 발전하다

6월10일은 대략 대학의 기말시험이 끝나고 여름방학이 시작되는 시기다. 여름방학 학생운동의 꽃은 농촌활동이다. 전두환의 민정당이 6월10일 후계자를 뽑는 전당대회를 여는 날에 대규모 시위를 준비하던 학생운동 지도부는 6월말의 농활준비도 병행하고 있었다. 6월10일 단 하루 대규모 시위로 마칠 수도 있다는 예상이 지배적이었다. 전두환 정권과 공안기관도 그렇게 예상했던 것 같다.

그러나 6월10일의 대규모 시위는 시민들의 열렬한 지지를 받으며 진행됐고, 시위대는 일부 전경부대의 무장을 해제하며 기세를 올렸다. 하루만 싸우고 투쟁을 접기에는 전두환 정권에 대한 국민의 분노가 하늘로 치솟고 있었던 것이다. 거기에 불을 끼얹은 것이 명동성당 농성이었다.

경찰의 무력진압 움직임에 각 대학은 11일, 12일 연속으로 거리로 달려나가 10일의 규모에 버금가는 시위를 벌였다. 서울 도심의 화이트칼러들은 퇴근시간대에 열리는 대규모 시위에 점차 합류하기 시작했다. 일부 고층빌딩의 유리창을 통해서는 휴대용 휴지가 눈처럼 날리기도 했다. 거리에 나서지 못하는 여성 직장인들이 휴대용 휴지를 창문을 통해 뿌리며 시위대를 응원한 것이었다.

점차 시위에 가담하는 직장인들이 늘어났다. 20대 초반 동생들이 경찰의 폭력에 연행될라치면 30대 형님들이 경찰에 항의하며 연행되던 학생들을 구출하려고 시도했다. 시민들의 합류에 당황한 경찰들은 직장인들이 명백한 시민들에게 사과탄을 던지며 해산을 시도하는 무리수를 두었다. 이에 분노한 30대 직장인들이 대학생들과 함께 거리로 나서 깨어진 보도블럭을 던지며 치열한 싸움을 전개하기 시작했다.

6월12일 검찰은 123명을 구속하였고, 구속자를 제외한 국본 지도부는 기독교회관에서 무기한의 '국민저항운동' 전개를 선포하고 농성에 들어갔다. 전두환 정권은 초강경 진압과 다수의 구속자를 통해 국민에게 선전포고를 했다. 그러나 국본과 대학생 그리고 국민들은 그 선전포고에 맞서는데 두려움이 없었다.

6.10투쟁은 6월항쟁으로 발전하고 있었다.

시민 학생 모두가 6월항쟁의 주동자이자 참여자가 되다

6월9일 저녁, 나의 하숙집 룸메이트는 집에 들어오지 않았다. 학과가 다르고, 운동하는 노선이 비록 달랐지만 1년 넘게 룸메이트로 살아온지라 형제처럼 가까웠다. 10일 아침을 먹고 있는데, 낯이 익은 친구가 집을 찾아오더니 룸메이트가 아침에 파출소 타격투쟁에 나갔다가 경찰에 연행됐다는 소식을 전했다. 5분도 안되어 우리 하숙집 각 방에 있던 이념서적 및 팸플릿을 수거하여 감췄다. 경찰의 압수수색에 대비하기 위해서였다.

훗날 들으니 그것은 당시 학생운동의 주류였던 민족해방(NL)파 내부에서의 노선투쟁이 외부로 표출된 것이었다. 10일 하루 대규모 시위를 한 후 농활 준비를 하며 조직역량을 확대하자는 다수파의 견해에 반대하는 움직임이었던 것이다.

나의 룸메이트와 같은 입장을 가진 NL파 내부의 소수 세력은 국민들의 전두환 정권에 대한 분노가 극에 치닫고 있으며, 그 분노를 행동으로도 옮기는 상황이 되었다는 정세판단을 가지고 있었다고 한다. 결과적으로 그들의 정세판단은 맞은 셈이 됐다.

다만 어떤 과정을 통해 6.10투쟁을 6월항쟁으로 이어갈지에 대해서는 뚜렷한 대안이 없었던 것은 분명한 한계였다.

6월항쟁으로의 발전은 우연적으로 시작된 명동성당 농성투쟁이 잉태하고 있었다. 한편 구속될 것이 확실한 룸메이트의 연행 소식을 뒤로 한 채 학교에 가서 출정식을 한 후 서울 시내에 나가 밤늦게까지 이를 악물고 경찰들과 싸우며 시위를 벌였다. 오후5시에 시작된 시위는 예정된 4학년 선배들이 거리에서 주동을 했지만, 시위대가 무너진 이후 제2, 제3의 시위를 조직하는 것은 3학년이던 우리 동기들의 몫이었다. 거리시위 주동자의 경험을 보유하지 못했음에도 활동적인 우리 동기들은 도심 곳곳에서 흩어진 시위대를 모아 끈질기게 싸움을 이어갔다.

"호헌철폐 독재타도"를 가장 먼저 외치며 도로로 뛰어드는 사람이 주동자였고, 그 주동자의 뒤에는 순식간에 수백명의 시위대가 로마병정처럼 진을 형성하고 앞으로 나아갔다. 돌멩이 하나도 손에 쥐지 않은 비무장 시위대였지만, 시민의 열렬한 지지를 방패로 삼아 파쇼경찰을 향해 거침없이 달려갔다.

6월의 거리는 승리의 기운으로 넘쳐났다.

제3부

군대 투입? 전두환은 항복하라

80년 5.15 서울역 회군의 오류를 되풀이하지 않겠다

　명동성당 농성 투쟁은 6월10일 단 하루의 대규모 전국시위로 끝날 수 있었던 것을 6월항쟁으로 이끈 선봉대였다. 뜻하지 않게 명동성당 농성에 참여한 1000여명의 시민과 학생들은 1980년 5.15 서울역 회군을 잊지 말자며 결사항전의 의지를 불태웠다.

　성당 밖의 대학가와 재야, 야당은 그들을 구출하기 위해 11일과 12일 투쟁에 나서지 않을 수 없었다. 명동성당 농성자들은 시민들의 동참이 더욱 확신되면서 경찰의 포위망이 느슨해진 틈을 타 농성을 자진해산할 수 있었지만 농성을 풀지 않았다. 그들 스스로 6월항쟁의 풋대가 되기로 한 것이다.

　이때부터 6.10 투쟁은 사생결단의 6월항쟁이 되었다. 전력을 탐색하는 싸움이 아니라, 누군가 하나는 백기를 들고 물러나야만 끝나는 건곤일척의 대회전이 시작된 것이다. 자위적인 보도블럭 던지기와 몸싸움을 제외하고는 사실상 비무장 시위로 일관했기에 결국은 대중적 참여의 확산이 관건이었다.

김수환 추기경, 명동성당 농성투쟁의 수호자가 되다

"경찰이 들어오면 제일 먼저 나를 보게 될 것이고, 나를 쓰러뜨리고야 신부님들을 볼 것이요, 신부님들을 쓰러뜨리고야 수녀님들을 볼 수 있을 것이다. 학생들은 그 다음에나 볼 수 있을 것이다."

김수환 추기경은 명동성당에 들어온 시위대를 '피신자'로 정의하고, 그들을 결코 정권의 손에 넘기지 않겠다고 미사 강론을 통해 말씀하셨다. 함세웅 신부 등 가톨릭 사제단은 정부 측과 시위대의 안전한 귀가를 보장받았다. 명동 농성자들은 장시간 토론과 투표를 통해 15일 정오를 기해 농성을 해산하고 자신들이 다니던 학교와 직장으로 돌아갔다.

나는 기억한다. 내 친구들이 속한 여러 명의 농성자들이 15일 오후 학교에 돌아와 명동성당 농성투쟁의 경과를 보고할 때의 그 뜨거운 감격을… 시민과 사제단의 보호 속에서 5박6일의 농성투쟁을 마치고 무사귀환하다니… 그것은 명백한 승리였다.

그러나 우리는 작은 승리에 만족하지 않았다. 시위는 전국으로 확산되고 있었고, 서울에만 우글거리던 수만 명의 경찰들이 전국 각 도시로 흩어져 시위진압에 나설 수밖에 없는 상황이었다. 부산, 광주, 대구의 시위열기가 폭발하고 있다는 소식이 전해졌다.

국본은 6월18일 '최루탄 추방의 날'로 정하고, 전두환 정권에 사실상 선전포고를 했다. 국본은 100만 명 이상의 시민 참여를 확신했고, 경찰은 무력화될 것이라고 예측했다.

최루탄 추방의 날, 최루탄 재고가 떨어지다.

명동성당 농성단의 무사귀가를 '승리'로 확신한 국본은 15일 당일 중요한 발표를 한다. 6월18일(목)을 '최루탄 추방의 날'로 정하고 전국적 시위를 하자고 국민들에게 호소했다. 경찰들은 가용할 수 있는 최루탄을 모두 휴대하고 18일의 시위에 대비했다. 18일 오후 전국적으로 100만여 명의 시위대가 거리로 쏟아져 나왔다.

학생들이 거리를 먼저 점거하면 시민들이 박수치던 초기의 모습과 달리, 학생들이 거리를 점거해 대열을 구축하면 시민들도 이 대열에 합류하기 시작했다. 시민 스스로 투쟁의 주체가 되기 시작한 것이다. 도심은 시위대로 가득찼고, 경찰들은 최루탄을 난사하기에 바빴다. 최루탄을 쏜 후 백골단이 돌격하는 양상이 초기에 나타났지만, 2시간 정도 계속되자 백골단의 다리도 풀려 더 이상 공격적인 진압을 못 했다.

이날 전국적으로 최루탄이 추방됐다. 100만 시위대를 해산시키기에 경찰들이 보유한 최루탄은 턱없이 모자랐다. 최루탄이 동나자 경찰들은 시민들에게 쫓겼고 거리마다 무장해제당한 전경대가 즐비했다. 6월18일, 최루탄은 추방됐다.

경찰로 막을 수 없는 시위, 군대 투입이 예고되다

1987년 당시 군인 또는 전경으로 근무했던 분들은 이 즈음 군대의 긴박한 분위기를 기억하고 있을 것이다. 주요 대도시에

특전사 등의 부대가 완전군장을 한 채로 전두환의 명령만 떨어지기를 기다리고 있는 상태였다. 친구들이 군대에 가 있는 대학생들도 이 소식을 알음알음 전해듣고 아연 긴장했다. 당시 서울대 출입기자로 있던 모 신문의 선배가 전두환이 계엄령 선포를 준비하고 있다며 부디 몸조심하라고 당부하던 떨리는 목소리를 기억한다.

군대가 출동한다면 80년 5월 광주항쟁과 같은 유혈충돌이 일어나는 것은 불가피해보였다. 실제 자기 눈 앞에 총구가 들이대면 도망을 치겠지만, 군대가 출동한다는 소식만 듣고 꼬리내리는 것은 상상도 할 수 없는 일이었다. 그것은 광주 영령에 대한 명백한 배신이었다.

6월18일 최루탄 추방의 날 이후 전국적으로 경찰이 무력화된 상황에서 군대가 출동할 경우 나는 어떻게 할 것인가를 많이 생각했다. 그러나 답은 없었다. 대학생 입장에서는 오직 계속 거리로 나가서 싸우고 또 싸우는 것 외에 다른 방법이 없었다.

전두환의 무조건 항복을 요구하다

6월21일은 일요일이다. 시위대의 중심인 대학생들도 휴식이 필요했다. 시위대가 휴식할 때 군대투입이 이뤄진다면... 주말 새벽 또는 월요일 새벽이 위험했다. 그러나 기독교인과 신학대학생, 스님과 학승이 일요일 시위를 진행하며 전두환 정권의 오판을 경고했다. 시위가 잠잠했던 중소 도시에서의 시위가 일요일에 이어지면서 6월항쟁의 열기는 휴일에도 이어졌다.

다시 월요일. 빛이 밝았다. 빛의 세력은 다시 힘을 찾았고, 어둠의 세력은 힘을 잃었다. 전두환은 80년5월에는 군대투입으로 정권을 잡았지만, 87년6월에는 군대투입이라는 악마의 한 수를 두지 못했다. 이것은 명백한 굴복이었다.

주말의 긴장된 순간에 전두환이 굴복한 모습을 본 우리는 다시 22일 월요일부터 자신감을 갖고 거리로 나섰다. 재개된 시위에 경찰들은 거의 대응하지 못했다. 거리는 시위대의 독무대가 되었다. 국본은 6.10, 6.18에 이어 6월26일을 국민평화대행진의 날로 정하고, 전두환 정권에게 제3차 선전포고를 했다.

살인마 전두환의 무조건 항복을 요구한 것이다.

제4부
블루칼라, 6월항쟁의 거리로 나오다

춤꾼 이애주 서울대 교수, 바람맞이 춤으로 길을 열다

6월26일 국민평화대행진 출정식이 열린 서울대 아크로폴리스에 낯선 춤꾼이 등장했다. 서울대 사범대 체육교육과 교수인 무용가 이애주였다. 그는 이날 춤을 추다가 온몸에 물을 끼얹었는데, 이는 박종철의 고문살인 사건을 형상화한 것이었다. 그는 '바람맞이 춤'으로 무대의 대미를 장식하며 6월항쟁의 승리를 기원했다. 국립대학 교수가 시위 현장에 나와 춤을 추며 항쟁을 독려하다니…

아크로폴리스를 가득 채우고 출정식을 하던 1만 여명의 서울대생들은 이애주 교수의 참여에 얼마나 큰 용기를 얻었는지 모른다. 이애주 교수는 7월에 열린 이한열 장례식에서도 이한열을 추모하는 춤을 추었다.

군대 동원 음모를 좌절시키다

6월18일 최루탄 추방의 날, 최루탄은 추방됐다. 경찰의 최루탄 재고가 바닥났다. 이때부터 거리는 시위대의 독무대가 되었다. 전두환 정권은 군대 동원을 준비했다. 제2의 광주학살이 전국적으로 벌어질 가능성을 배제할 수 없는 상황이었다. 한 번 피를 본 전두환 정권이라면 또 한 번 하지 말라는 법이 없었다.

그러나 1980년과 1987년은 완전히 다른 상황이었다. 80년의 광주는 서울역 5.15회군으로 고립무원의 상황이었지만, 87년의 한반도는 시골 읍내까지 민주화시위가 물결치고 있었다. 광주처럼 몇 개 공수여단을 동원해 진압할 수 없는 상황이었다.

미국, 무력진압 반대하며 야당에게 타협을 종용하다

작전지휘권을 쥔 미국의 레이건 정권도 제동을 걸었다. 들불처럼 번진 민주화항쟁을 무력으로 진압하는 것은 미국의 동북아 전략과 국익에 배치되었기 때문이다. 레이건은 국무성 동아시아 태평양 담당 차관보 '시거'를 한국에 보내 무력진압에 대해 명시적으로 반대한다는 메시지를 전두환 정권에게 전달했다.

미국으로 돌아간 시거 차관보는 26일 기자회견을 열어 "한국이 직면한 문제는 정치문제이며, 영구적인 해결책은 정치적인 합의일뿐, 군사적 조처는 해결책이 되지 못한다는 레이건 대통령의 입장을 (전두환정권에게) 강조했다"고 발표했다. 전두환은 좌절했다. 권력 유지를 위한 다른 방책을 가동했다. 타깃은 야당이었다. 시거 차관보는 방한 중 김영삼 신민당 총재와 회담을 갖고 타협에 나서라고 압박했다.

전두환 군사정권은 사면초가에 빠졌고, 야당은 타협을 저울질하기 시작했다.

시민, 야당의 시위중단 요구를 물리치고 계속 전진하다

전두환 정권은 김영삼·김대중의 신민당과 비밀접촉을 시작했다. 시위를 중단하면 야당과 개헌 검토 등 대화노력을 하겠다는 미끼를 던졌다. 신민당은 이 미끼를 물었다. 어느 정도 수준의 민주화시위로 정치판도를 변화시켜 자신의 이익을 도모해야 하는데, 6월항쟁은 어느덧 야당이 통제할 수 있는 수준을 넘어가고 있었고, 여기에 야당 또한 두려움을 느끼고 있었다.

신민당은 국본을 통해 재야세력에게 비밀리에 6월26일 예정된 평화대행진의 연기를 요구했다. 재야세력은 신민당의 제의를 단호히 거부했다. 전두환과 타협을 하여 6월항쟁의 성과를 독식하겠다는 의도가 보였기 때문이다. 야당은 재야세력의 추궁에 전두환정권과의 협상에 더 강경해질 수밖에 없었고, 결국 비밀리에 추진되던 김영삼과 전두환의 회담은 결렬됐다.

6월26일 전국 37개 도시에서 150만 시민이 참여한 가운데 평화대행진이 열렸다. 국민들의 평화대행진 앞에 경찰들은 완전 무력화됐다.

시민, '호헌철폐'를 넘어 '독재타도'를 전면에 내걸다

6.26 평화대행진의 톱 슬로건이 '독재타도'로 변했다. '호헌

철폐'는 예령이었고, '독재타도'는 한 옥타브 높게 터져나왔다. 거리 곳곳에서 열린 즉석집회에 나온 연사들은 '개헌'이 아니라 '전두환 타도'를 주장했다. 불과 보름 사이에 대한민국 전역의 여론은 '전두환정권 타도'로 모였다.

이제 전두환이 하야성명을 내고, 이승만이 그랬던 것처럼 비행기를 타고 외국으로 도피하는 상황이 벌어지는게 당연해 보였다. 이조차도 하지 않는다면, '전두환정권 타도의 날'을 정해 청와대를 향해 대행진을 하면 되었다. "청와대로 가자!"는 시대의 명령이 떨어진다면 총탄에 쓰러지더라도 시민과 학생은 전진할 각오가 되어 있었다.

블루칼라들의 참여가 시작되다

서울지역의 시위는 종로, 명동, 남대문, 서울역 등 도심에서만 진행됐다. 그런데 6월26일 저녁 7시, 영등포로터리에서 대규모 시위와 즉석 시국토론회가 열렸다. 6월항쟁 기간 중 영등포 지역에서 대규모 시위가 일어난 것은 처음이었다.

노동현장에 위장취업하여 노동운동을 전개하던 소수의 노동운동가들이 6월항쟁의 대폭발에 고무되어 블루칼라들의 정치의식 고양과 노동운동 기반 확대를 위해 이날 시위를 조직했다. 시위진압 전경들이 배치되지 않은 영등포로터리는 순식간에 퇴근길 블루칼라 시위대에 점령당했다. 공돌이 공순이로 억압당하던 블루칼라들이 6월항쟁의 전면에 그 위용을 드러낸 순간이다. 당시 야당지로 이름을 날리던 동아일보는 사회면 톱기사의 사진으로 5천여명이 운집한 '영등포 노상 연좌 집회' 사진을 올렸다.

재야와 야당세력, 학생운동 세력, 종교계 등이 불길을 붙인 6.10은 도심에서 근무하는 화이트칼라들의 적극적인 지지와 참여로 들불로 번졌다. 항쟁 말기 블루칼라들까지 시위에 참여하기 시작함으로써 정치개혁 요구로 촉발된 6월항쟁은 빈부격차와 노동3권 문제 등 근본적 사회개혁의 물꼬를 트는 '사회혁명 초기 단계'로 발전하는 양상을 띠게 되었다. 전두환 정권을 지탱하던 자본이 가장 두려워하는 사회참여가 현실화되는 역사적 순간이 6월항쟁의 절정을 수놓았다.

6.26 영등포로타리 블루칼라 시위는 7·8·9월 노동자대투쟁의 전주곡이었다.

제5부
미완의 승리, 최후 승리를 향해

반혁명의 마지막 한 수, 6.29선언

"6.10 시위 → 명동성당 농성 → 6.18 최루탄추방의 날 → 6.26평화대행진"으로 이어지는 숨가쁜 6월항쟁은 마지막 절정의 순간만 남겨두고 있었다. '전두환 군사독재 타도의 날'만 택일하는 수순만 남았다. 4월혁명의 재현은 시간문제였다.

그러나 전두환 정권은 이승만 정권이 걸었던 길을 답습하지 않았다. 국면전환을 노렸다. 앞서 추진한 두 가지 국면전환 술책은 실패로 돌아갔다. 첫째는 계엄령 선포와 군대 동원, 둘째는 야당 회유와 개헌논의 시작. 두 가지 술책을 파탄낸 것은 오직 시민의 힘이었다. 6월 26일 영등포로터리에서 웅자를 드러낸 블루칼라들의 합류는 권력을 지탱하던 자본 세력의 똥줄을 타게 만들었다. 대재벌 자본과 군사독재 권력의 대폭적인 양보는 불가피했다.

전두환의 후계자 노태우가 화려하게 나섰다. 직선제 개헌을 비롯한 정치사회적 민주화조치를 담은 6.29선언을 발표하며 국면전환을 주도했다. 전두환의 배후조종이냐 아니냐는 의미가 없다. 파시즘을 고수하고자 했던 전두환-장세동 강경파는 일거에 입지가 축소되고, 노태우―박철언 일파는 민주주의의 확대라는 시대적 변화를 받아들인 가운데 권력을 쥐는 노림수를 택했다.

시민, 6.29 열풍에 길을 잃다

6.29선언에 야당이 쌍수를 들어 환영했다. 왜냐하면 직선제 개헌에 따른 최대 수혜자가 바로 자신들이었기 때문이다. 김대중 김영삼은 추가적인 시위 대신 거리를 청소하며 국회 내 개헌 특위 구성으로 방향을 잡았다.

재야 민주화운동 세력과 학생운동 세력은 광주학살의 살인마 전두환을 하야시키지 못한 미완의 혁명을 아쉬워했다. 그러나 6.29로 전화된 국면을 뒤집을만한 정치력과 물리력을 가지지는 못했다. 6월의 거리를 메웠던 시민들도 아쉬워하기는 마찬가지였다. 그러나 더 이상 할 수 있는 일이 없었다. 어느덧 시민들은 국회에서의 개헌 논의를 지켜보는 관전자가 되어 있었다.

7·8·9 노동자대투쟁, 노동자들이 역사의 전면에

6.29 이후 서울의 열기가 급격히 식어가고 있는 그때, 한반도 남동부 공장지대는 급격하게 뜨거워지기 시작했다. 7월 5일 무노조의 선봉장이던 정주영의 현대그룹 계열사 가운데 울산 현대엔진에서 노동조합이 결성됐다. 16일엔 현대미포조선 노동조합이 결성됐는데, 노조결성 신고서류가 회사 측에 의해 탈취되는

사건이 벌어져 노동자와 시민들의 공분을 자아냈다. 울산 마산 창원 등 공단지역에서는 하루에도 수십건씩 노동쟁의와 노조결성이 이뤄졌다.

8월17일과 18일에는 현대그룹 계열사 노동조합 연합으로 4만여명이 모여 이틀 연속 가두행진을 하는 장관을 연출했다. 창원에서는 (주)통일, 거제에서는 대우조선 등 대공장을 중심으로 파업과 노조결성이 잇달았다. 옥포 대우조선 노동자들의 가두시위과정에서 8월 22일 노동자 이석규가 직격최루탄에 맞아 사망했다. <이석규 노동열사 민주국민장>을 계기로 노동자투쟁은 수도권으로 확산되었다.

9월까지 파업에 참가한 노동자의 연인원은 2백만여 명, 파업 건수는 3,300건에 달하며, 1200여 개의 노조가 결성되었다. 7·8·9 노동자대투쟁은 이후 전국노동조합협의회와 민주노총의 건설로 이어지는 자주적인 민주노조운동의 새로운 흐름을 형성시키는 근원지가 되었으며, 이 과정에서 결성된 신규노조들은 민주노조운동의 물적 토대가 되었다.

대통령 선거, 또 다시 길을 잃은 시민들

직선제 개헌을 통해 내 손으로 대통령을 뽑을 수 있게 됐다는 기쁨도 잠시, 대선이 다가올수록 시민들은 불안했다. 전두환의 후계자 노태우가 당선되어 면죄부를 얻지 않게 될까하는 불안감이 시민들을 짓눌렀다. 이런 사태를 불러일으킨 장본인은 바로 김영삼 김대중의 야당세력이었다. 권력의 화신이 된 야당 지도자 두 사람은 종래에는 독자출마를 감행하는 반역사적 행각을 저질렀다.

재야민주화운동 세력 또한 길을 잃었다. 문익환 목사를 중심으로 한 재야의 다수파들이 김대중에 대한 비판적 지지를 선언하며, 야당의 일개 분파를 굴종하는 길을 걸었다. 일부 재야는 후보단일화를 촉구하며 분투했지만 그 또한 오로지 군정종식이라는 정치적 목표만 가진 절름발이식 정치행보였다.

또다른 재야 및 노동운동 세력은 백기완 선생을 민중대통령후보로 출마시키며 민중의 독자적 정치세력화를 추구하며 6.29이후 미완의 승리를 최종적 승리로 이끄는 방향을 제시했지만, 정치력과 물리력 모든 측면에서 아주 미약한 수준에 불과했다. 전두환정권과 노태우후보의 지역감정을 발화시키는 치졸하지만 치밀한 대선공작 앞에 시민들은 길을 잃고 단지 투표장으로 끌려갔을 뿐이다.

6월항쟁과 7·8·9 노동자대투쟁의 성과는 군정연장이라는 비극적 결과 앞에 빛을 잃었다.

다시 스스로 길을 찾아야 하는 시민

6월항쟁과 노동자대투쟁 그러나 군정 연장이라는 1987년의 역사적 경험은 시민들에게 새로운 자각을 불러일으켰다. 시민 스스로 단결해 스스로의 권리를 스스로 찾아오는 것만이 민주주의의 완성을 위한 해법이라는 자각이다. 1988년 이후 정치 경제 사회 전반의 민주주의 열풍은 바로 그 자각을 동력으로 하여 현재로까지 이어지는 것이다.

이것이 바로 시민의 관점에서 바라보는 1987년 체제가 아닐까. 그후 30여 년, 아직도 시민이 주체가 되는 민주주의는 미완성 상태이다. 촛불시민혁명의 승리 이전인 이명박 박근혜 시대에 이르러서는 군사정권 시대와 다를 바 없는 수준으로 퇴보했다는 자조의 목소리가 높았다.

2016~2017 촛불시민혁명에서 승리하다

6월항쟁 후 30년, 2016년 9월 25일 백남기 농민의 사망 이후 7개월 여의 촛불시민혁명과 대통령선거에서 시민은 마침내 승리를 쟁취했다. 시민 스스로 찾아야 하는 길고 먼 여정에서 스스로의 힘으로 불의한 권력을 쫓아내고 30년 전 거머쥐지 못한 승리를 쟁취했다.

촛불시민혁명의 승리로 우리는 오랜 시간 우리를 짓눌렀던 패배의 DNA 대신 승리의 DNA를 주권자들의 심장에 새겼다.

더 큰 승리, 완전한 승리를 향해 더 힘차게 전진하자.

촛불시민혁명 승리의 기록

초 판 인 쇄	2017년 6월 5일
초 판 발 행	2017년 6월 10일

저　　　자	전상훈
발　행　인	박현숙
펴　낸　곳	깊은샘미디어

등　　　록	1980년 2월 6일 제2-69
주　　　소	서울특별시 용산구 원효로80길 5-15 2층
전　　　화	02-764-3018~9
팩　　　스	02-764-3011
이　메　일	kpsm80@hanmail.net

인　　　쇄	신화프린팅코아퍼레이션

I S B N	978-89-7416-249-8 03300